中国扶贫之路典型案例系列丛书

# 守护神圣国土 建设幸福家园

## 中国新时代脱贫攻坚的曲水实践

国务院扶贫办全国扶贫宣传教育中心
中央党校党章党规研究中心
民生智库
组织编写

研究出版社

图书在版编目 (CIP) 数据

守护神圣国土　建设幸福家园 : 中国新时代脱贫攻坚的曲水实践 / 国务院扶贫办全国扶贫宣传教育中心 , 中央党校党章党规研究中心 , 民生智库组织编写 . -- 北京 : 研究出版社 , 2019.4

ISBN 978-7-5199-0565-1

Ⅰ . ①守… Ⅱ . ①国… ②中… ③民… Ⅲ . ①扶贫 - 研究 - 曲水县 Ⅳ . ① F127.754

中国版本图书馆 CIP 数据核字 (2019) 第 004047 号

出 品 人：赵卜慧

图书策划：张　博

责任编辑：寇颖丹　张　博

守护神圣国土　建设幸福家园

SOUHU SHENSHENG GUOTU JIANSHE XINGFU JIAYUAN

国务院扶贫办全国扶贫宣传教育中心　中央党校党章党规研究中心

民生智库　组织编写

研究出版社 出版发行

（100011　北京市朝阳区安华里 504 号 A 座）

河北赛文印刷有限公司　新华书店经销

2019 年 4 月第 1 版　2020 年 7 月第 4 次印刷

开本：710 毫米 ×1000 毫米 1/16　印张：15

字数：238 千字

ISBN 978 - 7 - 5199 - 0565 - 1　定价：42.00 元

邮购地址 100011　北京市朝阳区安华里 504 号 A 座

电话（010）64217619　64217612（发行中心）

全面建成小康社会，实现第一个百年奋斗目标，一个标志性的指标是农村贫困人口全部脱贫。完成这一任务，需要贫困地区广大干部群众艰苦奋战，需要各级扶贫主体组织推动，需要社会各方面真心帮扶，需要不断改革创新扶贫机制和扶贫方式。要广泛宣传学习先进典型，激励全党全社会进一步行动起来，激励贫困地区广大干部群众进一步行动起来，形成扶贫开发工作强大合力，万众一心，埋头苦干，切实把精准扶贫、精准脱贫落到实处，不断夺取脱贫攻坚战新胜利。

——中共中央总书记、国家主席、中央军委主席　习近平深入学习贯彻习近平新时代中国特色社会主义思想特别是总书记精准扶贫精准脱贫方略，坚持以人民为中心的发展思想，紧扣社会主要矛盾的变化，把打赢深度贫困地区脱贫攻坚战作为乡村振兴的首要任务，以“人一之我十之，人十之我百之”的工作劲头，坚决打好打赢精准扶贫精准脱贫攻坚战，不断满足各族群众日益增长的美好生活需要。

——西藏自治区党委书记　吴英杰

以习近平新时代中国特色社会主义思想为指引，深入学习贯彻落实总书记关于精准扶贫精准脱贫一系列重要讲话精神，坚持以人民为中心的发展思想，坚决打赢脱贫攻坚战这场硬仗，大力实施以“神圣国土守护者、幸福家园建设者”为主题的乡村振兴战略，让各族群众生活更加幸福安康。

——西藏自治区党委副书记、区政府主席　齐扎拉

围绕贯彻落实好党中央、区党委打赢脱贫攻坚的一系列重大决策部署，着眼于到 2020 年实现现行标准下贫困人口全部脱贫，贫困村全部退出，贫困县全部摘帽的“三个全部”目标，采取超常规的措施，集中力量攻关，万众一心克难，扎实推动区党委、政府各项脱贫攻坚决策部署落地生根、开花结果。

——西藏自治区党委常委、常务副主席　罗布顿珠

以习近平新时代中国特色社会主义思想为指导，深入贯彻落实习近平总书记关于脱贫攻坚工作的重要指示精神，贯彻落实中央和自治区各项决策部署，按照“六个精准”“五个一批”和脱真贫、真脱贫的工作要求，以处理好“十三对关系”为根本方法，落实精准方略，采取超常措施，用绣花功夫坚决打赢打好脱贫攻坚战。

——西藏自治区党委常委、拉萨市委书记　白玛旺堆

# 编 委 会

# 序言一

曲水县的脱贫攻坚工作让人很受教育，很受启发。首先，感谢国务院扶贫办和有关方面发现了这样一个典型并开展深入调研、总结。这在全国很有意义，曲水能做到，别的地方没有理由做不到。其次，曲水实践体现了党中央对西藏、新疆等少数民族地区的关心和关怀。也感谢曲水的同志们，在这样艰苦的环境下做出这样很有成效的脱贫攻坚工作，取得显著成果。西藏我去过，在西藏那个地方扶贫不是件容易的事情。最后，感谢这个关于曲水县脱贫攻坚的案例研讨会，请了这么多专家学者，通过肯定、交流曲水经验，增强他们的信心，同时也给曲水出出招。

党的十八大以来，以习近平同志为核心的党中央做出打赢脱贫攻坚战的决定，时间不长，但取得的成效非常明显，在中国、在世界都引起了很大的反响。说实在的，这种事情也只有在中国共产党领导下才能够做得到，世界其他国家，别说是有十几亿人口的大国，就是人口不很多的国家也是很难做到的。也正因为这样，研讨会介绍的曲水经验更加增强了我的信心，我想曲水的脱贫工作一定能够取得更好的成效。

我看了曲水的宣传片，听了曲水脱贫攻坚的实践情况介绍，听了几位同志的发言，有两点强烈感受：

第一，曲水经验充分体现了以人民为中心。就是习近平总书记讲的发展要以人民为中心。以人民为中心、为人民服务，在不同的时期有不同的重点、不同的目标，习近平总书记提出今后几年要把脱贫攻坚战打好，我觉得是抓住了要害。所以，这一点我觉得曲水做得非常好，真正把老百姓的事情放到心上。什么是江山？老百姓就是江山。保江山、打江山靠谁？就是靠老百姓。脱贫攻坚真正体现了我们党对老百姓的重视。

第二，曲水的实践体现了我们党实事求是的思想路线。就是要坚持求真务实做扶贫脱贫工作。虽然我没去过曲水，但是我从视频介绍的情况看，没有虚话、空话，讲的都是实实在在的故事，这一点我觉得非常重要。脱贫攻坚工作是一件非常具体的、涉及千家万户的，也是千难万苦的一项工作。

最近我一直在思考，共产党成立快 100 周年了，这 100 年来，思想路线、方针政策在不断地变，一直在变；但是有 9 个字是从来没变的，这 9 个字就是毛泽东同志一再强调的“为人民服务”和“实事求是”。我想，过去没有变，今后也不可能变。我们任何一个单位、任何一个部门真的想把事业、工作搞好，首先要把为人民服务摆在最前面，我们的工作是不是真正的实实在在为人民服务，是不是像小平同志讲的那样，以老百姓答应不答应、满意不满意、高兴不高兴为准则。其次就是实事求是，我觉得在扶贫中坚持实事求是非常重要，如果我们坚持不好，最后倒霉的还是老百姓。我们把工作做好了，实际要让老百姓受益。我想起当时我们在地震以后开展灾后重建，存在过一些不实事求是的问题，在这方面是有教训的。我觉得曲水的实践经验要坚持：一是把老百姓永远放在第一位；二是坚持求真务实、实事求是，来不得半点虚假。这样我们的工作才能经得起历史的检验，才能经得起广大老百姓最后的评价。希望曲水能够百尺竿头更进一步，继续把各方面的工作做好。不但要脱贫而且要发展，要提高，要让老百姓过得更富裕，这也是党中央提出的要求。

李金华<br>（第十五届、十六届中央委员，第十一届全国政协副主席、党组成员）<br>2018 年 11 月 17 日

# 序言二

党的十九大报告指出："中国特色社会主义进入新时代，我国社会主要矛盾已经转化为人民日益增长的美好生活需要和不平衡不充分的发展之间的矛盾。"贫困是发展不平衡不充分的体现，消除贫困是满足人民对美好生活需求的前提，缩小贫困地区与非贫困地区、城市与农村在经济发展，以及基础设施、科教文卫、社会保障等方面的差距，是实现共同富裕的基础。党的十八大以来，以习近平同志为核心的党中央作出全面打赢脱贫攻坚战的决策部署，把现行标准下贫困人口全部脱贫、贫困县全部摘帽、解决区域性贫困，作为全面建成小康社会、实现第一个百年奋斗目标的底线任务和标志性指标。体现了中国共产党坚持在发展中补齐民生短板，促进贫困地区充分发展和城乡之间平衡发展，确保全体人民实现共同富裕的价值取向和坚定决心。经全党全国全社会的合力攻坚，脱贫取得决定性进展，创造了我国减贫史上的最好成绩。明显加快了贫困地区经济社会发展进程，显著改善了贫困地区基础设施状况，大幅度提高了贫困地区公共服务水平；密切了党群关系，提升了乡村治理能力，为如期打赢脱贫攻坚战、决胜全面小康打下了坚实基础。为全球减贫治理贡献了中国方案和中国智慧。

曲水县是全国 832 个脱贫摘帽的贫困县之一。在西藏自治区、拉萨市党委政府的坚强领导下，曲水县委、县政府带领全县干部群众深入学习贯彻习近平新时代中国特色社会主义思想和党的十九大精神，全面实施精准扶贫方略，奋力脱贫攻坚。经国务院扶贫开发领导小组组织第三方评估机构专项评估检查，并报请国务院扶贫开发领导小组同意，西藏自治区人民政府 2018 年 10 月正式批准曲水县退出贫困县。曲水县脱贫攻坚的显著成就，是习近平总书记关于扶贫工作重要论述的生动实践，是中国共产党政治优势、制度优势和"四个自信"的具体体现，是曲水县广大干部群众自强不息、艰苦奋斗、同心协力精神状态的全面呈现。曲水县实施精准扶贫精准脱贫方略的许多做法，特别是在抓党建促脱贫、产业扶贫、教育扶贫、易地搬迁扶贫、社会保障扶贫等方面的成功经验，对于解决西藏其他贫困地区，乃至全国其他少数民族地区、贫困地区的贫困问题具有重要借鉴意义。曲水县作为中国脱贫攻坚的缩影，其积累的经验也为其他发展中国家摆脱贫困提供了参考，对于推进国际减贫合作、构建人类命运共同体同样具有重大意义。

全面总结曲水县脱贫攻坚的成功实践，是打赢脱贫攻坚战的需要，是激发社会正能量的需要，是为丰富发展中国特色扶贫开发道路提供案例支撑的需要。总结曲水县脱贫攻坚经验是一项系统工程，课题组在总结中主要把握了以下原则。一是以习近平总书记关于扶贫工作的重要论述为指引，在实践总结中深刻感受和呈现习近平总书记深厚的人民情怀、民族情怀和人类情怀。二是坚持以人民为中心的发展理念，深刻总结曲水充分尊重贫困农牧民的需求与感受，充分调动农牧民摆脱贫困的积极性主动性，注重培育贫困农牧民长久脱贫能力的成功做法。三是用辩证思维，在总结中既看到普遍性的经验，更看到独有的特色，将普遍性与特殊性相结合，深入找准曲水县脱贫攻坚取得巨大成就的原因。四是注重曲水县脱贫攻坚成就与经验的推广与宣传，运用研讨会、多媒体融合等形式呈现曲水县脱贫攻坚的实践成果，更好地推广曲水县精准脱贫经验。五是将脱贫攻坚与乡村振兴贯通，总结脱贫攻坚对于乡村振兴的意义，在乡村振兴中坚持脱贫攻坚的成功做法经验，在实施乡村振兴中巩固脱贫效果，确保稳定脱贫。

在全国脱贫攻坚进入决战决胜阶段之际，为深入了解曲水县脱贫攻坚的全面情况、系统总结曲水县脱贫攻坚的成功实践，国务院扶贫办全国扶贫宣传教育中心、中央党校党章党规研究中心和民生智库组成联合课题组，在文献研究的基础上，于2018年8月31日—9月6日前往曲水县开展实地调研。以文献研究和实地调研为基础，课题组从党建、产业、教育、医疗卫生、县域治理等多个维度，归纳、总结了曲水县脱贫攻坚的具体做法与实践经验，旨在为其他地区打赢脱贫攻坚战提供借鉴，为实现“贫困人口和贫困地区同全国一道进入全面小康社会”的宏伟目标尽一份力量！

黄承伟<br>（国务院扶贫办全国扶贫宣传教育中心主任、研究员）<br>2018年11月17日

# 目 录
CONTENTS

## 下篇

### 曲水经验专家说——2018 年 11 月 17 日“中国新时代脱贫攻坚的曲水实践”案例研讨会发言

**附录：**

# 研究概要

西藏自治区拉萨市曲水县地处西南边疆少数民族欠发达地区，是典型的传统农牧业县，藏族及其他少数民族人口占98%以上，农牧民人口占总人数90%以上，全县整体生态脆弱，基础薄弱，经济落后，脱贫攻坚时间紧、任务重、难度大、意义深，是攻坚战中难啃的硬骨头。

自脱贫攻坚战打响以来，曲水县高度重视教育引导工作，通过各村的培训教室向基层干部和普通百姓开展不间断的脱贫攻坚教育和培训。“扶贫、扶志、扶智和扶制”在长期性、规范化的专项活动中得到了较好的融合，每月多次的“四讲四爱”教育起到了统一思想、激发智慧、汇集力量、攻坚克难的作用。在脱贫攻坚的各项工作中，县委县政府非常注重与老百姓的沟通交流，每做一件事都要赢得理解和支持。正是因为有了这种为了人民、服务人民的态度，才使各项工作进展顺利。即使是在易地搬迁过程中，也没有出现明显的不满情绪，更没有发生上访闹事的情况。同时，他们特别注重发展脱贫产业。2013年时任西藏自治区党委常委、拉萨市委书记的齐扎拉同志在大量调研和政策分析的基础上，提出必须大力发展水、土壤、空气、人文环境“四不污染”的净土健康产业（即净水、净土、净空、净心四净产业）。曲水县在发展净土健康产业中大胆创新，站位高、视野广、目标远大，引入多个全国知名企业，打造了10多个属于曲水县本土的特色产品。从2015年到现在，在3年多的时间内，县委县政府率领各级领导干部在习近平总书记脱贫攻坚思想的指引下，以发展净土健康产业为引擎，带动脱贫攻坚，以超常的工作部署和超常的工作付出，如期完成了脱贫攻坚任务，赢得了广大干部群众的爱戴，得到了社会各方面的认可，被誉为中国新时代脱贫攻坚的实践典范。

曲水县的脱贫攻坚实践，为建立中国特色脱贫攻坚制度体系提供了丰富的参考素材和实践经验。主要是建立起“七大体系”：第一，建立起各负其责、各司其职的责任体系。县委县政府设有扶贫开发领导小组，下设脱贫攻坚指挥部，指挥部下设有以业脱贫组、以迁脱贫组、以保脱贫组、以助脱贫组、以教脱贫组和以补脱贫组。县委书记为扶贫开发领导小组组长，县长为脱贫攻坚指挥部指挥长。第二，建立起精准识别、精准脱贫的工作体系。工作组成员有乡党委、政府领导、村支两委委员、村民监督委员、驻村工作队干部、下沉干部、村民小组组长等。第三，建立起统一协调、支撑有力的政策体系。主要有：《曲水县海拔4500米以上居民搬迁及引导工作实施方案》《曲水县精准扶贫精准脱贫工作方案》《曲水县建档立卡贫困家庭子女接受免费教育政策实施方案》等。第四，建立起保障资金、人力资源的投入体系。以县政府为资金整合主体，上下联动、纵横结合，聚焦脱贫、精准滴灌，捆绑使用、各记其功，共撬动资金30亿元，国企、民营全参与，有力支持了脱贫攻坚工作。第五，建立起因地制宜、因村因户因人施策的帮扶体系。坚持不脱贫不脱钩，构建县级干部包乡包村、科级干部包村包组机制，形成“321”监测帮扶机制。第六，建立起全社会广泛参与、合力攻坚的社会动员体系。如今，有完善的专项、行业、社会、金融、援藏“五位一体”的大扶贫格局；有东西结对帮扶的协作扶贫；有“万企帮万村”行动；利用广播，每天3次藏汉双语播放扶贫政策；还通过“曲水在线”微信平台、县电视台、宣传栏等载体深入进行政策宣讲。第七，建立起全面高效、严格、严厉的监督体系。充分发挥人大、政协、纪检、审计、督查等监督职能作用；认真核实和处理上级督查反馈结果；严格监督政策落实、项目推进等项工作，做到有错必纠，有错必改；还在每个村子设立宣传栏，通报各种违规违纪行为，鼓励群众监督举报。

曲水县脱贫攻坚实践，集中体现了我国社会主义制度的引导力和优越性。该县准确运用相关政策资源，把用好外力和激发内力有机结合，统筹协调，科学布局，创新发展，成效突出。创新形成了净土健康产业项目集群；创新形成了以产业园区为孵化器和火车头的一、二、三产业融合发展的路径；创新形成了现代职业农牧民培养体系；创新形成了把普通农户、专业合作社、农村集体经济和国有企业关联起来的利益机制；创新形成了各脱贫攻坚承担主体之间的利益关联机制，使全部力量都聚焦于脱贫攻坚，集中合力办大事。彻底消灭贫困，奔向共同富裕。这是只有在中国共产党的领导下，才能够有魄力、有能力去办的大事。

曲水县的脱贫攻坚实践，有力证明了在国家反分裂斗争的前沿阵地，脱贫攻坚不仅是一场消除贫困的“民生之战”，更是一场反分裂斗争的“民心之战”。习近平总书记“加强民族团结，建设美丽西藏”的重要指示以及给隆子县玉麦乡群众的回信，明确指出民族团结是西藏一切工作的根本保障。曲水县通过打赢脱贫攻坚战，将党中央的关怀和全国人民的温暖切实送入了全县各族干部群众心中，以鲜红党心，温暖人心，赢得民心。

脱贫攻坚中通过全县各族干部对贫困群众的真情帮扶，以“认亲戚、结对子、串门子”的形式，实现了各族群众干部坐在一张桌前，吃在一口锅里，将党心民心、民心民意紧紧地交融在一起，共同谋划脱贫致富大计。脱贫致富群众永远忘不了共产党的恩情，走入每一户脱贫群众家中，“领袖像”下藏汉双语“习近平总书记与西藏各族人民心连心”的鲜红字眼光彩夺目，无不表达出脱贫群众对党的热爱和对领袖的无限深情。曲水脱贫实践的特殊政治意义在于，打赢一场关乎民心的扶贫攻坚战，就能将反分裂斗争的主动权牢牢地掌握在党和人民的手中，必将粉碎一切分裂势力的阴谋诡计。

曲水县的脱贫攻坚实践，充分证明了真抓实干、埋头苦干的作用。曲水县各级干部政治觉悟高，工作执行力强，政府公信力好，干部群众关系融洽。为了通过脱贫攻坚带动本地经济的可持续健康发展，他们统筹资金，整合力量，建成了多个规模化的经济园区。有才纳乡国家现代农业示范区、拉萨净土健康产业示范区、万亩土豆种植基地、万亩苗木种植基地、藏区良种培育基地等；特别是净土健康产业园区成为产学研一体化、一、二、三产业融合发展、培养现代职业农民的多功能园区。充分让农牧民参与进来，极大地调动了他们脱贫攻坚的积极性。在这些开创性工作中，有如土地的流转与改良、优良品种的引进与试验种植、对外的合作交流、内部的制度完善与力量整合等大量艰苦细致的工作要做。在千头万绪、千辛万苦的工作中，曲水县各级干部的法宝就是紧紧依靠老百姓，问需于民、问计于民。在不同领域、不同层面召开的全员会议是曲水县最有代表性，也是做得最好的一件事情。他们深入群众，尽职尽责。县脱贫攻坚第一责任人、县委书记彭飞跃平均每月的基层调研都在5次以上，常常不打招呼就到了田间地头和老百姓的家里。有的基层干部上班时离开家，几个月后才下班回到家。县主要领导亲自带队在最偏远的村组一住就是几天，挨家挨户走访，和群众促膝长谈，与群众共谋发展。乡村两级干部更是经常和自己负责区域的老百姓吃住在一起，都能够实实在在地帮助老百姓做些事情。如筹备集市和物资交流会，联系外地客商与本村村民进行业务合作，等等。县各级干部在自己的岗位上都能够充分发挥积极性、主动性和创造性。经过短短几年的历练，许多村级干部都能够熟练地与一些外地企业洽谈合作事项，为本村老百姓赢得更多的发展机会。曲水县如期完成了脱贫攻坚任务，不仅在本区域影响很大，而且还受到尼泊尔等许多南亚国家的高度关注，甚至有美国和玻利维亚等地的商务代表团到曲水县考察。

曲水县尽管在脱贫攻坚中措施得力，成效突出，但也存在一些问题和制约因素。主要有四个方面：一是生态脆弱，林草覆盖率低，土地沙化严重，水资源季节性强，自然灾害频发；二是能够接受高等教育的学生人数还比较少，各个领域所需的人才比较缺乏；三是独特的高原气候，使外来企业和人员难以长期驻留；四是有限的自然资源必然导致产业发展中的规模化小、同质性大，不利于大品牌、长周期的产业发展。鉴于上述问题，曲水县在未来的发展中应更加重视发展资源消耗少、技术含量高的产业。这样才能使脱贫攻坚的成果巩固好，发展好。

曲水县脱贫攻坚总结课题组

2018年11月

# 上 篇

## 曲水经验学者说
## ——“中国新时代脱贫攻坚的曲水实践”研究报告

总报告：

# 中国新时代脱贫攻坚的曲水实践

**摘要**：曲水县是拉萨市的一个郊区县，农牧民人口占90%以上，是典型的地广人稀的高原农业县。在履行生态保护和治边维稳重任的同时，要完成十分艰巨的脱贫攻坚任务。2015年以来，曲水县认真落实精准扶贫方略，采取超常措施，付出超常劳动，用绣花的功夫取得了脱贫攻坚工作的良好效果。曲水县脱贫攻坚的总体思路体现为：一是学习先行，遴选好、使用好各级干部；二是党建引领，组织好、动员好各方力量；三是集体支撑，带动好、服务好贫困群众。总体规划为：坚持“四个结合”，做到“六个精准”，实施“五个一批”，确保“六个到位”。奋斗目标是：“两年脱贫、两年巩固、一年实现全面小康”。曲水县脱贫攻坚的具体措施有：持续有效的教育引导；扶贫产业的利益联结；创新现代职业农民培养机制；充分发挥国有企业和集体经济的优势；有力推进产学研一体化；资金保险双护航；产业发展与搬迁安置的有机结合；科学有效的结对帮扶；严格高效的考核监督。曲水县脱贫攻坚的基本经验表现为：一是有信仰和精神；二是有凝聚力和创新力；三是有执行力和公信力；四是有立足脚下的实干和千里之行的志向。存在问题及应对建议为：一是用工费用高，需进一步升级农村集体经济；二是人才缺乏，需着力提高师资素质；三是低压缺氧，需重视研发改进高原生活的技术设备；四是立足长远，需探索构建高原经济学；五是固边责任重，需创新打造强有力的经济支撑体系。

自脱贫攻坚工作开展以来，西藏自治区拉萨市曲水县深入贯彻落实党的十八大，十八届三中、四中、五中、六中全会，和党的十九大、十九届二中、三中全会，中央第六次西藏工作座谈会精神，深入学习和贯彻习近平新时代中国特色社会主义思想，特别是治边稳藏重要战略思想，深入贯彻落实习近平总书记关于脱贫攻坚工作的重要指示精神和李克强总理关于脱贫攻坚工作的重要批示精神，贯彻落实中央和自治区各项决策部署，按照中央“六个精准”“五个一批”和脱真贫、真脱贫的要求，以推进“两学一做”常态化制度化和“四讲四爱”群众教育实践活动为契机，聚焦主责主业，强化担当作为，加强基层党组织政治引领功能和服务功能，采取超常措施，付出超常劳动，保证了曲水县脱贫攻坚工作的顺利完成。从总体规划到方法措施和具体落实等方面，曲水县各级党委、政府都能够齐心协力，创新思路，认真履职，在做好安全稳定和保护生态的前提下，找到了适合自己的扶贫产业发展路径，不仅脱贫攻坚成果显著，而且为下一步实施乡村振兴战略找到了科学着力点。曲水县的脱贫攻坚实践，较好地践行了党中央，特别是习近平总书记关于扶贫工作的重要论述，在极其特殊的区域，激发了老百姓的内生动力，把经济发展引领到高层次、高质量的轨道上。曲水县在从一个经济落后的农牧业县发展为国家农村改革试验区、有机农业示范创建区、县级文明城市提名县的过程中，伴随脱贫攻坚各项工作开展而形成的实践经验十分丰富，又因曲水县位于世界第三极的高原地区和边疆省份的核心区域，它的经验不仅值得我国其他省份学习和借鉴，在全世界，特别是处于高原地区的国家，也极具参考价值。

## 一、基础条件

### （一）区位优势

曲水县位于雅鲁藏布江、拉萨河、曲甫河的三河交汇处，属于河谷地带，县城在拉萨市西南部，县域总面积 1610 平方公里，耕地 4429.92 公顷，下辖 5 乡 1 镇、19 个行政村、139 个村民小组，全县常住人口 36521 人，是地广人少的农牧业县。全县森林覆盖率 30%，是拉萨海拔最低、空气湿度和含氧量最高的区域。县城距拉萨 60 公里，距贡嘎机场 15 公里，318 国道、拉日铁路横贯全境，机场高速公路贯穿县域东部，交通十分便利，区位优势明显。太阳辐射强，日照时间年均近 3000 小时。年降雨量 441.9 毫米。

### （二）致贫因素

#### 1. 自然条件的制约

曲水县处于山谷之中，肥沃耕地面积总量占比较小。高山上都是岩石，土壤缺少、草木稀疏。属内陆高原干燥季风气候，自然灾害多发。平均海拔 3650 米，最高海拔超过 4500 米，生存条件恶劣、生态环境脆弱。无霜期短，只有 150 天，昼夜温差大，平均日温差 14.5°。域内的三条河流在冬季枯水期，受到季风的强劲吹拂，到处弥漫着沙尘，给生产生活带来极大的破坏。

#### 2. 理念习俗的影响

曲水县是农牧业县，实行家庭联产承包责任制以来，多数农村都是以传统小农生产方式为主，缺乏市场竞争意识和市场竞争能力。老百姓的生活理念和生活习俗中存在不少不适合现代产业经济和市场经济发展需要的地方，习惯于小牧场、家养畜，自给自足，把农牧业产品商品化的动力不足，愿望不强烈。另外，还有部分老百姓乐意居住在海拔 4000 米以上的高山上，交通不便，致富条件差。这种习俗和生产方式，使他们很难迈开致富的步子。

#### 3. 人才短缺的困扰

在曲水县，教育、医疗、科技、工商、农牧等方面的人才仍然十分短缺，尤其本地人才更加缺乏，导致许多国家和地方支援的项目不能完全转化和有效利用，自主研发力量薄弱，创业能力、就业能力和获利能力较低。人才缺乏严重困扰和制约着全县经济社会的发展。

#### 4. 生态保护的约束

曲水县群山环抱，是三条河流的汇集之处，是生态重点保护区。境内虽然有丰富的矿产资源、有许多野生动植物珍品，但是为了保护生态环境，严禁开采或猎取。不能靠山吃山，靠水吃水。同时，因为曲水县位于拉萨市的下游位置，还要承载拉萨市的垃圾及其他废弃物质的处理任务。为了保护自然生态，这里也不能建立和发展各种大型工业项目。发展经济必须保证只能更加有利于绿水青山、冰山雪山，而不能因发展经济导致对环境的破坏。

## 二、思路规划

### （一）工作思路

*1. 学习先行，遴选好、使用好各级干部*

在脱贫攻坚工作开展之初，曲水县首先开展系列学习活动，特别是组织全县的村支“两委”集中学习习近平总书记关于扶贫工作的重要论述和脱贫攻坚的具体要求。通过深入学习，提高认识，组织配备起强有力的干部队伍，保障各项工作得以顺利开展。在深化认识方面，曲水县委、县政府除了学习各种政策文件，还多次组织人员到工作先进的其他省份或地区学习，以便更好地学习领悟党中央的精神。县委把坚持和加强党的领导贯穿脱贫攻坚工作始终，努力使本县各级干部在认识上能够更深一层、更早一步。曲水县委、县政府充分认识到打赢脱贫攻坚战是我们党向全国人民作出的庄严承诺，是实现第一个一百年奋斗目标的重要任务，是党的十九大提出的三大攻坚战之一，是一场必须打赢打好的民生仗、经济仗、政治仗。在强化领导班子建设方面，严格落实脱贫攻坚“一把手”负责制，县、乡、村三级书记一起抓，建立县委统一领导，乡镇及有关单位各司其职、各负其责的责任体系，从县到乡到村层层签订军令状，明确目标，增强责任，强化落实。以乡村组织换届为契机，选优配强乡镇领导班子成员 65 名，村“两委”班子成员 156 名，村党组织第一书记 19 名，进一步选优配强基层脱贫攻坚领导班子，为脱贫攻坚工作提供坚强的组织保证。

*2. 党建引领，组织好、动员好各方力量*

曲水县委通过加强基层组织建设，进一步明确村党组织的主体地位，村“两委”的主体作用。村第一书记、下沉干部、驻村工作队发挥协助指导作用，指导不领导、帮办不包办、到位不越位，确保各级党组织善团结、会发展、能致富、保稳定、遇事不糊涂、关键时候起作用。大力实施“三建三带三加力”工程，即建队伍、建阵地、建制度，带学习、带思路、带风尚，加力村级班子能力提升、加力村集体发展、加力服务型基层党组织建设，促使党的建设迈上新台阶。曲水县还制定并严格落实《党建定期督查实施方案》，每季度对全县基层党组织进行全覆盖督查，进一步解决党建工作不严不实、“两张皮”等问题，促使党的建设工作抓在日常，严在经常，发挥作用，形成长效。建立健全党员联系服务群众机制，统筹开展“双联户”工作和精准扶贫等工作，带头干、带着群众干，建起村“两委”联系服务群众的桥梁和纽带。坚持以党建带群建，带出基层组织新活力。更加注重发挥基层党组织战斗堡垒作用，在推进易地扶贫搬迁过程中，突出党建统领，第一时间成立搬迁点临时党支部，把党组织建起来、党员聚起来、人心拢起来。顺利完成三有村、四季吉祥村两个易地扶贫搬迁安置点的相关工作，实现了搬得出、留得住、能致富。注重发挥党员先锋模范作用，建立县级干部“联乡包村”、党员领导干部结对帮扶监测机制，1022 名党员干部切实履行帮扶责任，在精准识别、政策宣传、入户走访、排忧解难等方面始终走在一线、带头引领，有力推进了脱贫攻坚工作。在抓好党建工作的同时，努力充实各级脱贫攻坚力量，保持脱贫攻坚力量充足、稳定。先后组织开展干部培训 10 余期，覆盖县乡村三级扶贫干部。还选派 43 名扶贫一线党员干部赴江苏进行电子商务运营知识学习培训，全面提升基层党员干部对扶贫政策的把控能力和开展脱贫攻坚工作的水平。

*3. 集体支撑，带动好、服务好贫困群众*

在脱贫攻坚中，涉及的工作千头万绪，参与的力量方方面面，如何把各种力量有效组织和利用起来，是个事关全局的问题，必须做好统筹协调工作。曲水县充分发挥国有企业、农村集体经济在脱贫攻坚中的支撑和带动作用，推动二者的密切关联及与专业合作社和普通农户的业务合作。在统筹协调方面，坚持统揽全局、超前谋划。较好地统筹处理精准脱贫与统一思想、提高认识、狠抓落实、取得实效的关系；与党委政府主导、贫困对象主体作用发挥的关系；与扶智、扶志、扶制，要我富和我要富、我能富的关系；与净土健康产业、“四业工程”、双联户工作及强党、固基、扶村的关系。县委明确“创建全区现代农业示范县”的发展定位，统筹推进以汉藏药材为主的净土健康产业，以有机青稞为主的有机农业和文化旅游产业。各村量力而行、尽力而为，积极参与全县扶贫产业发展，不断壮大集体经济，带动贫困群众增收致富。目前，集体经济积累 100 万元以上的村达到 13 个。白堆村支委发动 70 户贫困群众，以每户出资 100 元的形式加入罗亚农机具专业合作社。合作社为 70 户贫困群众免费耕种、收割，并进行分红。2017 年，每个贫困户分红 1000 元左右。在具体引导方面，各级党组织将扶贫同扶志、扶智、扶制相结合，以扶志坚定贫困群众脱贫信心、以扶智增强贫困群众脱贫能力、以扶制提升贫困群众组织起来的能力，着重引导贫困群众依靠勤劳的双手创造幸福生活。四季吉祥村依托“七彩四季”党建平台，组织贫困群众开展素质训练、文体活动、就业培训等，引导 562 名贫困群众到才纳园区、万亩苗木良种繁育基地、万亩汉藏药材种植基地就业，月收入 3000 元以上。

### （二）总体规划

曲水县脱贫攻坚的总体规划集中概括为：坚持“四个结合”，做到“六个精准”，实施“五个一批”，确保“六个到位”。奋斗目标是“两年脱贫、两年巩固、一年实现全面小康”。即通过举全县之力，根本提升扶贫对象自我发展能力，提升全县经济发展层次和发展质量，到 2017 年，实现整体脱贫，2018—2019 年得到全面巩固，到 2020 年和全国一道建成小康社会。

#### 1. 坚持“四个结合”，走符合曲水实际的脱贫攻坚之路

“四个结合”分别是：加快发展与脱贫攻坚的结合；整体推进与分类扶持的结合；输血扶贫与造血扶贫的结合；政府主导与市场取向的结合。曲水县除了重点打造才纳净土健康龙头企业外，积极支持各村因地制宜发展特色富民产业，先后实施了俊巴渔村旅游开发、藏鸡养殖、藏家乐等产业项目 6 项，投入资金 2600 多万元。同时，针对本地种植业水平低，技术不完善等问题，邀请江苏省泰州市学者、技术人才前往曲水现场指导，传授先进的种植技术和理念。曲水县还大力推行“走出去”战略，充分利用泰州市场优势，加大开拓曲水特色产品的市场，计划投资 220 万元在泰州市老街景区、姜堰区溱湖景区、高港区雕花楼景区等地建立曲水地方特色产品展销中心，预计可新增销售额 3000 余万元。

#### 2. 做到“六个精准”，全面认真履行脱贫攻坚职责

习近平总书记指出，扶贫要看真贫、扶真贫、真扶贫，曲水县政府通过

“六个精准”来不折不扣地履行脱贫攻坚的职责。分别是：扶持对象精准、项目安排精准、资金使用精准、措施到户精准、因村派人精准、脱贫成效精准。每个精准都有具体衡量标准和保障措施。通过健全各项体制机制，保障各项精准能够真正名实相符。坚持“谁审查、谁签字、谁负责”，做到“步步有痕迹、环环能倒查”。建立扶贫信息系统，实施动态监测管理，完善监督机制。为保证脱贫成效精准，通过静态识别与动态退出相结合，实行最严格的考核督查问责制。县民政局根据《西藏自治区城乡最低生活保障实施办法（试行）》，及时对现有低保对象家庭经济状况进行调查核实，按照家庭人均可支配收入低于当地最低生活保障标准的差额发放最低生活保障金。随后又对现有低保对象家庭重新进行户籍情况、家庭经济状况及财产状况核查，重点排查低保家庭拥有机动车辆、大型农机具，家庭有财政供养人员、政策性财政补贴、扶贫建档立卡增收、工商登记（包括企业法人、企业股东、农专社出资人、从事个体经营）等信息，对认定低保对象提供准确依据，提高低保对象认定的科学性、精准性。曲水县还通过了解群众的培训需求，了解周边产业的用工需求，利用“四业”、群团、人社、农牧、扶贫等各部门提供的有利条件，精准发力大力开展各类订单式的培训，帮助培训成熟的劳动力实现就业。现已实现一户至少有一个劳动力就业。对于各类需要帮扶的贫困人员，曲水县通过开展扶智订单式培训工作，群众不仅掌握了致富的一门手艺，更增加了生活的自信，拓宽了眼界。手工编织合作社的理事长次旦卓嘎，不仅自己掌握了手工绢花制作的技术，还带动了23名女性社员，通过绢花制作和销售增加了收入。曲水县还依托净土健康产业园区管委会开展种植培训，帮助360人（217名长期务工）通过参加培训，在产业基地就业；同时依托净土公司培训了5名养殖能手，完成培训后就职于奶牛合作社。

*3. 实施“五个一批”，统筹用好扶贫资源*

“五个一批”是国家对扶贫攻坚的具体指导，分别是：发展生产脱贫一批、易地搬迁脱贫一批、生态补偿脱贫一批、发展教育脱贫一批、社会保障兜底一批。要实施好“五个一批”，必须合理安排，用好用足内外资源。如在各种产业基地、各类企业、大小合作社及集体经济中，都要优先为贫困户提供工作岗位。在易地搬迁中，要满足搬迁户的合理要求，使他们感到满意，如新建房屋样式的选择、搬出地区土地的处置等。同时，根据上级党委、政府的有关指示，对全县建档立卡贫困户进行了全面的“诊断”，做到了能进就进，能退就退，2015 年根据国家有关规定人均纯收入未达到脱贫线的有 1371 户 4792 人。经过重新识别后，根据他们的致贫原因进行了逐一的分析，研究制定了脱贫的六项措施。有些贫困户实行了易地扶贫搬迁，搬迁后原有的耕地流转给国有企业，每年收到土地流转金，而且贫困户剩余的劳动力全部投入转移就业工作，每月的工资不低于 2700 元；有些贫困户依靠乡村的产业，每年都能得到分红，且在产业上能学习技术，拿工资；有些贫困户依靠小额贷款，开小茶馆、烧烤店，或购买农用车在拉萨跑运输提高家庭收入。综上所述他们的人均收入明显提高，部分贫困户人均收入可达两万元。在实施“五个一批”过程中，因地制宜，因人施策。适宜做产业工人的，就在附近的产业基地就业；适宜做生态保护的，就提供生态补偿岗位；适宜自己创业的，就提供资金技术支持；通过教育培训能够找到合适就业岗位的，就多提供教育培训机会。培训的原则是缺什么培训什么；需要什么培训什么。对于因病或其他原因无法依靠自己劳动生活的，就充分加大社会保障力度，增加财政补贴。同时，还将因火灾、意外交通事故、自然灾害、重症疾病或其他原因造成贫困的群众纳入临时救助范围，逐步提高补助标准。通过实施“五个一批”，真正做到“精准扶贫，不落一人”。

**4. 确保“六个到位”，切实落实脱贫攻坚任务**

曲水县能够做到思路清晰，压实责任，说到做到，以确保“六个到位”，切实落实脱贫攻坚任务，使脱贫攻坚工作经得起历史检验。“六个到位”分别是：资金投入到位、产业带动到位、项目安排到位、民生服务到位、社会帮扶到位、援藏支持到位。在资金投入方面，曲水县不断加大财政支持力度，以“穷政府，富农户”的心态来做扶贫工作，政府自己的开支可以尽量减小，只要能挤出钱用于扶贫，就用力去挤。2016 年以来，累计安排生态岗位 7545 人次，共兑现资金 2296.1 万元；累计安排定项补助 4408 人次，兑现资金 400.6 万元；医疗救助上，累计报销 875 人次，报销总费用 448.7 万元，其中大病统筹报销 271 万元，民政救助金额 100 万元，医保救助兜底报销 203.9 万元。在产业带动方面，曲水县坚持宜农则农、宜商则商、宜工则工、宜游则游，在各种岗位上优先安排贫困户。同时，加强贫困农牧民技能培训，组织劳务输出，使每个贫困家庭至少有一人掌握致富本领。在项目安排方面，通过全面提高贫困地区基本公共服务水平，专门面向贫困户谋划项目、设计项目、安排建设项目，并将涉农项目资金直接向贫困村、贫困户投放，吸纳更多贫困户参与到项目建设全过程，为贫困户解决生产生活困难创造条件。在民生服务方面，不断提高贫困家庭教育“三包”和助学金补助标准，对扶贫对象参加农牧区医疗制度的个人缴费实行财政补助，将贫困户和贫困对象全部纳入社会保障。在社会帮扶方面，深化驻村干部制度，落实各种惠民政策，并鼓励支持各类企业、社会组织、个人自愿等，采取包贫困村、包贫困户的方式参与扶贫，有些合作社免费为贫困户提供机械耕作服务。在援藏支持方面，将 80% 以上的援藏资金用于改善民生、扶贫开发，建立援藏方与贫困户结对认亲机制，使其直接帮助到贫困家庭和贫困对象上。

中共西藏自治区党委常委、拉萨市委书记白玛旺堆在曲水县指导脱贫攻坚工作

## 三、主要做法

### （一）持续有效的教育引导

“扶贫先扶志，扶贫必扶智”是曲水县恪守的信条。为了根本改变老百姓生活中不适应现代市场经济的习惯和观念，他们把各种学习活动固定成为制度，每个行政村都建立了农牧民学习培训场所，开展了形式多样的培训教育活动，尤其是每月必须组织多次“四讲四爱”活动。即讲党恩爱核心、讲团结爱祖国、讲贡献爱家园、讲文明爱生活。这个主题的学习使曲水县干部群众上下一心，听党话，跟党走，形成了众志成城的脱贫攻坚主导力量。曲水县还组织开展“周五志愿服务日”活动，组织全县1300余名党员志愿者先后开展了环境整治、消防知识、法律知识、医疗知识、扶贫知识等宣传活动，特别是组织发动乡村志愿者762人次，对孤寡老人家庭的农作物进行了抢种、抢收，受到群众一致好评。各种各样有针对性的技能培训是每个行政村的重要工作任务，条件好的农牧民还被选送到职业学校培训后获得学历，成长为农村产业工人，即新型现代职业农民。近年来，共举办劳务培训班5次，培训人数265人，帮助贫困户劳务就业235人，实现劳务收入520万元。还协调泰州市人社局赴曲水县开展“对口援藏扶贫”培训班1期，为40名农牧民培训初级砌筑工；开展大学生创业讲座1次，参加讲座应往届大学生34人。在生活习惯方面，也有多种多样的培训。曲水县的中小学校还通过“小手拉大手”，让学生帮助家长改进生活习惯，尤其是卫生健康方面的习惯。有些行政村创新建立“道德银行”，表现好的村民可以凭积分到超市领取生活用品。通过持续的教育和多种奖惩措施，改善了民风民俗，焕发了农牧民的进取奉献精神，为脱贫攻坚提供了强大的精神力量。

### （二）扶贫产业的利益联结

曲水县为了充分调动各方面扶贫积极性，专门制定了曲水县扶贫产业利益联结机制，通过“五跟五走”把相关利益方紧密联结起来。“五跟五走”分别是：资金跟着项目走、项目跟着规划走、贫困户跟着致富能人走、企业和致富能人跟着产业项目走、产业项目跟着市场走。通过“五跟五走”实现了资金与项目、项目与企业、企业与市场的靶心对标；通过“三结合”达到了产业项目与贫困群体、贫困群体与城乡建设带动的精准对接，变“输血”为“造血”。“三结合”即精准脱贫与基层党建结合、与城乡一体化结合、与产业发展结合。在曲水县发改委推动的项目中，通过乡镇推荐符合条件的各村合作社，在公平民主的原则下，选择合适的合作社承担扶贫项目的组织实施。要摆脱贫困，就需要有各级优秀干部组织发展有前途的产业。曲水县瞄准净土健康产业大做文章。他们在拉萨市的支持下，先后注入大量的资金，又成功与贵州茅台酒等大型企业合作，在短短几年内，打造出了“一区四园六基地”。一区为雅江工业园区；四园为净土健康产业园、净土健康产品加工园、传统民族旅游产业园、光伏产业园；六基地为万头奶牛养殖基地、万亩汉藏药材种植基地、万亩高原土地种植基地、万亩黑青稞种植基地、万亩乡土苗木及高原球根花卉等良种繁育基地、身心疗养基地。这种纵横交错的产业业务联系中，最紧要的是为贫困户提供岗位。每个运营主体中要优先安排贫困户就业，要统一收购农牧民的产品，要对行政村的合作社有指导，有购销联系，形成齐心协力的扶贫产业格局。

（三）创新现代职业农民培养机制

为了更好地培养现代职业农民，曲水县主动创造条件，把拉萨市第一职业技术学校从拉萨市迁入曲水县的才纳乡。一方面为该校学生提供充分的实习就业机会；另一方面能够为本县农牧民提供更便捷、更全面的职业培训。曲水县还与中央民族大学、中国农业科学院、西藏自治区科技厅、西藏职业技术学院、西藏藏医学院建立起合作关系。这些高校或科研机构先后在园区挂牌建立教学实践基地、科技培训基地、科技研发中心。通过这些举措，曲水县实现了将基础教育与技术教育相结合，将校内教育与校外实践相结合。通过把产业工人及农牧民群众送入院校培养，把院校学生引进园区实践，从思想上、理论上、技术上培养出了一批批优秀的新型职业化农民。2016 年以来共开展培训 53 期，培训 2408 人，其中贫困户 621 人，实现转移就业 1986 人次。此外，在曲水县的各个产业园区中，还创新构建了现代新型职业农民的培养机制。在园区的员工招录中，优先招录贫困户农牧民，然后再根据所招录人员的情况，分类培养，分类使用。对具有初中以上文化程度的，要聘请专家传授给他们各种生产技能，通过考试或考核后转变为产业工人。产业工人与普通工人的区别在于，普通工人还是农牧民身份，劳动报酬按时间或按产品数量计算，工作任务主要是种植或养殖。产业工人的月薪一般在4500元至5000元，并且还享有各种社会保险金。这在当地的农村已经是不低的工资待遇，对当地老百姓具有非常大的吸引力。产业工人的工作依据产业园区或基地的需要安排，除了基本的种养殖劳动，还要负责向行政村合作社、普通工人、普通农牧民传授生产技能的任务。产业工人是曲水县自己创新培养的本地人才，他们还有晋升职称的发展空间，可以晋升为高级产业工人、技术专家等。除此之外，还从附近农村招聘有管理能力的农牧民做管理工人。这些农牧民一般年龄较大，有一定威望，擅长管理。他们负责管理工人组织生产，安排劳动任务，解决普通工人劳动中需要解决的各种问题。由于本地人管理本地人，许多问题能够得到有效处理。他们还通过每月召开一次全体工人大会的制度，解决各类工人在工作中遇到的普遍性问题，认真听取和吸收各类工人的意见和建议，不断改进自己的工作。

### （四）充分发挥国有企业和集体经济的优势

曲水县有3家国有企业，不仅要负责加工销售全县合作社或农户种养的农牧产品，还要尽可能多地为附近农牧民提供就业岗位，组织指导各类人员就业创业。同时，将农牧民易地扶贫搬迁后原有的耕地流转给国有企业，企业盈利后在全县范围内分红给老百姓。曲水县现有种植、养殖基地均为集体经济，另外，几乎每个村都有自己的集体经济组织和集体经营。这些集体经济多是因为每个行政村在分田到户时没有完全把集体土地分光，还保留一部分属于集体的土地，也有根据需要又从附近荒地中新开垦为集体土地的。这里的驻村干部和村支两委也都是基本全职服务于村集体。曲水县从2009年开始逐步发展各种农村合作社，当前大大小小自发形成的合作社已有许多，这些合作社或公司都要接受村支两委的领导。为了进一步引导各种合作社发展壮大，县政府专门成立了集体经济推进领导小组。目前，全县已经实设3个村级、20个组级农村集体经济组织（股份经济合作社），剩余14个村级、115

个组级农村集体经济组织（股份经济合作社）实设工作正在有序开展。这样，通过“管委会 + 企业 + 合作社 + 农户”模式和“合作社 + 农户 + 自主品牌”，让贫困户和普通农户充分参与国有企业和集体经济的发展。

拉萨市人大常委会副主任、曲水县委书记彭飞跃在作脱贫攻坚工作报告

（五）有力推进产学研一体化

在“产”方面，曲水县把净土健康产业园与城市发展、社会主义新农村建设、文化旅游产业等融合起来，推动一体化发展，提升了产业发展内生动力和外生动力，做大做强主导产业，主动适应经济发展新常态。目前曲水县拥有各类企业 40 多家，这些企业亟须转型升级，开发生产出有市场竞争力的新产品。为此，他们从全国各地聘请专家进行研发，已经成功推向市场的产品有十多种，如玛咖酒、雪山玫瑰、雪菊等。特别是采取“先行先试、先加后减”的办法，重点打造了曲水才纳万亩净土健康产业园区（分二期），一期为 A 园区，占地 500 亩，成功试种并推广了 10 余种经济作物，成为全区第一个集中引进新品种试种推广的先行区。二期为 B 园区，占地 2000 亩，已初步形成产、加、销、购、娱为一体的 AAA 级“秀色才纳”景区观光带。在

"学"方面，积极寻求能够指导本县产业发展需要的科研机构和高校，与这些机构建立起合作指导关系，通过聘请指导专家或选派人员去学习等途径，获得需要的技能和知识。充分利用科研机构或高校的科研成果，指导本县净土健康产业向多元化、多样化的道路发展，培训农牧民群众在经济作物种植技术方面的人才达 450 余人。拉萨市第一中等职业技术学校入驻曲水县后，预计每年为净土健康产业提供 8000 名人才。在"研"方面，净土健康产业园着力培育高原河谷特色种植业和高原特色养殖业及天然饮用水产业，推进了结构转型升级。通过全力打造净土健康产业园，完成了包括现代农业试验观光区、特色产品展销区、高标准智能温室、玫瑰花加工厂、葡萄酒加工厂、科技实验楼等建设项目，成为全区第一个集中引进新品种试种推广的先行区，并于 2016 年与西藏农科院农业研究所合作，成功将玛咖种子送入太空。2017 年 2 月与北京大学达成了在曲水县产业园区建立基地的相关协议。2018 年拉萨市科技局在曲水县产业园区建成高原生物研究所，还进一步与华大基因建立起联系，双方协商球根花卉种球繁育相关合作事宜。这些工作实实在在地形成了曲水县发展中的产学研一体化。

（六）资金保险双护航

在脱贫攻坚中，各项工作的开展都需要资金的支持，县政府专门成立了资金保障工作机构，努力争取各种基金、信贷，撬动投融资近 30 亿元，用于推进万亩汉藏药材种植基地、万亩乡土苗木良种繁育基地、现代奶牛养殖基地、才纳现代农业示范园区等项目建设，为全县建档立卡的贫困户提供了充足的就业岗位。曲水县还积极促进实施贫困户小额贷款工程，与银行合作落实贫困户小额贴息贷款利率 1.08% 的优惠政策，发放贷款证书，简化贷款程序，方便群众贷款。现在已为 168 户贫困户发放小额贷款 671 万元。因病返贫是曲水县脱贫攻坚中最难以解决的问题，为此，政府在新农合保险和大病商业保险方面都做了很大的努力。全县建档立卡贫困户新农合筹资覆盖率达 100%，并实行"先诊疗，后结算"，设立健康扶贫专项资金 300 万元，用于建档立卡户兜底报销。同时，以政府补贴带动全县农牧民购买大病商业保险。政府与中国人民财产保险公司合作，在大病保险和农业生产领域推行政府补贴购买商业保险，力求解决因病因灾返贫的问题。曲水县大力宣传保险政策，培养农牧民群众的保险意识。为保障县域内种植业和养殖业的稳定发展，减少各类灾害带来的损失，起到决定性作用。因此，曲水县成为全区第一个鼓励并支持农牧民购买商业保险，全面铺开涉农保险和商业保险工作的县。2009 年开始购买涉农保险，保费由西藏自治区承担 50%，拉萨市承担 20%，曲水县承担 20%，农牧民自筹 10%；2017 年县财政为全县农牧民全额购买种养殖类商业保险；2018 年凡是购买养殖类商业保险的农牧民由县政府补贴 70%，农牧民自己承担 30%；凡是购买种植类商业保险的由政府补贴 80%，农牧民承担 20%。如青稞自筹保费每亩 11.6 元，出险赔付 980 元，大大减轻了受灾害时的经济损失，保障了农牧民种养殖收益，也促进了全县农牧业发展。

（七）产业发展与搬迁安置有机结合

“迁业并重，产业先行”是曲水县扶贫的一大特色，目的是“搬得出，留得住，能致富”。脱贫攻坚的根本是产业发展，产业发展需要人才和劳动力资源。以前曲水县的老百姓居住分散，无法为规模化产业提供支持。在脱贫攻坚中，他们把二者有机结合起来。在实施搬迁之前，先把适合当地的产业建立起来，搬迁户入住后，就可以到附近的产业基地就业。产业的发展是为了给贫困户提供就业机会，搬迁安置是为了让贫困户走出不便的生产生活环境，二者结合是曲水县最富有智慧的创新。同时，易地搬迁贫困群众还可以通过土地流转租金提高家庭收入。曲水县为搬迁户创建了良好的生活居住环境，在搬迁点上建设了村医务室、幼儿园等附属设施，方便贫困群众就近就医、上学；在搬迁选址方面也充分考虑到了生产生活环境、交通、周边资源等；在搬迁点建设奶牛、藏鸡、种植、商铺等配套产业，就近解决搬迁群众就业问题，通过提供就业岗位、产业分红等方式提高搬迁贫困户收入，实现脱贫致富。顺利完成了三有村和四季吉祥村安置工作，三有村 184 户、712 人，四季吉祥村 285 户、1310 人。在这两个搬迁安置点实施搬迁之前，周围的产业布局及组织生产已经从规划变为现实。在三有村附近，建起多个养殖场。贫困户一旦完成了搬迁，就可以到这两个养殖场上班，成为产业工人。四季吉祥村比三有村要大些，才纳乡就为其提供了更广阔的就业舞台，这里建有国家现代农业示范园区，有百亩连栋温室，有西藏自治区唯一的野生动物保护园等，能够提供1600人的就业岗位，远远超过了需要搬迁到这里的贫困户人数。

中共西藏自治区党委副书记、区政府主席齐扎拉（左四）在曲水县才纳易地扶贫搬迁点指导工作

（八）科学有效的结对帮扶

曲水县通过科学有效的结对帮扶，把各种援藏资源尽量用到最该用的地方。利用援藏项目“十三五”规划中期调整和年度项目计划修订机会，聚焦曲水脱贫攻坚产业支撑和提升农牧民幸福感的现实需求，调整项目资金投向总额达1.4亿元，重点支持净土健康产业培育发展和民生改善项目，强龙头、扣链条、补缺项，充分发挥了援藏项目的引领、辐射效用。先后集中1.2亿元援藏项目资金，从支持高起点规划入手，到直接投入兴建核心区项目，全力支持曲水才纳净土健康产业园区规划建设，把产业园建设成为集国家级现代农业示范区、AAA级“秀色才纳”景区为一体的拉萨市标杆园区。为了使

各种援藏资源能够更加具有针对性和有效性，曲水县通过结对子的方式，用好援藏资源。即把援藏的江苏省泰州市三市四区与曲水县各乡镇、泰州市相关园区各部门与曲水县才纳园区、脱贫攻坚各主体部门以及泰州各市区优秀企业与曲水县各行政村一一“结亲”，形成了3个层次共26个扶贫协作对子，实现了对曲水脱贫攻坚责任主体单位对口帮扶全覆盖。结对一年多来，泰州市政府主要负责同志带队对援助地进行了考察交流，并召开联席会议共商帮扶事宜，各结对单位普遍组织了对曲水对口单位的现场调研，各市区、教育局等有关部门与援助地各乡镇、部门分别签订了扶贫协作协议，达成助力脱贫具体合作项目29项。

### （九）严格高效的考核监督

脱贫攻坚是一场必须打赢的硬仗，在这个过程中，必须有超常的部署，超常的行动。曲水县委以全面从严治党为抓手，建立严督实查的监督体系，形成交叉督查网络，建立县委主要领导亲自抓、县委常委蹲点指导、各乡各村具体抓落实的责任落实体系。在考核监督中，日常督查与年终考核相结合，明察暗访与定期总结相结合。在每个村子都可以看到鼓励举报的公告，这是县纪委、县委组织部集中整治不作为、慢作为、文山会海等形式主义、官僚主义的公告。公告详细列举了这些行为表现，只要村民发现各级干部有这些行为，就可以直接举报。此外，曲水县的基层干部群众常常会看到县领导不打招呼就出现在他们的身边，出现在督促检查的现场。这种不走形式、严格督查的工作作风，大大强化了基层干部工作的责任心，使每个工作人员都感到使命重大、责任重大，不敢懈怠、不敢马虎，都以认真负责的态度和努力奉献的精神来做好自己的工作。通过建立监察、审计等相关部门全程跟踪监督机制，加大对各类违法乱纪行为的查处力度和责任追究力度，把脱贫攻坚纳入党政领导班子和领导干部目标考核体系，推动各级干部把更多的精力投入脱贫攻坚中来。2017年，全县各基层党组织共制定整改方案30余个，制定整改措施200余条，对6个党支部进行了通报表彰，对3个人进行了诫勉谈话；对2个乡镇党委和6个党支部进行了通报批评，对40余个党组织要求限期整改。此外，曲水县还严格要求广大党员不得信仰宗教、不得传播宗教，主动向身边群众开展无神论教育，引导他们把主要精力放在发展生产、勤劳致富上。

## 四、脱贫成效

### （一）直接效果

#### *1. 贫困户的受益情况*

截至2018年，全县建档立卡贫困户由2015年底的1178户4124人，减少到现在的33户109人；贫困发生率由之前的14.59%下降到0.33%；贫困农牧民年人均纯收入由2015年的2548元增长到现在的10010元。2017年，在各类园区的务工人数达到了1389人次，其中建档立卡贫困户249人通过产业实现精准脱贫。2018年上半年务工人数增加到了413人。2017年度向全县20余个扶贫产业项目收缴利润资金225.6万元用于分红，受益群众1114户4172人次，户均分红2000余元。2016年以来，共兑现生态岗位资金2296.1万元，受益群众7545人次；政策性定向补助400.5万元，受益群众4408人次。2016年以来累计获得社会力量帮扶31次，群众受益资金累计425.9万元。西藏金哈达药业有限公司向易地搬迁安置点三有村捐助了价值120万元的太阳能热水器及相关设备，为180户贫困户解决了热水供应问题。当前，曲水县的贫困户真正实现了“两不愁、三保障”，达到了脱贫摘帽标准。许多贫困户家庭成员转变成园区的产业工人，有些在村庄或学校公益岗位上就业，使他们能够依靠自己的劳动获得稳定的收入。现在，农牧民们都住上了宽敞美丽的房屋，家中水、电、气、暖齐全。村民们说，党和政府给我们创造了这么好的条件，自己再不努力，就对不起良心了。

#### *2. 农村基础设施建设成就*

曲水县在脱贫攻坚的同时，不断提高对农村基础设施建设的投入力度。县委、县政府坚持农牧业农牧区优先发展的方针，人力、物力、财力大幅度向农牧业农牧区倾斜，公共基础设施和公共服务水平双提升，农牧民生产生活条件显著改善。2015年以来，全县建设水利项目43个，总投资76720.75万元，农村安全饮水、耕地灌溉实现全覆盖。现有变电站5

座，总装机容量 14315kW，群众用电全部得到充分保障，农村电网供电可靠率、电压合格率明显提高。现有农村公路 445.683 公里，其中硬化道路 305.478 公里，乡镇农村公路通畅率 100%，行政村通畅率 100%，自然村通畅率 100%。实现“村村通电话”“村村通宽带”，信息化应用水平位居全区前列。全县建立 14 个电子商务综合服务站点，建成曲水净土电商扶贫示范点，带动贫困群众就业。

*3. 产业经济成就*

脱贫攻坚加快了曲水县净土健康产业等领域的发展。先后建成了国家级现代农业示范区、国家农村综合改革试验区、国家生态保护与建设示范区、国家有机农业示范创建区。通过向国家开发银行申请贷款，有 13.96 亿元用于林木良种繁育基地建设；有 7.2 亿元用于农业示范基地建设；有 1.97 亿元用于易地扶贫搬迁点建设；有 1.09 亿元用于扶贫产业项目建设；有 1.14 亿元用于水利及污水处理。密集的资金投入，带动了项目的建设，促进了经济的发展。2017 年，全县实现地区生产总值 12.72 亿元，同比增长 10.90%；全社会固定资产投资完成 46.17 亿元，同比增长 22.70%；本级财政总收入 4.29 亿元，同比增长 109%；社会消费品零售总额 3.1 亿元，同比增长 12.05%；农牧民年人均可支配收入 12612 元，同比增长 14.60%；城镇登记失业率控制在 2.2% 以内。同年，才纳净土健康产业产值突破 10 亿元，吸纳游客 15 万人次，带动 390 户、1800 多农牧民精准脱贫。曲水县每年的年旅游收入平均为 5000 万元以上，新建成了西藏自治区唯一的一个动物保护园，能够提供更多就业岗位，带来更多旅游收入。2017 年主要经济指标与 2015 年的对比如下：

| 指　标 | 2015 年 | 2017 年 | 增长幅度 |
| --- | --- | --- | --- |
| 固定资产投资 | 28.51 亿元 | 46.17 亿元 | 61.94% |
| 财政总收入 | 1.48 亿元 | 4.29 亿元 | 189.86% |
| 社会消费品零售总额 | 2.53 亿元 | 3.10 亿元 | 22.53% |
| 农牧民年人均可支配收入 | 10459 元 | 12612 元 | 20.59% |

#### 4. 教育培训成就

“要出路，找产业；要思路，找教育”，这是曲水格桑县长的名言。他的这句话说明了曲水县政府对产业及教育的高度重视。在教育扶贫方面，曲水县持续加大投入力度。2016 年以来，共资助 749 人 502.70 万元。全县实现了从幼儿园到高中阶段 15 年的免费教育；还对大学生和中职生的学杂费全额报销，并给予一定的生活和交通补助；对“两后生”（即初中毕业和高中毕业后要就业的学生）实施就业创业培训工程，创业者每人补贴 5000 元。动员国有企业和集体经济组织帮助大学生创业。把拉萨第一职业学校迁入本县，有效实现了基础教育与技术教育的结合、校内教育与校外实践的结合，极大提高了当地劳动力的生产技能。曲水县还与中央民族大学、中国农业科学院、西藏自治区科技厅、西藏藏医学院建立合作关系，创建多所教学实践基地、科技培训基地、科技研发中心。2016 年以来共开展培训 53 期，共培训 2408 人，其中建档立卡户 621 人，实现转移就业 1986 人次。

#### 5. 健康卫生成就

在健康卫生方面，曲水县不仅努力提高全县医疗水平，也尽力帮助老百姓养成良好的生活卫生习惯，在农村广泛使用上了自来水、电、天然气，建起众多的公共厕所、垃圾处理场及其他公共服务设施，大大改善了生活及卫生条件。特别是在脱贫攻坚中，通过提升县乡村三级卫生机构服务水平，不断推进健康扶贫向纵深发展。其间，县人民医院成功创建二级乙等医院。利用援藏资金 9955 万元，实施了高原“移动医院”示范工程、苏拉远程会诊等项目。曲水县还制定了大病集中救治实施方案，把先心病、包虫病、白内障等 9 类 15 种疾病纳入集中救治目录，免费救治全县白内障、包虫病患者。将家庭签约服务工作与村医绩效考核工作相结合，为建档立卡户提供基本医疗服务。还建立起县医指导、乡医负责、村医随访的医联体模式和 48 个家庭医生服务团队，家庭医生签约率 100%。全县建档立卡贫困户新农合筹资覆盖率达 100%。开展“先诊疗，后结算”，实现了“一站式”结算服务，对贫困群众实施兜底报销，救助贫困群众 875 人次，报销资金 448.7 万元。设立健康扶贫专项资金 300 万元，用于建档立卡贫困户兜底报销。

6. 乡村治理成就

曲水县在脱贫攻坚中，注重“志、智、制”三扶并行，推行专项、行业、社会、金融、援藏“五位一体”的大扶贫格局，既有广度，又有深度。在脱贫攻坚的同时，收获了诸多的乡村治理成效。通过经常性的会议宣讲和在每个村建立培训教室，各级扶贫干部给村民反复讲如何提高自身素质、如何就业创业、如何共同富裕。此外，通过村规民约的制定，约束个别村民的不良言行；通过激励性措施，鼓励村民融入集体，互帮互助。所做一切都是为了帮助村民转变思想，增强自身能力和集体荣誉感，从而有效促进了乡风文明、村庄融洽、群众增志、就业增收局面的形成。在大扶贫格局中，东西协作扶贫、内地支援边疆，更加巩固和增强了民族团结。在曲水县，可以看到不少内地人在这里从事各种生产活动，县、乡、村的各级干部中也都有内地人，大家亲如一家。“万企帮万村”和“321”监测帮扶机制，融洽了村民与各级干部和企业员工的关系，促进了发展合力的形成。“321”监测帮扶机制是指：县级干部帮扶 3 户、科级干部帮扶 2 户、一般干部帮扶或监测 1 户。833 名干部结对帮扶 1172 户 4083 人。通过这种帮扶或监测，搭建起新型的干群沟通渠道，提升了乡村治理水平。

（二）间接效果

1. 密切了干群关系

脱贫攻坚需要精准、深入、细致，要下一番“绣花的功夫”，必须通过各级干部深入了解群众、接触群众、倾听群众声音，才能够找准着力点，因地制宜，采取措施。习近平总书记指出：扶贫开发成败系于精准，要找准“穷根”、明确靶向，量身定做、对症下药。[①] 精准的过程就是各级干部深入联系群众的过程，扶贫的过程也是增强群众对干部情感的过程。曲水县在结对帮扶和易地搬迁中，有大量具体细致的工作要做，驻村干部更是要每日与村民在一起。才纳乡四季吉祥村党支部第一书记，在完成达嘎乡三有村的搬迁后要被调走，全体村民听说后非常不舍。有的哭着说：“我们就认她，她去哪

① 中共中央党史和文献研究院编：《习近平扶贫论述摘编》，中央文献出版社 2018 年版，第 72 页。

里，我们也去哪里。”村民自发排起长长的队伍，逐个给第一书记献哈达。这位第一书记是众多优秀驻村干部的缩影，在曲水县的脱贫攻坚工作中涌现了许多感人至深的事例。

*2. 锻炼了干部队伍*

摆脱贫困需要有思路，有出路，需要各级干部努力学习，勤于探索。习近平总书记指出：打好脱贫攻坚战，关键在人，在人的观念、能力、干劲。[①] 曲水县各级干部感受最大的是，他们的主要带头人注重学习。许多基层干部认为，带头人几乎各项工作都是行家里手，你与他谈教育，他能指导你教育；你与他谈卫生，他能指导你卫生；你与他谈种植，他能指导你种植。实际上曲水县的主要领导干部确实是非常爱读书、爱学习，能够充分掌握脱贫攻坚要求。曲水县的各级干部深受带头人的影响，在千辛万苦的工作中，常读书，常思考，开阔视野，锻炼自己。现在曲水县的一个普通的村党支部书记都能够与许多来自大城市的企业谈项目、订合同，学会了多项技能，每个人都能够独当一面。

*3. 提升了发展层次*

曲水县在脱贫攻坚的同时，通过产业园区建设、公共服务建设和汇聚各方力量参与，把全县扶贫力量同时纳入全县经济持续发展的同一轨道上，有效提升了发展层次。只有发展才能根本摆脱贫困，只有在保护生态环境的前提下，科学发展现代有机农业和净土健康产业，才能够赢得当地老百姓的理解和支持。在拉萨市的支持下，抓住机遇，内引外联，与多家大型企业和多所科研机构合作，扩大各产业园区的经营规模，加大自主品牌的开发研究力度。在短短的几年内，打造了多个万亩产业园区，形成了十多个自主品牌。没有规模，就没有品牌，就没有档次。曲水县思路清晰，步伐有力，以“四净”塑造“四品”，“四净”即净土、净水、净空、净心；“四品”即饮品、食品、药品和饰品。这既符合这里老百姓的精神文化特征，又符合新时代我国的科学发展理念。由于能够强力保证本地产品无公害、无污染，因而这里还

① 中共中央党史和文献研究院编：《习近平扶贫论述摘编》，中央文献出版社 2018 年版，第 52 页。

是西藏自治区的良种培育基地，承担了发展高原经济的重要职责，这些都有力促进了曲水经济跃升到一个较高的层次。

### 4. 支持了“一带一路”建设

西藏自治区是通往南亚的重要渠道，是“一带一路”上的一个重要枢纽。曲水县脱贫攻坚的成就，也是西藏的成就，它必然提升西藏多方面的影响力，提高西藏在“一带一路”上的关键作用。当前曲水县的成就引起了许多国家，特别是南亚或其他高原地区国家的关注。尼泊尔多次派代表团来学习曲水县的经验，玻利维亚、美国等国家都先后派考察团来曲水县学习。曲水县在特殊气候条件下的发展成就，是社会主义制度优势的集中体现。学习曲水县，就是学习曲水对我国脱贫攻坚战略的坚守，对我国社会主义制度优越性的极大认同。这种坚守和认同将有助于提升“一带一路”国家与我国的深度合作。

### 5. 助力于国际减贫合作机制形成

实现中华民族的伟大复兴，需要一个和平稳定的国际环境。和平的环境需要国家之间互相支援，尤其要加强国际减贫合作。有效消除贫穷的困扰，使各国人民看到美好的生活前景，才有利于和平稳定环境的形成。如果曲水县的脱贫攻坚经验能够总结并传播给其他国家，并能够带来实实在在的积极效果，那将会大大提高我国的国际形象，更加有利于构建人类命运共同体，有利于世界的和平和稳定。曲水县的脱贫攻坚成效是在高原地区取得的，并且成功走出了一条高原特色的发展经济、共同富裕的道路，必将为全世界类似国家提供有益的经验借鉴。同时，曲水县的净土健康产业发展，也为人类在高原地区生产生活探索了一条科学路径，具有重大的国际意义。

## （三）脱贫成效图片展

总体进展和成效
2015年
2018年
建档立卡贫困户：1178户4124人
贫困发生率：14.59%
贫困农牧民年人均纯收入2548元
未脱贫建档立卡贫困户：33户109人
贫困发生率：0.33%
贫困农牧民年人均纯收入：10010元
达到了“两不愁，三保障”，直接通过了国家验收

总体进展和成效
实现“两不愁、三保障”
殷实的粮仓
方便的自来水
安全的食品
洁净的水质

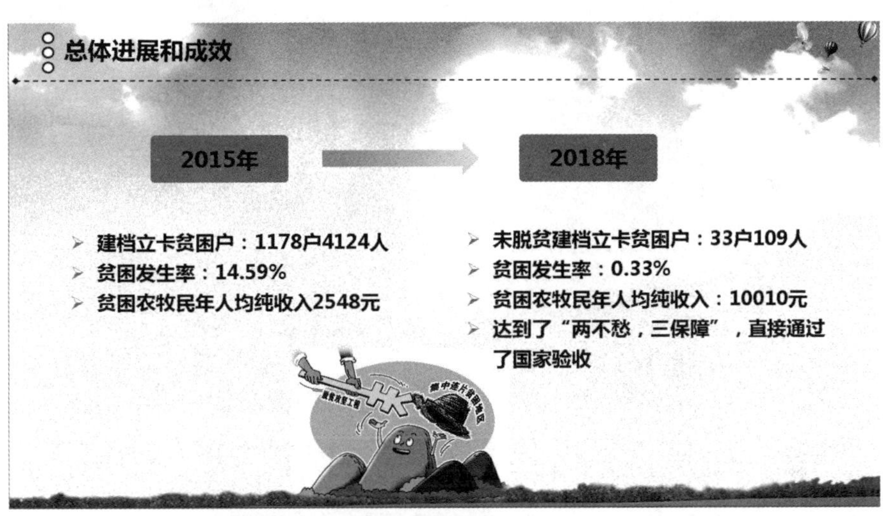

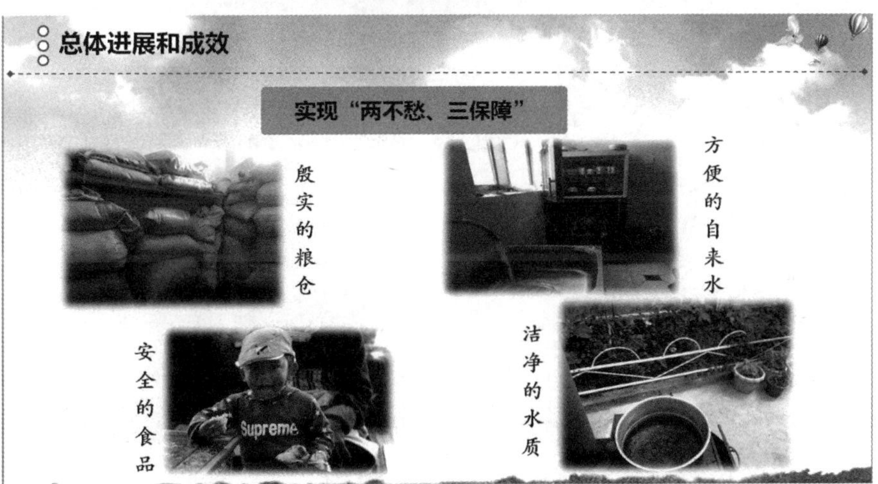

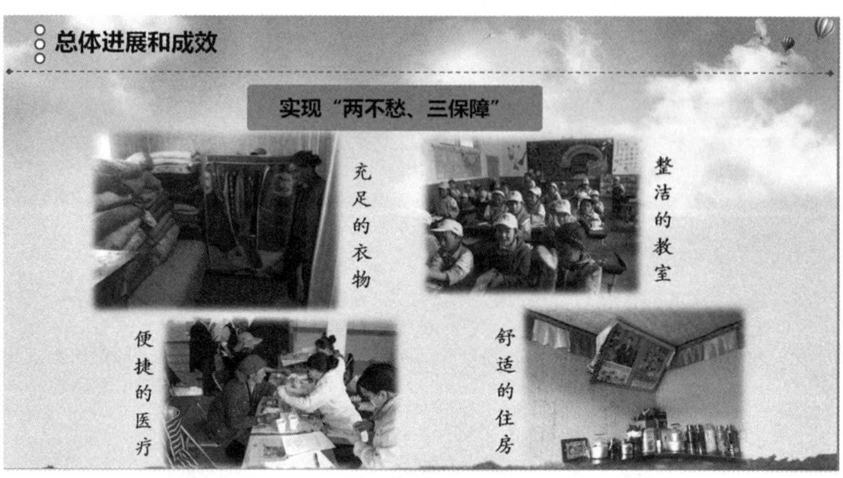
总体进展和成效
实现“两不愁、三保障”
充足的衣物
整洁的教室
便捷的医疗
舒适的住房

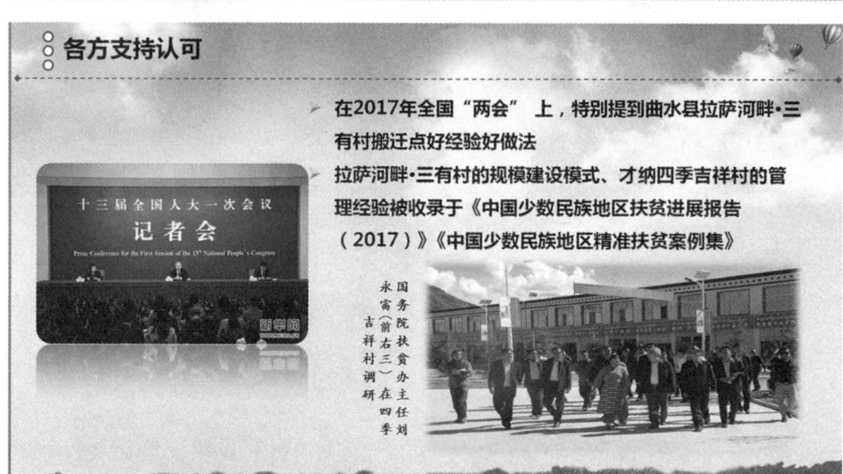
各方支持认可
在2017年全国“两会”上，特别提到曲水县拉萨河畔·三有村搬迁点好经验好做法
拉萨河畔·三有村的规模建设模式、才纳四季吉祥村的管理经验被收录于《中国少数民族地区扶贫进展报告（2017）》《中国少数民族地区精准扶贫案例集》
十三届全国人大一次会议
记者会
国务院扶贫办主任刘永富（前右三）在四季吉祥村调研

各方支持认可
中共西藏自治区党委书记吴英杰（左二）在曲水县调研脱贫攻坚工作
易地扶贫搬迁群众为县委、政府点赞
中共西藏自治区党委副书记、区政府主席齐扎拉（前右一）在曲水县调研脱贫攻坚工作

## 各方支持认可

中共西藏自治区党委常委、拉萨市委书记白玛旺堆（左一）在才纳乡净土健康产业园调研产业扶贫工作

中央民族大学收录曲水先进经验

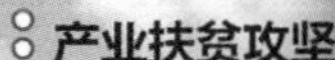

## 产业扶贫攻坚

成立了集体经济、龙头企业、新型职业农民培育等多个推进小组，出台了 扶贫产业利益联结机制、扶贫项目库建设管理办法 等项目管理制度，保障项目管理科学高效。2017年全县20余个产业项目共拿出225.6万元利润用于分红，受益群众1114户4172人次，户均增收2000余元。

万亩苗木良种繁育基地

产业分红现场

## 产业扶贫攻坚

奶牛养殖场

藏鸡养殖中心

光伏产业园

## 易地扶贫搬迁攻坚

➢规划建设了达嘎乡拉萨河畔·三有村和才纳乡四季吉祥村两个易地扶贫搬迁点；完成至柳梧的跨县区易地扶贫搬迁，共计663户2589人。

➢**大胆探索易地搬迁新路子**，坚持“迁、业并重，产业先行”，实现搬迁群众就近就便就业，收入稳定增长。

## 易地扶贫搬迁攻坚

➢达嘎乡三有村采取“公司+合作社+农户”经营模式，成立三有净土产品开发有限公司和种植、藏鸡养殖、奶牛养殖4个合作社，吸纳65人就业，月工资2500元以上，全村搬迁贫困户参与分红，年人均增收3800元以上。

➢才纳乡四季吉祥村，依托净土健康产业园带动群众就业552人，月工资2000元以上。

## 易地扶贫搬迁攻坚

正在建设的易地扶贫搬迁点

拉萨河畔·三有村幼儿园

四季吉祥村新民房

四季吉祥村新房内景

拉萨河畔·三有村新民房

## 易地扶贫搬迁攻坚

三有村幼儿园欢乐的孩子

易地扶贫搬迁车队

马上住进新房的村民

搬进新家的四季吉祥村村民

搬迁群众入住仪式

## 教育扶贫攻坚

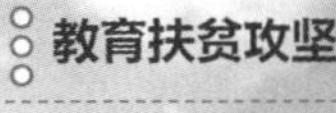

| 中小学生 | 大学生 中职生 高中生 | “两后生” | 劳动力就业培训 |
| --- | --- | --- | --- |
| 全面落实15年教育免费政策、农牧区“三包”政策 | 凭票全额报销贫困学生学杂费，并给予一定的生活补助和交通补助 | 实施就业创业培训工程，“两后生”创业政策补贴，每人发放5000元创业资金 | 顺应市场，响应需求。2016年以来共开展培训38期，实现转移就业1986人次 |

## 教育扶贫攻坚

**大胆创新教育扶贫思路**，将基础教育与技术教育相结合，将校内教育与校外实践相结合。拉萨市第一职业技术学校落户曲水，全面提升了职业教育水平；中央民族大学、中国农业科学院、西藏自治区科技厅、西藏藏医学院先后在曲水挂牌建立教学实践基地、科技培训基地、科技研发中心，有力推进了园区“产学研”一体化发展。

拉萨市第一中等职业技术学校

中央民族大学教学实践基地揭牌

科技培训基地、科技研发中心等

教育扶贫攻坚
实地培训种植技术
烹饪培训
电子商务培训

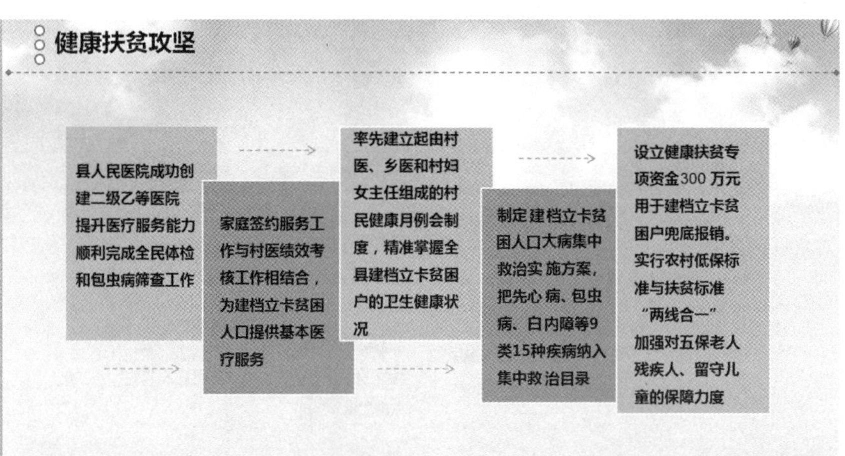
健康扶贫攻坚
县人民医院成功创建二级乙等医院提升医疗服务能力顺利完成全民体检和包虫病筛查工作
家庭签约服务工作与村医绩效考核工作相结合，为建档立卡贫困人口提供基本医疗服务
率先建立起由村医、乡医和村妇女主任组成的村民健康月例会制度，精准掌握全县建档立卡贫困户的卫生健康状况
制定建档立卡贫困人口大病集中救治实施方案，把先心病、包虫病、白内障等9类15种疾病纳入集中救治目录
设立健康扶贫专项资金300万元用于建档立卡贫困户兜底报销。实行农村低保标准与扶贫标准“两线合一”加强对五保老人残疾人、留守儿童的保障力度

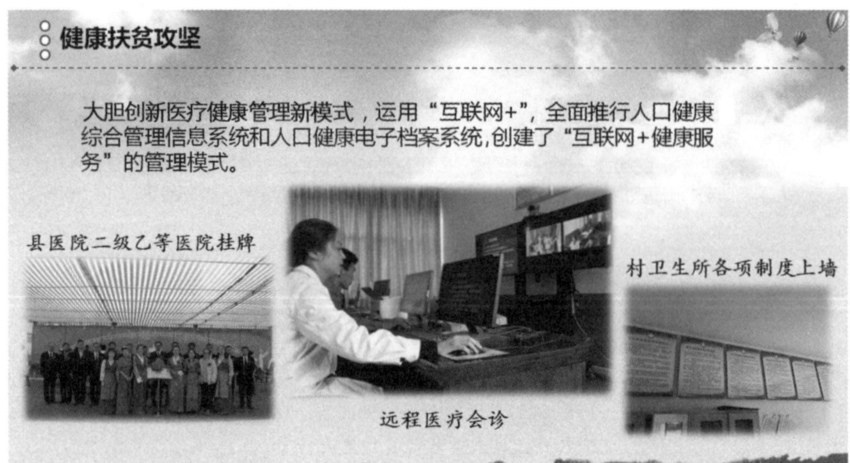
健康扶贫攻坚
大胆创新医疗健康管理新模式，运用“互联网+”，全面推行人口健康综合管理信息系统和人口健康电子档案系统,创建了“互联网+健康服务”的管理模式。
县医院二级乙等医院挂牌
远程医疗会诊
村卫生所各项制度上墙

## 健康扶贫攻坚

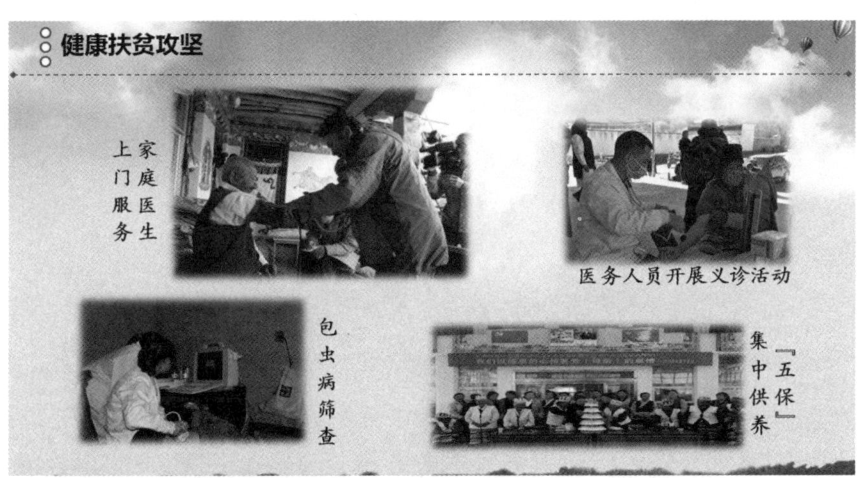


## 金融扶贫攻坚

01 坚持发挥金融扶贫的撬动作用，成立金融脱贫专项小组，投入2000万元作为金融机构风险补偿基金，撬动金融资金5~7倍。

02 扩大农牧业保险以及涉农保险的业务覆盖范围，将贫困群众的生产风险降到最低。

03 实施贫困户小额贷款工程，与县农行合作，落实贫困户小额贴息贷款利率1.08%的优惠政策，鼓励贫困户通过贷款发展生产、脱贫致富。

04 对建档立卡贫困户发放贷款证书，进一步简化贷款程序，方便群众贷款。

05 截至目前，共计为168户贫困户发放小额贷款671万元。

## 金融扶贫攻坚

**大胆创新投融资新渠道**，充分利用扶贫信贷优惠政策，加大对扶贫龙头企业、专业合作社和致富能手的信贷支持，争取基金、信贷，撬动投融资近30亿元，用于推进万亩汉藏药材种植基地、万亩乡土苗木良种繁育基地、现代奶牛养殖基地、才纳现代农业示范园、拉萨净土健康动物保护园等重点项目建设。

国开行办理信贷

农村住房财产权抵押贷款发放仪式

农牧户小额信贷证

## 五、成功经验

### （一）有信仰和精神

曲水县的老百姓像所有西藏人一样，感恩共产党，家家户户屋外悬挂国旗。茶巴郎村奶牛合作社负责人在办公室内放置着毛主席的相片和毛主席的塑像，还有自己在天安门前的留影。他自己是村委负责人，动员村民发展合作社。他对毛主席充满感情，认为做人就要做毛主席所倡导的那种人，“毫不利己，专门利人”。他为自己能够帮助本村人发展经济、共同富裕而自豪。曲水县各级干部也认为这里的老百姓是有信仰的，他们不贪婪、不聚财，热爱大自然、热爱自己的家园、热爱给他们带来幸福生活的人民领袖和中国共产党。他们以纯洁高尚的品行，努力赶上时代发展的步伐。

课题组调研团队在座谈会上认真了解情况

曲水县的干部不仅有信仰，更是传承了“老西藏精神”。“老西藏精神”是从人民解放军入藏以来，在解放西藏、建设西藏的过程中，历代军队指战员和地方工作人员展现出来的精神。它被概括为“五个特别”：特别能吃苦，特别能战斗，特别能忍耐，特别能团结，特别能奉献。从曲水县的县级领导到村支两委身上，都能够看到这种精神。县主要领导为了帮助居住在海拔 5200 米的两家农户搬迁，登上山顶，在农户家住了两天。该领导还为了查明散养藏鸡的死因，凌晨三点起床到鸡舍查看。曲水的净土公司是国有企业，当前许多国有企业的高层都是年薪制，收入丰厚，而曲水的国有企业各级负责人都与当地公务员一样拿普通工资，他们无怨无悔。县产业园区管委会的一位负责人，离家走上工作岗位时儿子八个月，等她再回家时，儿子已经会走路了。在曲水县的干部那里，看不到懒散，听不到抱怨，因为他们觉得他们的领导更辛苦，老百姓确实值得爱，自己做得还不够。

（二）有集体力和创新力

在曲水县的脱贫攻坚中，净土健康产业发挥了重要的经济引擎作用，带动了一系列相关产业的发展，为贫困户提供了大量的工作岗位，极大改善了他们的生产生活条件。曲水县的净土健康产业发展中，有充分发挥国有企业和集体经济的力量，也有干部群众积极探索、勇于创新的功劳。西藏净土健康产业的发展有几个重要因素：一是 2011 年习近平总书记在西藏和平解放 60 周年纪念大会上指出："青藏高原是世界第三极，如果西藏也被污染的话，世界将无净土。"这是"净土"二字的来源。二是 2012 年国家的产业发展规划提出把生物环保等产业作为重要发展方向，这是净土健康产业的内涵。三是 2013 年李克强总理提出把健康产业作为国家支柱型战略产业。西藏自治区把"净土产业"和"健康产业"创新结合起来，又经过了大量的市场调研，确信净土健康产业前景广阔，于是在 2014 年出台了《拉萨市人民政府关于加快推进净土健康产业发展的若干政策意见（试行）》。可以说，该产业的提出凝聚了集体的智慧，在该产业的发展中集体经济又发挥了核心支撑力，体现了集体力量。

自西藏自治区提出发展净土健康产业以来，最有创新力、发展最好的地方在曲水县。曲水主要领导认准这个产业有前途后，大胆组织土地和劳动力资源，在流转农牧民土地基础上，又大力开垦河边山脚的荒地。他们传承解放西藏的十八军开垦八一农场的精神，从外地购买肥沃的土壤或有机肥进行改良土壤。有许多大型的产业园区就是由荒土地改良来的。有了土地和劳动力，他们聘请专家，培养本地技术人员，创新研发属于曲水县自己的自主品牌。曲水县创新谋划了"四净"和"四品"的有机结合，创新打造了规模化、高质量的产业园区，创新构建了产学研一体化系统和新型职业农民培养体系。在产业园区和管委会有许多创新制度和措施。县主要领导的进取创新精神带动了全县各级干部的进取创新能力的提升。

### （三）有执行力和公信力

曲水县的脱贫攻坚中有“说干就干、马上行动”的风格，这是良好执行力的体现。县上规定各行政村的各部门集中在一个大厅内办公，为老百姓提供一站式服务，村长和村书记都没有自己的个人办公室，大家都在一个大厅内办公。县级主要负责人常常深入田间地头，询问农牧民在做什么，知道不知道为什么要做这些事情。这实际上是在了解各种工作部署是否及时准确执行到位了。在这场脱贫攻坚的硬仗中，县、乡、村各级干部确实体验到了什么是“5+2”“白＋黑”。不过，他们没有怨言，他们觉得自己的付出是有价值、有意义的。

良好的执行力产生了良好的公信力。曲水县老百姓都非常信任政府，能够理解干部的辛苦，有了麻烦事，会选出代表与有关负责部门进行商量。产业园区的管委会负责选种和试种，有了效果后再推广给农户，并负责回收产品。在这个过程中，不管产品价格如何发生变化，允许农户不把产品交给管委会，但不允许管委会不回收农户的产品。为了赢得农牧民的信任，产业园区宁愿自己受损失，用他们自己的话说，“答应老百姓的事情，就必须做到。宁愿自己砸锅卖铁，也不能让老百姓吃亏”。这种态度，这种工作作风，赢得了当地老百姓的尊敬。在这里，可以明显感觉到各级干部真诚地把老百姓当作自己的亲人，老百姓也像对待亲人一样对待干部。

### （四）有立足脚下的实干精神和千里之行的远大志向

毛泽东对于农村经济社会发展有个重要的观点：既要有立足当下的实干精神，又要有千里之行的远大志向。① 也就是不能仅仅看到眼前的物质利益，还要注重精神境界的提升，引导老百姓看到美好的远景，提升当地群众的组织化程度和思想政治觉悟。用艺术语言来表达，就是要有“诗和远方”。曲水县在脱贫攻坚中很好地体现了这一点。他们找到了正确的路，立足长远，更注重全县人民的共同利益。许多乡村现在有了一定的积累，为了改善贫困户的生活条件，每年每个村的集体经济都要拿出一定收入用于分红，但是更重

① 《毛泽东读社会主义政治经济学批注和谈话》（下），中华人民共和国史学会 1998 年印制，第 807 页。

要的是留足用于发展的部分。各级领导充分认识到，只有持续的发展才能够满足人们对美好生活的向往。

精神文明建设和物质文明建设在曲水县两者并重。曲水县非常重视思想教育工作，同时也经常开展丰富多彩的文化娱乐活动。三有村和四季吉祥村的名字不是以前就有的，而是在搬迁中由大家商定的。他们把达嘎乡的搬迁点命名为“三有村”，即有着非常良好的住房环境，有着非常良好的生产环境，有着非常良好的身心健康环境。他们又把才纳乡的搬迁点命名为“四季吉祥村”，藏语为“扎西堆喜”。这里有各级负责干部的精心设计：全村分春（房屋绿色）、夏（房屋红色）、秋（房屋白色）、冬（房屋蓝色）4 个片区，体现一年四季；村内有 12 条主干道路，象征一年 12 个月；365 套住房象征一年的 365 天。在曲水县的搬迁中充满了喜气洋洋，搬迁户自发把搬迁的日子定为他们的节日，每年都要隆重庆祝。

## 六、对策建议

曲水县净土健康产业是脱贫攻坚的支柱产业。该产业的发展一方面提高了土地利用率，另一方面提升了农牧民的职业素质，使其从普通农牧民转变为新型职业农牧民。但是净土健康产业的根基是曲水县的农牧业，农牧业是农牧民自己的事业，没有农牧民作为主体的农牧业是不科学、不长远的。在未来的发展中，应该把“五跟五走”转变为“集体同步走”。

### （一）人才欠缺，着力加强教师队伍建设

曲水县本地各类人才的培养需要强大的师资队伍，目前在曲水县的各类学校中，内地教师和本地教师的数量基本上是各占一半。本地医生很少，能够从事医疗卫生知识教学的就更少。由于藏语和汉语有非常大的思维逻辑差异，习惯用藏语思维表达的学生难以充分理解和接受汉语教师的授课内容。以学习数学为例，学生们做计算题还相对容易，但是一遇到应用题，就难以应付了。这需要加强对教师的双语培训和考核，让各科老师应能够在自己的教学中流畅地使用双语教学，在学生理解有困难时，变换一下语言来讲解。此外，还要加强对教师的业务知识培训。有些藏语老师专业知识掌握得不

够，无法教育出优秀的学生。特别是对于医疗卫生知识，更需要加强培训。尽管多年来一批又一批的援藏医疗卫生人员来这里从事工作，但是属于本地的医生或医疗知识教学人员还是非常少。因为医学是理科，这里的孩子学习数理化难度较大，造成到了大学阶段选择学习医疗卫生专业的人就更少。只有采取有效措施，加强对师资队伍的教育、培训和考核，多途径提升中小学及医疗卫生系统中师资人员的业务素质，才能够更有效地促进本地人才的培育和成长。

### （二）低压缺氧，重视研发改进高原生活的技术设备

曲水县是个山高、水清、天蓝、云白、人亲的好地方，但是由于低压缺氧，烧的水在80度就开了。每天喝80度的水，一些病菌无法被杀掉，一是不卫生、不健康，二是无法泡出美味的茶叶水或其他饮品。由于交通改善，目前全国各地的蔬菜瓜果都能够在西藏见到，但是许多饭菜的口感还是很受影响。这种状况必然大大减弱在这里的外地人的幸福感，影响他们到这里开展各种业务的劲头，实际上也同样影响本地人的健康和幸福。现在西藏人的平均寿命68岁，低于全国79岁的平均寿命，一些地方病还在不小的范围内存在。病从口入，只有想办法改进高原上烧水做饭的技术，不断提高食物的健康卫生程度，才能够根本改善高原地区的生活状况，根本提升高原地区的生活质量。通过改进高原上的生活设施，改进饭菜口感和质量，从而不断提高这里人们的健康和寿命，是对净土健康产业做出的最有力量的广告，为人类进步做出独有的贡献。

### （三）深入研究，探索构建高原经济学

以发展经济促进高原经济学的构建，以高原经济学的构建促进高原经济的发展，这不仅对曲水，而且对西藏，对整个国家，都有非常重大的意义。有效的经济发展，必然伴随产生学科的知识体系，及时总结和提升，形成一门或多门学科知识十分重要。西藏是世界的第三极，对于这第三极的认识，西藏人最有话语权。曲水县着力打造万亩种植园及其他各类产业园区，从全国和世界各地引进动植物良种，这些工作能够与西藏各方面的传统文化很好融合，并在现代信息技术的辅助下，充分记录和深入研究适合在高原地区成

长的条件、高原地区的健康要素及卫生医疗需求等。这些方面的工作和成就，应该通过组织一定数量的专家学者分类负责，在发展经济的同时，探索构建高原经济学。曲水县作为西藏自治区改革发展的先行县，有条件先行先试，勇于担当，利用社会主义国家的制度优势，组织力量推动高原经济学与高原经济的同步成长。

中国社科院博士、河南农业大学副教授　赵意焕专题报告一：

# 用心用情用力　曲水党建扶贫如春风化雨

**摘要：**党建工作在精准扶贫的过程中发挥着全局性、领导性与服务性的关键作用。近年来曲水各级党委和政府以党建工作为抓手，通过统一党员干部思想和行动，健全基层党组织建设，发挥党员先锋模范和引领作用，紧紧抓住发展这个脱贫致富的关键，强化党建整改和专项治理工作，创新推进“扶志、扶智、扶制”三扶工作等系列措施，打赢了一场脱贫攻坚的伟大战役。曲水党建工作实践的巨大成效，得益于坚持正确的政治方向，得益于党委领导的政治优势，得益于创新各种极接地气的制度和机制，得益于一支作风硬朗、能力出色的党建队伍，得益于坚持以人民为中心的工作指向，得益于充分调动人民群众的内生动力。这些经验具有鲜明的时代性、创新性、科学性、指导性，具有示范性、推广性的价值和意义。曲水党建工作在思想指引、理论教育、基层专业人才集聚、产业升级发展、精神文明建设及新型乡村振兴等方面还存在种种不足，还需要久久为功，巩固脱贫成效，实现藏区人民共同富裕的伟大目标。

消除贫困、改善民生、实现共同富裕，是社会主义的本质要求，是中国共产党的重要使命。党建工作在精准扶贫的过程中发挥着全局性、领导性与保障性的关键作用。习近平总书记指出：抓好党建促脱贫攻坚，是贫困地区脱贫致富的重要经验。群众对此深有感触，帮钱帮物不如建个好支部。近年来，曲水县始终坚持党的领导，坚持以习近平新时代中国特色社会主义思想和党的十九大精神为指导，强化抓党建促脱贫攻坚政治责任担当，全面加强基层党组织建设，强化基层党组织政治保障，为全面打赢精准扶贫精准脱贫攻坚战，建设社会主义现代化新曲水提供坚强的政治组织保证。

## 一、以党建推动脱贫攻坚的重要举措

近年来曲水县各级党委政府以党建工作为抓手，通过统一党员干部思想和行动、加强基层党组织建设、发挥党员先锋模范和引领作用，紧紧抓住发展这个脱贫致富的关键，强化党建整改和专项治理工作，创新推进“扶志、扶智、扶制”三扶工作等系列措施，打赢了一场脱贫攻坚的伟大战役，圆满完成既定工作计划和目标。具体举措如下：

### （一）统一党员干部的思想和行动

中共曲水县委把坚持和加强党的领导贯穿脱贫攻坚工作始终，首先在思想认识上深一层、早一步，充分认识打赢脱贫攻坚战是我们党向全国人民作出的庄严承诺，是实现第一个一百年奋斗目标的重点任务，是党的十九大提出的三大攻坚战之一，是一场必须打赢打好的民生仗、经济仗、政治仗。

按照中央统筹、省负总责、市县抓落实的要求，县委团结带领全县干部群众深入贯彻落实习近平总书记关于扶贫工作的重要论述，把打赢脱贫攻坚战作为重大政治任务，作为头等大事和一号民生工程，作为全面建成小康社会的底线任务和刚性目标。2015 年 6 月，习近平总书记在贵州省调研考察扶贫开发工作后，县委立即组织以县长为团长的扶贫工作考察团到贵州省考察学习，第一时间学习感悟党中央的精神；之后又相继到云南、江苏、安徽、河南等地考察学习脱贫攻坚先进经验，开阔了眼界，拓宽了思路，提升了能力。2016 年以来，县委县政府先后召开扶贫工作会议 57 次，指挥部会议 66 次，通过会议布置、理论学习、工作督查等方式统一全县干部思想和行动，凝聚共识和力量，增强紧迫感和主动性，在脱贫攻坚上进一步厘清思路、强化责任，确保脱贫攻坚工作的有序开展。

脱贫攻坚励志榜

曲水成立了以县委书记任组长的扶贫开发领导小组，下设县委副书记、县长格桑邓珠任总指挥长的脱贫攻坚指挥部。县上为长期准确掌握扶贫工作动态，有力推动脱贫攻坚步伐，以县委副书记、县长格桑邓珠为指挥长的脱贫攻坚指挥部不定期召开工作会议安排部署工作，研究解决问题。在重要工作上，县级领导亲自参加部署并深入开展工作，“六脱”推进小组全部由分管相关工作的副县长担任组长，对贫困户收入核算，县直各部门领导全部参加成立县乡联合考核组认真考核。党建统领扶贫工作大局，充分发挥党的优势，凝聚出了曲水县扶贫工作最强合力。

结合“两学一做”学习教育常态化制度化的安排部署，始终坚持将习近平新时代中国特色社会主义思想、党的十九大精神、脱贫攻坚和乡镇振兴等战略部署作为必修课，扎实开展党员教育培训工作。用好农村党员干部现代远程教育终端，整合江苏泰州援藏和各级教育教学资源，创新教学形式、丰富教学内容，不断加强党员教育培训，使党员宗旨意识明显增强。县委党校近年开展培训班次 30 余期，培训学员达 1465 人次。乡镇、村各级党组织层层开展培训，实现党员教育培训全覆盖。通过培训，全县广大党员政治意识、宗旨意识和理论素养明显增强、抓党建促脱贫攻坚的能力进一步提升，为如期实现脱贫攻坚既定目标奠定了坚实的思想理论基础。

### （二）充分发挥基层党组织的战斗堡垒作用

基层党组织作为我们党的执政根基，是党与群众密切联系的桥梁和纽带，也是我们党在农村发挥战斗力的重要基础。做好脱贫攻坚工作，加强组织领导是保证。坚持扶贫战场到哪里，组织作用就发挥到哪里；脱贫攻坚工作开展到什么程度，组织工作就跟进到什么程度，真正实现组织工作与脱贫攻坚深度融合、互促共进。县委把坚持和加强党的领导贯穿脱贫攻坚工作始终，构建纵向到底、横向到边的领导体系和责任落实体系。

狠抓三级班子建设。严格落实脱贫攻坚“一把手”负责制。县、乡、村三级书记一起抓，建立县委统一领导，乡镇各单位各负其责、各司其职的责任体系，从县到乡到村层层签订军令状，明确目标，增强责任，强化落实。落实了县委县政府主体责任，压实了县直各单位、各乡镇、村委会、驻村工作队的具体责任。形成了“主要领导亲自抓、分管领导具体抓”“上下联动、部门协同”的“大扶贫”格局。工作触角到村、到组、到户、到人；层层签订脱贫攻坚责任书，立下军令状，形成县、乡、村三级书记抓扶贫，全党动员促攻坚的局面。

党员帮扶责任牌

配齐配强基层党组织领导。在基层干部的选拔与任用上，首先强调政治标准，确保其在思想上、行动上与党中央保持高度的一致。践行全心全意为人民服务的宗旨，认真履行一名农村基层党员干部的职责，同时强调把责任心、服务意识、清正廉洁、作风建设、农民群众认可度等作为重要参考依据。以乡村组织换届为契机，选优配强乡镇领导班子成员 65 名、村“两委”班子成员 156 名，村党组织第一书记 19 名，进一步选优配强基层脱贫攻坚领导班子，为脱贫攻坚工作提供坚实的组织保证。

强化扩充党建队伍。为充实各级脱贫攻坚力量，保持脱贫攻坚力量充足、稳定，县委选派素质过硬的干部担任第一书记和驻村工作队员，全县抽调正科级干部 5 名，副科级干部 6 名，一般干部 8 名，全力组织专项攻坚；同时，鼓励政府机关干部积极投身脱贫攻坚工作，到农村挂职锻炼；积极招募大学生村官，组织农村基层党员干部经验交流、工作研讨、理论辅导、参观考察等，让其及时掌握新时期农村基层党建理论及相关业务知识，进一步增强其政策水平、理论水平，使其更好地掌握带领农民群众建设幸福小康生活的本领。组织开展全县性质的培训10余期，覆盖县、乡、村三级扶贫干部；选派43名扶贫一线党员干部赴江苏进行电子商务运营知识学习培训，全面提升基层党员干部对扶贫政策的把控能力和开展脱贫攻坚工作的水平。

三有村党群服务中心

发挥基层党组织战斗堡垒作用。曲水县结合工作实际，进一步理顺基层党组织管理体系，规范基层党组织设置、强化党组织政治功能、提升党组织影响力，为基层党组织服务群众、抓党建促脱贫攻坚奠定坚实组织基础。

理顺基层工作机制，进一步明确村党组织的主体地位、村“两委”的主体作用。村党支部第一书记、下派干部、驻村工作队发挥协助指导作用，指导不领导、帮办不包办、到位不越位，确保各级党组织善团结、会发展、能致富、保稳定，遇事不糊涂、关键时候起作用。大力实施“三建三带三加力”工程，通过建队伍、建阵地、建制度，带学习、带思路、带风尚，加快村级班子能力提升、加快村集体经济发展，加强服务型基层党组织建设，促使党建工作在脱贫攻坚中迈上新台阶。更加注重发挥基层党组织战斗堡垒作用，在推进易地扶贫搬迁过程中，突出党建统领，第一时间成立搬迁点临时党支部，把党组织建起来、党员聚起来、人心拢起来，在搬迁点建设、贫困户搬迁、配套产业建设管理、贫困群众就业、产业分红等方面发挥了积极的作用。消除了贫困户对相关政策的疑虑，解决了一些贫困户不愿搬、不想搬的问题，顺利完成两个易地扶贫搬迁点建设、产业配套、搬迁入住、贫困群众就业等工作，实现了搬得出、留得住、能致富的良好格局。曲水易地搬迁工作也成为全国扶贫工作的先进典型。

（三）大力发挥党员的先锋模范作用

“支部强不强，全靠领头羊”，农村基层党组织在脱贫攻坚战中要集中精力打造一支优秀的人才队伍和骨干力量，只有抓住党员这个关键，注重发挥党员先锋模范作用，派出工作能力最强的人，各方面的工作才能得到更好的保障。

党员先锋榜

建立县、乡两级干部“联乡包村”、党员领导干部结对帮扶监督机制，全县1022名党员干部切实履行帮扶责任，在精准识别、政策宣传、入户走访、排忧解难等方面始终走在一线、带头引领，有力推进了脱贫攻坚工作。采取“党员+贫困户”的模式，鼓励党员兴办实体经济，带动贫困户就业创业。例如：四季吉祥村依托“七彩四季”党建平台，组织贫困群众开展素质训练、文体活动、就业培训等，在本村内大力推行社区化管理，采取一级与一级签订村规民约的方式，以奖代补，奖惩分明地开展管理，坚持做到奖惩有依据、心齐搞发展、管理运行好、群众得实惠、干部得认可，实现了农村社区化管理。才纳村利用土地承包经营流转，房屋租赁；南木村开办曲水南迦净虹实业责任有限公司，种植野生葡萄，带动本村群众增收致富；白堆村党委书记普布扎西带头创办“罗亚”农机具专业合作社，无偿帮助本村农牧民群众耕收，定期进行分红，带动该村贫困群众实现增收致富；茶巴拉村妇女委员达嘎带领本村妇女群众开垦一百余亩荒地，种植油菜，促进当地老百姓发家致富；柏林村党员致富带头人谢军成创办合作社，帮助群众解决就业问题。柏林村2组农牧民党员达瓦扎西，组织成立捷路农牧民施工合作社，吸纳20名建档立卡贫困群众，年人均增收15000元，起到了较好的示范作用。

通过建立健全党员联系服务群众机制，统筹开展“双联户”、精准扶贫等工作，带头干、带着群众干，更好地发挥党员先锋模范作用，畅通村“两委”联系服务群众的桥梁和纽带。以党员为引领人的“双联户”制度更是在脱贫攻坚工作中发挥积极作用。所谓“双联户”制度是指“联户平安、联户增收”社会治理模式，按照“住户相邻、邻里守望”的原则，将相邻区域10—15户划为一个联户单位，共同推举1名维稳负责、致富带头、村组事务明白的热心人作为联户代表，负责居中协调、处置和上报居民事务。联户牵头人主要以党员组成，以联户为单位，由联户代表协助和配合村民组长组织联户成员开展看家护院、群防群治、调解纠纷、流动人口管理等工作，带领双联户增收致富。

### （四）把全面从严治党贯穿脱贫攻坚全过程

探索实施“一定三有”工作机制，即大力开展定职责、立规范，加强村级规范化建设；建制度、抓落实，确保工作有合理待遇；展风采、重实绩，确保干好有发展前途；多举措、增投入，确保退岗有一定保障。

制定并严格落实党建定期督查实施方案，每季度对全县基层党组织进行全覆盖督查，进一步解决脱贫攻坚中党建工作不严不实、“两张皮”等问题，促使党的建设工作抓在日常、严在经常，发挥作用、形成长效。县基层党建工作季度专项督查机制得到市委组织部认可，并印发了组工干部经验交流材料，供兄弟县区借鉴。

制定曲水县2018年至2020年持续开展扶贫领域腐败和作风问题专项治理实施方案，畅通信访渠道，强化执纪监督问责，坚决整治扶贫领域工作作风问题和腐败问题，做到既正风肃纪又反腐惩恶，既雷厉风行又久久为功。2016年，约谈领导干部4名，给予行政警告1名，组织处理4名。2017年，全县各基层党组织共制定整改方案30余个，制定整改措施近200条，对6个党支部进行了通报表扬，对3人进行诫勉谈话；对2个乡镇党委和6个党支部进行通报批评，对40余个党组织要求限期整改。党建整改和专项治理使得脱贫攻坚工作风清气正，有力保证了各方面工作有序推进。

## 二、以党建促脱贫攻坚的成效

经过努力，全县脱贫工作务实、脱贫过程扎实、脱贫结果真实，脱贫成效得到群众认可和实践检验，全县脱贫攻坚任务圆满完成，于2018年9月被国务院扶贫办宣布脱贫摘帽，成效显著。

### （一）执政基础更加牢固

中央和区、市党委的决策部署在基层特别是在贫困群众中得到更好的贯彻，不仅解决了很多以往想解决而没有解决的问题，而且在基础设施建设、公共服务水平、社会保障等多个方面得到了提升和优化。

一是进一步彰显了党的执政宗旨和政治优势、制度优势。广大党员干部深入基层，发动群众、依靠群众，为贫困群众办实事、解难事，把群众的积极性主动性充分调动起来，不断增强贫困群众在参与中的主体感、获得感，促进他们传统观念的改变，体现了全心全意为人民服务的根本宗旨。社会各界全面动员，政府、市场、社会协同发力，强化了“四个自信”。党群关系、干群关系更加密切，巩固了党在基层的执政基础。

二是增强了民族团结。深入贯彻落实习近平总书记“加强民族团结，建设美丽西藏”的重要指示精神，各民族之间相互交流交往交融，你中有我、我中有你，“三个离不开”“四个认同”思想深入人心，民族团结进步之花在曲水遍地盛开，全县上下争做“神圣国土守护者，美丽家园建设者”。

三是夯实了基层维稳基础。通过产业带动、生态补偿等措施，贫困群众的组织意识、纪律意识、遵纪守法意识进一步增强，把主要精力和智慧放在发展生产上，基层维稳根基更加牢固。

四是在实战中培养锤炼了一大批干部和人才。打赢脱贫攻坚战成为培养锤炼干部和人才的重要平台，一大批党员干部在脱贫攻坚中增强了信念、增长了知识、锻炼了能力、磨砺了意志，他们对乡村有感情、懂农村、懂农民，成为提升农村贫困治理水平，推动农村实现更好更快可持续发展的重要力量，也是我们党的宝贵财富。

### （二）易地扶贫搬迁成效显著

曲水易地扶贫搬迁工作，得到了搬迁群众的认可，得到国家和区、市领导的充分肯定。三有村和四季吉祥村作为高原易地搬迁的成功典型，实现了困难群众生活条件的极大改善，而且在产业发展、公共服务水平提高、教育和医疗提升、乡村治理、精神文明建设等方面取得优异成绩。易地搬迁不仅得益于党建工作的重要保障，而且推动了党建工作再上新台阶。十八届中央政治局第三十九次集体学习时将拉萨河畔·三有村作为典型案例进行参阅。以吴英杰书记、齐扎拉主席、白玛旺堆书记为代表的区、市领导多次亲临三有村、四季吉祥村实地调研指导，国务院扶贫办主任刘永富先后三次来到曲水，把三有村作为全国易地搬迁工作现场会的第一站，党的十九大宣讲团穆虹主任把三有村作为全区基层干部群众学习宣传党的十九大精神宣讲点。三有村的规划建设模式和四季吉祥村的管理经验被《中国少数民族地区扶贫进展报告（2017）》《中国少数民族地区精准扶贫案例集》分别作为易地搬迁和党建扶贫典型案例收录。

国务院扶贫办主任刘永富（左一）在曲水县三有村考察调研易地扶贫搬迁工作

**【典型事迹】**曲水县三有村易地扶贫搬迁成效显著

三有村作为全区易地扶贫搬迁示范点，积极探索，不断创新，精准发力，着力在留住搬迁群众上下功夫，在帮助群众增收上出实招，助力群众脱贫致富奔小康。

一、基本情况

三有村位于曲水县达嘎乡境内，紧临318国道，北邻曲水火车站，距离县城5公里。全村下辖2个村民小组，23个联户单位，共有180户739人，其中党员30人。全村有劳动能力356人，实现转移就业302人。全村180户均属于建档立卡贫困户，其中纯低保户有36户、扶贫低保户有49户、一般扶贫户95户。2017年人均收入7100元，全部达到脱贫标准。

二、典型做法

（一）以党建为基，提升群众自我管理能力

一是抓党建促脱贫。以“建阵地、筑堡垒，抓班子、带队伍，聚人心、树正气，兴产业、领致富，促教育、提智力，讲文明、树新风，谋跨越、奔小康”七项任务为抓手，打造“幸福三有·党旗飘扬”党建促脱贫品牌。坚持抓党建促脱贫，通过组织老党员现身说法、书记讲党课、“四讲四爱”主题活动等活动，增强了党员的凝聚力，密切了党群关系，村党支部的战斗堡垒作用显著增强，逐步成为群众的主心骨、顶梁柱。二是夯实稳定基础。深化“双联户”服务管理，成立了23个双联户单位，选举23个双联户长，创新实行“3+10+x”的先进双联户考核模式，推动工作规范化。实行以村第一书记为网格长，党支部成员和下沉干部为指导员的网格化管理模式，夯实基层稳定根基。三是提升服务水平。完善《三有村村规民约》《三有村便民服务大厅办事流程》等规章制度15项200条，强化制度约束，简化办事程序，提升群众获得感。积极发挥群团组织的优势，与达嘎乡团委联合组织开展打扫垃圾、“三有集市”志愿服务工作等，引导群众做“神圣国土守护者、幸福家园建设者”；成立三有村工会，全力保护村民权益；与妇联联合开展手工编织技能培训，增加贫困妇女就业、创业能力。

（二）业产并举，增加贫困群众收入

坚持产业为本，产业先行。配套资金1886.89万元，打造了奶牛养殖合作社、藏鸡养殖合作社、种植合作社、扶贫商品房四个产业。2016年、2017年人均分红1764元和2500元，确保了群众“搬得出、留得住、能致富”。一是调整种植结构。坚持市场导向，流转耕地360亩，种植饲草、汉藏药材等见效快、收益高的特色经济作物；大力发展庭院经济，组织群众在居民房前屋后种植食用玫瑰、红枸杞、果树等净土作物，增加群众收入。二是提升养殖业效益。大力发展藏鸡、奶牛产业，引进先进生产设备，创新管理模式，改善养殖技术，推动养殖业实现富民强村。预计年底藏鸡养殖达到6万羽，日产蛋量达1.4万枚，年孵化鸡苗8万羽，年纯利润达45万元。三是畅通销售渠道。成立了曲水三有净土产品开发有限公司，打造曲水三有品牌，三有村牌藏鸡蛋成为消费者青睐的品牌产品；拓宽销售渠道，打造三有集市，开通“三有集市”微信公众号，三有鸡蛋、雪菊实现线上线下销售。

（三）以人为本，激发动力，增强自我发展能力

坚持扶贫先扶志，以“四讲四爱”主题教育实践活动为契机，创新开展“我的经验、扶你的志，一起奔小康”教育活动；常态开展各类文体活动，不

断丰富群众精神文化生活，激发贫困群众脱贫致富的内生动力，实现“要我富”向“我要富”的转变。坚持扶贫必扶智。广泛开展技能培训，按照“缺什么，补什么”的原则，组织贫困群众学习汽车驾驶、装挖机操作、种植养殖技术、民族手工艺、厨师、商铺经营等技能技术14次924人次，实现转移就业302人；积极组织劳务输出，加强与用工单位对接，171名贫困群众外出就业；深化创业扶持，通过支持群众贷款、减免租金等方式，帮助16户群众在家门口实现了创业。发挥产业带动作用。积极推广“公司＋合作社＋贫困户”的经营模式，吸纳65名贫困群众到奶牛养殖合作社、藏鸡养殖合作社、种植合作社就业，人均月工资2500元。

奶牛养殖合作社

（三）“两不愁、三保障”全面实现

坚持以人民为中心的发展思想，把“两不愁、三保障”作为脱贫攻坚底线任务。通过产业先行、迁业并重、生态补偿、建立利益衔接机制等措施，带动贫困群众通过自己的双手勤劳致富，贫困群众收入大幅度提升，顺利实现翻两番，不愁吃、不愁穿。通过教育资助，阻断贫困代际传递，全县没有发生一起因贫困上不起学的现象，实现了义务教育有保障。通过医疗救助，对贫困群众实行全额报销，彻底解决因病致贫，做到了基本医疗有保障。通过落实全区安居工程、易地扶贫搬迁工程等措施，实现了住房安全有保障。

（四）自我发展能力显著增强

一方面，县域经济的发展能力逐步增强。通过深化农村改革，破除制度瓶颈，激发了农村发展活力；明晰了“现代农业示范县”的产业定位。坚持以有机青稞为主导，大力发展有机农业；坚持以汉藏药材为主导，大力发展净土健康产业；坚持以乡村旅游为主导，大力发展全域旅游。建立了万亩苗木培育中心、万亩汉藏药材生产基地、曲水净土健康动物保护园等一批前景好的产业项目。产业效益发展越来越好，对脱贫攻坚的支撑作用越来越大，提供的就业岗位越来越多，贫困群众实现了就近就便就业，持续增收致富。另一方面，贫困群众自我发展能力不断提升。通过“扶志、扶智、扶制”工作，促使贫困群众牢固树立脱贫攻坚工作中的主体意识，想富、思富、谋富的愿望更加强烈，参与产业发展能力得到加强，依靠自己的努力脱贫致富、改变命运。

（五）脱贫攻坚与乡村振兴战略双推进

打赢脱贫攻坚战，不仅体现在改善贫困人口生产生活条件，更体现在教育、医疗、文化等公共服务水平的全面提升，跟上全面小康的步伐。中央一号文件指出，实现乡村振兴战略和坚决打赢脱贫攻坚战是确保我国如期实现全面建成小康社会奋斗目标的重要战略支撑。乡村振兴的前提是摆脱贫困，打赢脱贫攻坚战本身就是乡村振兴的重要内容。在脱贫攻坚工作中，曲水紧盯乡村振兴战略目标，坚持农牧区农牧民优先发展，从生产、生活、生态、社会、政治五个方面着手，大力实施“六个一”工程，即“一村一林卡、一村一文艺队、一村一公厕、一村一公浴、一村一助理、一村一水电工”。“六个一”工程既是乡村振兴战略的有力抓手，也是脱贫攻坚工作的有力支撑，实现了乡村振兴战略与脱贫攻坚工作有机统一、互促共进，乡村面貌出现显著变化，新型乡村建设出现向上向好发展态势。

## 三、以党建促脱贫攻坚的基本经验

在以党建促脱贫攻坚的具体实践中，曲水在政治引领、制度与机制创新、队伍建设、利益维护和激发动力等方面积累了一些工作经验。这些经验具有鲜明的创新性、科学性、指导性，具有全国示范推广的价值和意义。主要表现为：

（一）讲政治是党建促脱贫攻坚的前提

县委、县政府深刻认识到2020年实现精准脱贫、全面建成小康社会，是党向全国各族人民作出的庄严承诺。坚持自上而下，举全县之力做好精准脱贫工作，牢固树立“四个意识”，特别是核心意识，落实好习近平总书记治边稳藏的重要论述，落实好区党委“神圣国土守护者、幸福家园建设者”工作部署。各级党委始终保持正确的政治方向，深入领会习近平总书记关于脱贫攻坚重要性的深刻阐述，充分认识打赢脱贫攻坚战的伟大意义，增强坚决打赢脱贫攻坚战的信心决心和工作主动性，不折不扣落实好中央和区市党委各项决策部署，坚持把脱贫攻坚作为“一把手”工程，发挥好县、乡、村各级党组织总揽全局、协调各方的作用，为脱贫攻坚提供坚强的政治保证。

（二）建设制度平台是党建促脱贫攻坚的基础

在推进精准扶贫工作中，建立健全各项规章制度、创建党建平台是做好精准扶贫工作的必要条件。

按照“六个精准”的工作要求，制定了针对性强、易于操作的扶贫开发工作方案及其细化配套措施，建立了精准扶贫工作具体运行机制，实行了扶贫攻坚工作“挂、包、帮”（领导挂点、部门包村、干部帮户）的长效机制。以确保对象精准，解决好扶持谁的问题；以确保目标精准，解决好坐标系的问题；以确保措施精准，解决好怎么扶的问题；以确保考评精准，解决好导向上的问题。加快制度机制建设，狠抓建档立卡，打牢基础工作。逐步建立完善了曲水县扶贫产业利益联结机制、曲水县扶贫项目审批办法、曲水县扶贫项目库建设管理办法、曲水县政府投资扶贫项目资产管理办法、曲水县精准扶贫精准脱贫“以教脱贫”资助方案、农牧民群众大病医疗救助办法、贫困户医疗救助办法等规章制度，为脱贫攻坚打下可靠的制度保障。在制度规范下，县委县政府组织专门力量，深入基层、深入群众、深入农户，开展走访调研活动；摸清底数，掌握实情，用第一手资料，进一步完善贫困农户台账、信息平台和档案资料，规范贫困识别、帮扶、脱贫痕迹管理，做到精准识别扶贫对象。深入分析致贫原因，周密安排帮扶内容，并做了建档立卡工作。通过走村入户，全面准确地掌握了贫困人口的数量、分布、贫困程度、致贫原因、脱贫门路、帮扶措施和帮扶责任等具体情况。同时，所有扶贫措施与贫困识别结果进行了衔接，按照“因村施策、因户施策、因人施策”的要求，做到了对扶贫对象精准化识别、对扶贫资源精确化配置、对扶贫目标精细化管理，为后续项目安排、资金使用、措施到户等工作奠定了坚实的基础。

拉萨市委副书记、市长果果（右一）在曲水县检查台账资料

推进基层党组织标准化建设，切实把党的政治优势、组织优势和群众工作优势转化为做好各项工作的实际成效。充分结合各村特色，真正把村级活动场所打造成服务党员群众的开放平台，杜绝机关化、衙门化、城市化、形式化，想方设法吸引群众、服务群众。县委县政府把加强村级场所标准化建设作为一项重要政治任务、重点工程来抓，坚决扛起政治责任，一步一个脚印地推进村级组织活动场所标准化建设。县委主要领导亲自抓，县委常委蹲点指导，各乡各村具体抓的责任落实体系。整合资金 380 万元，为调整设置村组织活动场所功能布局、配套完善便民服务基础设施提供保障。按照区、市党委要求，在完成便民服务大厅、便民服务超市、甜茶馆等规定设施建设基础上，灵活设置村史馆、工友之家、阿佳小屋、理发店、群众文化娱乐中心、文艺排练室、便民机房等便民服务设施，在活动场所综合环境质量提升上不搞城市化，不搞一刀切，以本乡本土的树、草为主，体现乡村特色；建立通信、金融、电子商务等服务网点；并结合乡村振兴战略，大力实施“六

个一”工程，村级活动场所功能更加完善。曲水村级组织活动场所标准化建设得到了区、市领导充分肯定，将白堆村、色甫村作为全区、全市村级组织活动场所标准化建设现场观摩点。

把落实基层基础保障作为激发基层干部干事创业的关键之举，严格落实村级组织运行经费、第一书记办实事经费和党建专项经费，确保基层党组织有钱办事、能办成事。建立健全村组干部待遇稳步增长机制，认真解决村干部政治待遇，进一步激发基层干部干事创业的积极性。

（三）打造坚强有力的党建队伍是党建促脱贫攻坚的关键

紧紧抓住带头人这个关键。根据精准扶贫工作实际，选优配强村党组织第一书记、书记和村“两委”班子成员，进一步充实基层扶贫工作力量。管好用好大学生村官、驻村工作队、下沉干部等力量，在政治上、生活上予以关心关怀。抓好党员队伍建设这个关键，着重在发挥作用上下功夫。经常性开展党员教育培训，积极搭建平台，促使党员在脱贫攻坚中积极作为、锻炼成才。重视工作督导，每季度对基层党组织进行全覆盖督查，将抓党建促脱贫攻坚责任落实及推进情况作为督查重要内容，确保脱贫攻坚决策部署贯彻落实到最基层。

严把党员“入口关”，从源头保证党员先进性。按照“控制总量、优化结构、提高质量、发挥作用”的总要求，坚持把政治标准放在首位。坚持抓好群团组织推优、谈心谈话考察、组织培养、政治审查、教育培训等关键环节，严格按照发展党员的 5 个步骤 25 个环节，抓好党员发展工作，确保党员队伍的先进性、纯洁性。抓好党员教育培训，提升党员素养。结合“两学一做”常态化制度化的安排部署，始终坚持将习近平新时代中国特色社会主义思想、党的十九大精神、脱贫攻坚和乡镇振兴等战略部署作为必修课，扎实开展党员教育培训工作。用好农村党员干部现代远程教育终端站点，整合江苏泰州援藏和各级教育教学资源，创新教学形式，丰富教学内容，不断加强党员教育培训，党员宗旨意识明显增强。乡镇、村党组织层层开展培训，实现党员教育培训全覆盖。通过培训，全县广大党员政治意识、宗旨意识和理论素养明显增强，抓党建促脱贫攻坚的能力进一步提升，为如期实现脱贫攻坚既定目标奠定了坚实的人才基础。抓好党员管理，提升党员战斗力。组织开展农牧民党员“重走入党程序”和机关干部党员“讲述我的入党故事”活动，教育引导广大农牧民党员守初心、悟初心、践初心，促进先锋模范作用发挥。严格要求广大党员不得信仰宗教、不得传播宗教，引导广大党员主动向身边群众宣传无神论，把主要精力放在发展生产、勤劳致富上。对党员证进行编号管理，在农牧民党员家庭中挂“共产党员家庭”牌子，创新开展“佩戴党员徽章、树党员形象、亮党员身份”活动，促使党员亮明身份，接受广大群众监督。印发《曲水县流动党员定期联系登记表》，加强流动党员管理服务工作。以服务群众“最后一公里”为目标，组织6个党员志愿者服务队共300余人，在精准扶贫、服务农业发展、促进社会和谐、调解邻里矛盾和全国文明城市创建等方面积极发挥作用，进一步树立党员服务群众的宗旨意识。党员结对帮扶贫困群众，及时将中央最新精神向群众入户宣讲，积极协调有关部门，帮助困难群众解决生产生活、就医就学等实际困难。

### （四）不断创新工作机制是党建促脱贫攻坚的重要途径

党建工作要因地制宜、因时而化、因事而新。曲水在脱贫攻坚实践中，大力创新党建组织机制、载体机制和督查机制，推动党建促脱贫攻坚取得实效。

创新组织机制，大力实施“三建三带三加力”工程。通过建队伍、建阵地、建制度，带学习、带思路、带风尚，加力村级班子能力提升，加力服务型基层党组织建设，加力村集体发展，实现基层党建与脱贫攻坚等各项工作深度融合，系统推进，促使党的建设迈上新台阶。建立健全党员联系服务群众机制，统筹开展“双联户”工作、精准扶贫等工作，村党组织带头干、带着群众干，更好地发挥党员先锋模范作用，畅通村“两委”联系服务群众的桥梁和纽带。

创新党建载体，积极探索党建新路径。近年来，江苏泰州各区市与曲水县五乡一镇相继结成共建单位；2017年6月，中央民族大学经济学院教学科研实践基地在曲水才纳村挂牌，全面开启与曲水战略合作新起点；泰州帮助指导四季吉祥村打造“七彩四季”党建品牌。曲水与共建合作方以“党建共建”推进干部互学，以民族共融促进群众交往，以合作共赢增进百姓福祉，全面开启“党建+”的工作新模式。

创新党建督查，形成长效机制。制定并严格落实党建定期督查实施方案，每季度对全县基层党组织进行全覆盖督查，将抓党建促脱贫攻坚责任落实及推进情况作为重要内容，进一步解决党建工作不严不实、“两张皮”等问题，促使党的建设工作抓在日常、严在经常，发挥作用、形成长效。曲水县基层党建工作季度专项督查机制得到市委组织部认可，印发组工干部经验交流材料供兄弟县区借鉴。2017年以来，通过督查，对17个党组织进行了通报表彰，对22个党组织进行通报批评，对3人进行诫勉谈话，对60余个党组织要求限期整改，全县各基层党组织共制订整改方案30余个，制定整改措施近200条。

### （五）坚持以人民为中心立场是党建促脱贫攻坚的核心

习近平总书记指出：保障和改善民生没有终点，只有连续不断的新起点。曲水党建工作以人民为中心，维护和发展群众的核心利益，让群众有真实的获得感。坚持把脱贫攻坚看成是关系群众最切身、最现实的利益问题，在做决策部署、落实工作时，紧紧围绕项目建设要有效益、发展产业能促进增收、群众生活要有提升为标准，实实在在突出扶贫开发成效。

课题组调研团队在四季吉祥村的创业园参观

通过大家齐心协力，以产业脱贫保发展，狠抓群众增收这个根本。坚持以农业结构调整为主线，以转变农业发展方式为核心；以现代农业示范区建设为载体，以深化农村综合改革为动力；大力发展净土健康产业，采取“企业＋基地＋农户”“企业＋合作社＋农户”等组织形式，大力培育新型农业经营主体，促进企业、养殖大户带动藏猪养殖、奶牛养殖、藏鸡养殖等产业；利用好大棚设施种植草莓、西瓜等，使生产大棚变成体验乐园，成为农民增收新支点。从而加大了专业大户、家庭农场、农民合作社等新型经营主体的培育力度，使群众生活有可持续保障，收入有很大的增长。

以教脱贫添后劲。采取政府出资、群团组织资助、社会力量帮扶等多种形式，对建档立卡贫困户学生的学杂费、住宿费、交通费、生活费等实行兜底报销，阻断贫困代际传递，同时对建档立卡贫困大学生自主创业给予每人5000元的资金支持，助力贫困家庭学生创业。以助脱贫保民生，统筹“城乡合作医疗报销、民政医疗救助、大病统筹基金报销”三级救助，对建档立卡贫困户实行全额报销兜底，彻底解决因病致贫问题；以保脱贫兜底线，根据曲水县发展实际和贫困户生活现状，将低保标准提高至：A类低保为4265元/人年，B类、C类为3915元/人年，彻底解决低保贫困户的兜底保障问题。

带着感情开展党建工作，将工作做到百姓的心坎上。广大党员干部坚持在思想上尊重群众，感情上贴近群众，行动上深入群众，工作上依靠群众，取得群众信任，赢得群众支持，真心实意做群众贴心人。全县各级干部带着这份感情，更加积极、主动、用心，使贫困群众对脱贫工作更加有信心、决心和希望。为做好达嘎村村民异地搬迁工作，脱贫攻坚指挥部指挥长格桑邓珠县长登上海拔5000多米的偏僻山村，带着乡长和扶贫办主任在牧民家住了2天，挨家挨户做工作。某村民60岁，家庭困难，有14个孩子，死活不愿意搬迁，格桑县长与他促膝谈心，陪他放牧，陪他喝酒，真心打动感化了他，最终同意搬迁下山。在三有村藏鸡养鸡场创办之初，格桑县长经常驻村，半夜观测鸡舍，研究解决了天冷鸡挤压致死问题；四季吉祥村第一书记索朗央吉是年轻而又资历很深的女干部，全身心扑在岗位上，在担任三有村党支部书记时为村民做实事、谋福利，深受群众爱戴，离开时全村村民热情相送，在四季吉祥村创办了“七彩四季”党建品牌，是村民的贴心人和好干部；白堆村党委书记普布扎西带头创办“罗亚”农机具专业合作社，无偿帮助本村农牧民耕收，定期进行分红，带动该村贫困群众实现增收致富；茶巴朗村格热党支部书记阿旺旦增家中人口较多，劳动力较少，家庭贫困。但他担任村支书后主动退出建档贫困户行列，通过自己努力脱贫致富后，时常资助困难群众，并带领村民外出务工，组建建筑队，实现村民全面脱贫。

（六）激发内生动力是党建促脱贫攻坚的重要因素

任何事物的发展，事业的成功，外因是条件，内因是根本。曲水县各级党组织坚持依靠群众、发动群众，充分调动群众积极性、主动性、创造性；帮助贫困群众正确处理外部帮扶和自身努力的关系，培育自力更生的脱贫致富意识；组织、引导、支持贫困群众用勤劳的双手创造美好的生活，不断激发出他们的内生动力支撑脱贫攻坚。

茶巴朗村奶牛合作社负责人的办公室

茶巴朗村格热党支部书记阿旺旦增时常教育群众：“脱贫不能只是等靠要，致富不能喝酒睡觉，人要有精神，身体没问题，再困难的日子都会过去，靠双手才会致富。”四季吉祥村依托“七彩四季”党建平台，组织贫困群众开展素质训练、文体活动、就业培训等，引导562名贫困群众到才纳园区、万亩苗木良种培育基地、万亩汉藏药材种植基地等就业，人均收入3000元/月以上，走上了一条搬迁致富的康庄大道。各乡镇因地制宜，量力而行，尽力而为，积极推进以汉藏药材为主的净土健康产业、以有机青稞为主的有机农业和文化旅游产业，大力发展家庭手工业和特色种植业。各村积极参与全县扶贫产业发展，不断壮大集体经济，带动贫困群众增收致富，目前，集体经济积累100万元以上的村达到13个。白堆村党委发动70户贫困群众，以每户出资100元的形式加入"罗亚"农机具专业合作社，合作社为70户贫困群众免费耕种、收割，并进行分红。2017年，每户贫困户分红1000元左右。广大群众变被动脱贫为主动脱贫，先从思想上去改变，然后付诸行动，实现从精神到物质的蜕变和提升。

## 四、脱贫摘帽后党建引领发展的打算和措施

曲水党建促脱贫攻坚成效显著，成绩喜人。但是我们也应看到，还存在一些不足之处。一是基层组织作用发挥还需进一步加强。面对新时代新要求，个别基层组织破解党建工作瓶颈的办法不多，服务群众能力还需加强；个别基层组织抓党建促脱贫攻坚、乡村振兴等工作水平还需进一步提高。二是党员综合素质参差不齐，部分党员干部发挥引领作用不明显。对党忠诚、个人干净、敢于担当的干部队伍还需大力建设，党员干部队伍整体服务能力和意识以及民主法制观念需要大力提升；具有专业技能的乡村干部还较为缺乏。三是村集体经济发展还需进一步加强。目前，村集体经济收入主要是集体土地流转，建设征地补偿等，缺乏一些敢想、敢干、有市场经济发展知识的能人来整合优势资源，释放改革红利。贫困群众收入结构还需进一步优化，一些贫困群众收入结构还不够合理，政策转移性收入比重大，产业带动增收作用还需进一步提升。四是扶贫扶志还需进一步推进。通过"志智制"三扶，贫困群众在思想转变、技能提升上有了较为明显的进步，还需进一步激发贫困群众的内生动力，绵绵用力、久久为功。乡村教育和文明新风建设将是长期艰巨不可松懈的任务。

打赢脱贫攻坚战，实施乡村振兴战略，是党的十九大提出的明确要求。曲水县将坚持“措施不变、力度不减”，继续以党建为引领，强化各项工作机制，巩固脱贫成效，确保2020年与全国人民一道全面建成小康社会。

### （一）继续加强各级党组织建设

深入贯彻落实新时代习近平中国特色社会主义思想，特别是治边稳藏重要战略思想，切实增强政治意识、大局意识、核心意识、看齐意识，紧紧围绕“五位一体”总体布局和“四个全面”战略布局，以推进“两学一做”和“四讲四爱”群众教育实践活动为契机，以严肃党内政治生活为重点，认真按照全国组织部长会议、全国组织工作会议和区市组织部长会议精神，聚焦主责主业，强化担当作为，落实全面从严治党责任，进一步加强组织体系、骨干队伍、制度机制、场所阵地建设，强化基层党组织政治引领功能和服务功能，为推进曲水长足发展和长治久安，建设社会主义现代化曲水提供坚强的组织保证。

### （二）继续建好一支坚强有力的党员队伍

毛泽东同志曾经说：政治路线确定之后，干部就是决定的因素。巩固脱贫攻坚任务的伟大成果，需要充分凝聚各方力量、发挥各类资源，建设一支思想纯正、干劲十足、意志坚定、能力出众的党员队伍，带领广大群众脱贫致富。发挥广大党员“唱主角、当先锋、做模范”的积极作用，党员要在脱贫致富中做表率、显身手、带好头、指好路。“第一书记”和驻村干部要“真蹲实驻、真帮实扶”带头发展致富，利用好扶贫驻村工作组和第一书记等上级选派干部政策熟、资源多、人脉广、信息灵的“外部”资源优势，落实结对帮扶责任，传递好脱贫致富的正能量；更要发挥好本地村组干部、能人党员熟悉情况、带动力强、影响直接的“内部”人员优势。要把能带头致富和带领群众致富的农村能人党员聚集起来，作为村级后备干部培养，切实提升帮扶致富的质量与效益。通过设岗定责、承诺践诺、志愿服务等方式，让他们始终站在脱贫攻坚第一线，带头致富、带领群众致富，成为脱贫攻坚的“领头雁”和“主心骨”。要吸引大学生村官和大学毕业生立足农村、奉献农村、创业农村，成为推动新时代农村发展的重要力量。

（三）持续做好扶贫产业规划和发展

习近平总书记指出：只有扶出产业，才算扶贫扶到家。在产业培育上，曲水县坚持结合实际、分类指导的原则，将产业扶贫摆在突出位置，以创建全国有机农业示范县为契机，以实现净土健康产业提质增效带动增收为重点，以健康曲水为引领，大力实施健康产业提档升级工程，不断探索扶贫新模式。

更加注重发挥扶贫产业在推进贫困群众实现持续增收中的重要基础性作用，谋划好、实施好扶贫产业。根据贫困群众需求，采取自下而上的方式，科学谋划一批适合本地实际、群众欢迎、效益突出的项目充实“十三五”扶贫产业项目库。在推进产业建设发展的同时，将及时与企业对接，形成完整完善的产业链，发挥经济效益的最大化。加强对贫困户就业技能培训，帮助群众走进企业谋划职业，改变生产方式、改善生活水平。建立健全扶贫产业项目联席会议、跟踪监管等制度，加快推进扶贫项目建设。进一步完善曲水县扶贫产业利益联结机制，对各乡（镇）申报产业项目作出明确要求，即保证带动一定数量的贫困群众分红与就业。将扶贫产业项目与帮扶贫困群众一一对接，确保利益到户。效益分红充分考虑贫困群众内生动力因素，对依靠双手勤劳致富的给予正向激励，对有劳动能力却存在“等靠要”思想的给予负面鞭策。

（四）深入推进“志智制”三扶工作

为进一步提高群众致富积极性和致富技能，必须持续紧抓“志智制”三扶工作。以“扶志”为重、“扶智”为引、“扶制”为本。以“扶志”为重点树立贫困群众脱贫致富好心态；以“扶智”为引领帮助贫困群众掌握增收好技能；以“扶制”为根本规范贫困群众生产生活好习惯。要持续开展思想教育活动，有针对性地开展技能培训，继续利用村规民约规范群众生产生活好习惯，营造更加积极向上的主动脱贫、争相致富思想氛围。

（五）融入经济社会发展大格局

贫困县摘帽以后，脱贫工作没有结束，仍然要把脱贫攻坚摆在正确的位置。脱贫攻坚得与乡村振兴战略相衔接，精准扶贫得与全县的经济社会发展相融合，脱贫攻坚成果的巩固得与农村综合改革特别是现在正在实施的产权改革相结合，绝不能各干各的，应站在全县的角度去谋划、去构建、去完善相应的顶层设计，形成合力，才能符合中央精准扶贫的要求。今后党建工作的重心就是要不断完善农村发展环境，深入推进乡村振兴战略实施，利用好国家扶持深度贫困地区有关政策，不断发展壮大农村集体经济，做大做强净土健康产业，促进群众持续增收。进一步完善农村基础设施条件和公共服务供给，全面提升全县农村发展环境。深化乡村治理现代化改革，推动乡村经济、社会、生态和文明新风等全方位的发展。

首都师范大学马克思主义学院副院长　沈永福

专题报告二：

# “四净”塑“四品”<br>净土健康特色产业扶贫现真功

**摘要：** 拉萨市曲水县坚决贯彻落实习近平总书记关于扶贫工作的重要论述，以精准扶贫精准脱贫方略为根本遵循，围绕“抓净土健康产业就是‘抓民生、抓稳定、抓生态、抓长期建藏’”的发展理念，以净土健康产业为载体，依据曲水县县情，以建设全心全意为人民服务的高效服务型政府为己任，坚持规划先行，高标准、高起点谋划独具特色的“一二三四一”净土产业发展思路。建立以业脱贫机制，探索以业脱贫路径，为新时代脱贫攻坚战提供了可资借鉴的经验。曲水县坚持以“扶志”为重、“扶智”为引、“扶制”为本，从思想上、理论上、实践上消除“贫困”，推动贫困群众实现由“要我富”向“我要富”的转变，实现“我要富”到“我能富”的蜕变。形成“以业育人，以业安人，以业管人，以业富人”的脱贫机制。依托以业脱贫机制，出台多项扶贫产业管理制度，在保障项目管理科学高效的前提下，形成了资金跟着项目走，项目跟着规划走，贫困户跟着企业和致富能人走，企业和致富能人跟着产业项目走，产业项目跟着市场走的“五跟五走”的新脱贫路径。实现了资金与项目、项目与企业、企业与市场的靶心对标，最终达到项目与贫困群体、贫困群众与致富产业带动的精准对接，变“输血”为“造血”，不断吸纳群众就业，带动群众脱贫增收的目标。

## 一、净土健康产业助推脱贫攻坚战的发展背景

### （一）基础条件

曲水县耕地面积6.67万亩，林地面积19万亩，草场160万亩。现辖五

乡一镇、17 个行政村、133 个村民小组，农村人口为 7896 户 32620 人。实施净土健康产业发展战略前，县域内产业单一，主要以农牧业为主，三产比例失衡，老百姓增收渠道单一，基本靠天吃饭。特别是部分村组海拔超过 4000 米，生存条件恶劣，生态环境脆弱，实属"一方水土难养难富一方人"的典型。再加上历史、文化差异等因素，导致全县发展起步晚、底子薄、实力弱，发展不充分，特别是自身发展能力较弱，自力更生动力不足。占全县大多数的农牧民群众人均收入低，只相当于全国平均水平的 71.3%。2015 年全县人均纯收入在 2800 元以下的贫困人口有 2148 户 7518 人。按贫困属性分，一般贫困户 909 户 3490 人，低保贫困户 500 户 2009 人，纯低保户 538 户 1811 人，五保户 201 户 208 人，贫困发生率达 23%。依据精准识别，需要产业帮扶的贫困户共计 976 户 3543 人，其中需要到户产业扶持的有 821 户 2926 人，符合入股产业扶持条件的有 155 户 617 人；缺劳动技能的有 447 户 556 人；需要低保兜底政策帮扶的贫困户有 818 户 2386 人。到 2020 年与全国一道实现全面小康，任务艰巨、任重道远。

（二）政策依据

习近平总书记指出，西藏是重要的国家安全屏障，也是重要的生态安全屏障、重要的战略资源储备基地、重要的高原特色农产品基地、重要的中华民族特色文化保护地、重要的世界旅游目的地。2015 年 8 月，中央第六次西藏工作座谈会上，习近平总书记强调，依法治藏、富民兴藏、长期建藏、凝聚人心、夯实基础，是党的十八大以后党中央提出的西藏工作重要原则。2016 年 8 月，在北京召开的全国卫生与健康大会上，习近平总书记指出：没有全民健康，就没有全面小康。要把人民健康放在优先发展的战略地位，加快推进健康中国建设。会议还指出要大力发展健康产业，增加健康新产品和服务供给。2017 年，党的十九大报告进一步明确了"实施健康中国战略"的重大部署。随着西部大开发进入加快发展的新阶段，国家提出了支持西部地区加快发展的产业政策、税收政策等。《西部地区鼓励类产业目录》明确了西藏 13 类鼓励类产业，为曲水县加快特色产业发展提供了政策支持。

根据党和国家对西藏自治区的定位，结合西藏自治区和拉萨市的实际情况，2013 年 9 月，拉萨市委、市政府开始在全市推行净土健康产业，相继出台了关于加快净土健康产业发展的决定、拉萨市净土健康产业发展工作要点等一系列政策文件，明确了净土健康产业的“124467”的发展思路，促进经济社会发展以及保护好“世界上最后一方净土”的发展定位，并编制了《拉萨市净土健康产业发展规划——种植篇、养殖篇（2014—2020）》。曲水县认真贯彻落实市委、市政府大力发展净土健康产业的决策部署，不等不靠，先行先试，在贯彻拉萨市“124467”发展思路过程中，率先在全市成立了净土健康产业资源开发创新办公室和曲水县净土健康产业投资开发有限公司，成立了曲水县 2015 年净土健康产业领导小组，2015 年投入 2000 万元净土健康产业发展专项资金，全力推进净土健康产业大发展，助力打赢脱贫攻坚战，实现全面建成小康社会，加快推进社会主义现代化建设。

## 二、净土健康产业规划的总体思路

党的十八大以来，特别是党中央作出打赢脱贫攻坚战的战略决策以来，曲水县坚决贯彻落实习近平总书记关于扶贫工作的重要论述，以精准扶贫精准脱贫方略为根本遵循，牢牢抓住“两不愁、三保障”这一目标任务，坚持既不降低标准也“不吊高胃口”，紧紧盯住2020年这一历史节点，倒排工期，下了一番“绣花”功夫。

按照习近平总书记“只有扶出产业，才算扶贫扶到家”的要求，曲水县围绕抓净土健康产业就是“抓民生、抓稳定、抓生态、抓长期建藏”的发展理念，结合实际情况制定了“一二三四一”的发展思路。按照先行先试的要求，曲水县成立了净土健康产业发展领导小组，组建了净土办公室、曲水县才纳国家现代农业示范区管委会等机构，负责全面统筹产业发展。曲水县坚持结合实际、分类指导的原则，将产业扶贫摆在突出位置，以实现净土健康产业提质增效带动增收为重点，以健康曲水为引领，制定了曲水县净土健康产业“十三五”发展规划、曲水县净土健康产业发展规划、曲水县2014—2016年净土健康生物产业发展扶持标准目录等政策性文件。

### （一）明确规划设计要点

曲水县在掌握净土健康产业的内涵和外延基础上，坚守净土健康产业“净土、净水、净空、净心”的四净环境优势，依据曲水县县情，坚持规划先行，高标准、高起点谋划独具特色的“一二三四一”净土产业发展思路。一是指一个跨越，实现净土健康产业由民生产业向富民强县产业的跨越。二是指两大产业，即净土健康高远特色养殖业和净土健康河谷特色种植业。三是指“三抓”，即抓好净土健康生物原料基地建设，抓好净土健康产业园区建设，抓好净土健康龙头企业建设。原材料基地园区的建设按照一区、四园、六基地执行建设。一区即雅江工业园区，四园即净土健康产业园、净土健康产品加工园、传统民族旅游产业园和茶巴拉光伏产业园。四是指四品产业，即食品、药品、饮品、饰品产业。一是指一个目标，即到2020年，净土健康产业产值实现50亿元。

（二）建立以业脱贫机制

习近平总书记指出：摆脱贫困，不仅仅是物质上的脱贫，还在于摆脱意识和思路的贫困，充分调动贫困群众的积极性和主动性。在全面贯彻落实“志智”双扶政策基础上，曲水县结合《曲水县边缘贫困户帮扶管理办法》《曲水县精准扶贫精准脱贫工作的实施意见》《曲水县政府投资项目重点产业项目前期工作会办制度（暂行）》等政策，以净土健康产业为载体，深入推进“志智制”三扶工作。在以业脱贫过程中，坚持以“扶志”为重、“扶智”为引、“扶制”为本，从思想上、理论上、实践上消除“贫困”，推动贫困群众由“要我富”向“我要富”的转变，实现“我要富”到“我能富”的蜕变，形成“以业育人，以业安人，以业管人，以业富人”的脱贫机制。

（三）探索以业脱贫路径

曲水县依托以业脱贫机制，成立了集体经济、龙头企业、新型职业农民培育等多个推进小组，出台了曲水县扶贫产业利益联结机制、扶贫项目库建设管理办法等扶贫产业管理制度，在保障项目管理科学高效的前提下，大胆探索净土健康产业脱贫路径，形成了资金跟着项目走，项目跟着规划走，贫困户跟着企业和致富能人走，企业和致富能人跟着产业项目走，产业项目跟着市场走的“五跟五走”的新脱贫路径。通过积极开展净土健康产业，实现资金与项目、项目与企业、企业与市场的靶心对标，最终达到项目与贫困群体、贫困群体与产业致富的精准对接，变“输血”为“造血”，不断吸纳群众就业，带动群众增收的目标。

## 三、发展净土健康产业的主要做法

曲水县净土健康产业规划通过对规划设计要点的科学论证，确立了以业脱贫的运行机制，并探索出了适宜县情的以业脱贫路径。为了使以业脱贫机制和脱贫路径能够保持有序运行，并真正发挥最大效用，不仅能够带动贫困户实现脱贫，而且实现贫困户致富增收目标，曲水县不仅从人、财、物等硬件方面做了缜密的规划和指导，还从解放思想、加强组织领导、完善服务体系等软件方面制定了具体措施，2018 年据县财政局统计，曲水县共到位产业资金为11356.7万元，其中自治区级资金为8466万元、拉萨市级资金917.4万元、县级配套资金2000万元。经各乡镇申报，曲水县以业推进小组多次深入村组了解情况，分析项目的可行性和项目的效益，同时结合曲水县总体产业的发展和布局初步确定了产业项目29个，预计总投资达20705.83万元，其中28个项目通过2018年县脱贫攻坚指挥部第三次、第九次例会审定。各部门齐抓共建，形成有效合力，为打赢脱贫攻坚战提供了重要保障。

### （一）制定因人施策因户施策措施

为了使脱贫攻坚战不流于形式，形成贫困户实现脱贫致富的内生动力，曲水县在通过净土健康产业带动贫困户脱贫致富的过程中，首先对贫困户致贫原因做了深入调查和挖掘，并针对其致贫原因，制定具体的以业脱贫措施。

经调研论证，曲水县贫困户的贫困原因主要有以下六类：第一类是长期依赖国家的扶持及救助，自我发展意识差，坐等思想较为严重；第二类是思想观念陈旧保守，接受新的就业技能和就业环境的意识还十分欠缺；第三类是增收渠道狭窄，没有能持续稳定增收的产业项目，导致家庭现金收入少，生活水平和生活质量得不到有效提高而贫困；第四类是家庭人口增加及缺劳力导致贫困；第五类是基层公共保障能力弱，导致部分群众家中因有慢性病或残疾者而贫困；第六类是缺乏资金，一些有发展前景的项目因为资金问题，只能搁浅。对第五类因病致贫的贫困户，曲水县除了通过提高公共保障能力对其进行帮扶外，再针对其现有脱贫意愿和能力与产业脱贫项目相结合，提供脱贫致富机会。对其他五类致贫原因，曲水县一方面通过寓教于乐的思想动员工作，充分调动贫困户的积极性、主动性、创造性，引导他们思发展、想发展、谋发展、促发展。在净土健康产业发展的各个产业链条中，根据不同类型的贫困户的需求，因人施策，因户施策，创造适合其就业和发展的机会。针对一些贫困户“等靠要”“慵懒散”，缺乏精气神的状态，采取扶志措施：（1）体能训练，摒弃懒散坏习惯；（2）促使养成爱卫生的良好习惯；（3）素质拓展，培养团结协作精神；（4）增进邻里和睦关系。扶志成效：有脱贫致富勇气、有勤劳实干精神、有人穷志不穷的底气。通过制定和遵守村规民约，进一步转变落后思想观念，塑造契约精神，培养法制观念，使贫困群众更好地适应现代化生活，最终达成农民职业化的目标。针对缺乏就业技能的贫困户，采取扶智措施：（1）了解就业需求；（2）了解产业岗位需求；（3）开展订单培训，先后组织了种植技术、手工编织、铜器加工、皮具加工、编织及染色等培训，增强劳动技能，最终实现农业产业化。对来自五乡一镇各个村的搬迁户，让其融合，快乐幸福生活。对缺乏资金的贫困户以及兜底脱贫的贫困户，通过加大金融扶贫力度，创新金融扶贫方式方法，成立金融脱贫专项小组，投入 2000 万元作为金融机构风险补偿基金，撬动金融资金 5—7 倍。实施贫困户小额贷款工程，与县农行合作，落实贫困户小额贴息贷款利率 1.08% 的优惠政策，鼓励贫困户通过贷款发展生产，脱贫致富。扩大农牧业保险以及涉农保险的业务覆盖范围，将贫困群众的生产风险降到最低。对建档立卡贫困户发放贷款证书，进一步简化贷款程序，方便群众贷款，截至目前，共计为 168 户贫困户发放小额贷款 671 万元。从思想上、精神上、制度上对贫困户制定精准的帮扶措施。

（二）建设高效服务型政府

曲水县深刻认识到脱贫攻坚的重大战略意义，不仅以精准扶贫精准脱贫方略为根本遵循，实施精准的以业扶贫以业脱贫的净土健康产业发展战略，还把“精准”二字落实到政府服务体系的方方面面中，坚持以人民为中心，全心全意为人民服务，树立高效服务型政府的良好形象。调研组在调研中发现，有的地方政府制定了较好的产业脱贫规划，并辅以详细的实施方案进行指导，但实施过程中，却往往因得不到群众的信任，导致政策试错成本剧增。曲水县在推行净土健康产业脱贫攻坚战中，为增强群众的信任感，牢固树立群众观念和宗旨意识，把为民服务的要求融入思想情感里，体现在政策措施上，落实到具体工作中，逐步树立创新服务型和高效型政府的良好形象，以县委书记为组长的扶贫开发领导小组和以县长为指挥长的脱贫攻坚指挥部要求各级工作人员，积极修炼能干会干的“过硬内功”，努力锻造担当尽责的“看家本领”，全面提升务实高效的“为民品质”，把所有心思用在谋划发展上，把全部精力用在破解难题上，沉到一线摸实情，扑下身子抓落实。强化政府整体功能，加强部门协调联动，着力提升政府执行力和创造力。加强政府诚信建设，不断提高公务员队伍诚信履职意识，提高政府行政水平。在以业扶贫工作中，戒形式主义、官僚主义，大力倡导“说办就办、马上就办、办就办好”的工作作风，为群众解难事、办实事、做好事，2016年以来县委、县政府先后召开扶贫领域会议57次，指挥部会议66次。

**【典型事迹】**在调研过程中，调研组在田间地头随机访谈了几位正在耕作的群众，当问他们对曲水县领导的印象如何时，他们放下手中的农活，脸上洋溢着幸福的微笑，围着我们，你一句我一句地和我们道着家常：“我们觉得曲水县的领导一点儿也没有架子，一点儿也没有高高在上的样子，他们就像我们的邻居一样，生活在我们中间。有时候，我们正在地里干着农活，就能看到格桑县长蹲在我们田地里，他也和我们一样在侍弄着农活。他可是个能耐人儿呢，不但会种庄稼，还知道怎么把庄稼种得更好，怎么防治病虫害，哈哈哈，而且他还能给我们讲上很多我们不懂的事儿，比如说怎么提高产量啦，怎么把地里的东西卖个更好的价钱啦。”还有人说道：“可不仅仅是在田间地头能碰到他们呢，我们在自己村子里或者是菜市场什么的地方，也能经常见到领导们呢，我们这里的人出现什么疑惑，或者什么需要解决的矛盾和问题等这样那样的事儿的话，我们经常就能直接和这些领导们说道说道，他们能直接给我们解决得了的就直接解决了，不能马上解决的话，也会帮我们继续解决，所以，我们这里打官司告状的人可少了。”还有的人说：“我们觉着他们是真心实意地在帮我们，而且帮的也很多，所以有时候，只要是自己能解决的事儿我们都不好意思多打扰他们，他们没有三头六臂，但是还整日里这么干工作。”从这些群众淳朴的话语中，调研组一行感受到曲水县的群众对曲水县政府是充分信任的，他们觉着自己没有理由拒绝跟着这样的政府走。他们觉着只有跟着这样一支全心全意为人民服务的高效型服务型政府指明的扶贫道路走下去，就有信心脱贫致富。

### （三）创建“管委会 + 企业 + 合作社 + 农户”以业脱贫新模式

曲水县委、县政府深入贯彻落实党的十八大和十八届三中、四中、五中、六中全会以及中央第六次西藏工作座谈会精神，全面贯彻中央1号文件《关于深入推进农业供给侧结构性改革 加快培育农业农村发展新动能的若干意见》精神，认真落实市委、市政府大力发展净土健康产业的决策部署，紧紧围绕抓净土健康产业就是抓民生、抓稳定、抓生态、抓长期建藏的发展理念，不断探索以新的理念、新的思维、新的方法、新的措施，推进曲水县净土健康产业又好又快发展。探索如何创建效率、公平兼具的净土健康产业脱贫模式，形成了通过以市场为导向，以曲水净土产业投资开发有限公司（以下简称净土公司）为运营主体，以产业园管委会为种植与生产的管理主体，形成一条园区试点、市场调研、计划种植、公司收购、企业加工的“管委会＋企业＋合作社＋农户”的以业脱贫新模式。该模式的特点是充分聚集了政府、市场、科技等的人力、物力、财力的集聚效果，形成了以政府引导＋调研带动＋企业运作＋产业化经营的方式。

该模式以市场为主导，立足市场，由曲水净土公司根据当年市场情况制订生产计划，交由曲水县净土办安排在曲水县国家现代农业产业园或农户生产合作社（农户＋合作社）进行生产，产业园的日常作物种植、人员流转、温室建设等工作和项目管理，主要由产业园管委会承担，在收获农作物与手工制品后，由净土公司统一收购，交由合作企业进行生产。该模式中各环节环环相扣，互相关联，既节约了成本，又提高了效率。

该模式中的运营环节主要由净土公司负责。曲水县净土公司成立于 2013 年 9 月，注册资金 5000 万元人民币，以市场为导向，采用种、产、销三位一体的产业模式，集农业投资，农业资源开发，种养殖，农副业产品销售，中药材种植与销售，农业开发、推广、应用，净土食品加工为一体的现代化农业发展公司。目前净土公司现有人数超过 15 人。2017 年净土健康产业共计投入 1.707 亿元，产值突破 15 亿，带动群众 1800 余人实现转移就业，其中建档立卡贫困户 322 户。

净土公司主要业务内容包括以下几个方面：

市场调研。净土公司在安排试种和制订生产计划之前，首先由专家团队进行市场调研，选取有市场潜力的产品引进试种，试种成功后推广种植。同时通过市场调研，积极寻求合作企业，形成研产供销的产业链体系。

引进合作企业。净土公司在联系市场和企业合作时主要采取两种模式：

品牌性合作和产业型合作。品牌性合作以“茅台玛咖酒”为代表，借助“净土、净空、净水、净心”的品质优势，以及玛咖产地海拔越高，品质越好的自然优势，净土公司收购农户、合作社或产业园生产的玛咖，交付贵州茅台股份有限公司生产“茅台玛咖酒”，之后由专门董事会制定市场价格。玛咖的销售收入反映在贵州茅台股份有限公司与净土公司交付的“茅台玛咖酒”价格之中。品牌性合作的优势在于借助知名企业品牌和成熟的深加工体系与市场体系，有效促进曲水县自身净土健康产业的稳步发展与当地农户收入的提高，并能有效抵御市场变化带来的多项风险。产业型合作则通过持股的形式，将曲水县自身净土健康产业嵌入产业链之中，如白马甘泉（持股10%）、荣顺生物科技有限公司（持股20%），通过持股的方式，可以有效引入外来企业的管理与生产技术经验，拉动本地产业的快速发展。

拉萨玛咖酒展示台

制订生产计划。净土公司依据市场调研情况，制订或调整生产计划。以玛咖为例，初期玛咖种植面积达到5000亩，在经济效益明显提升的影响下，次年玛咖种植面积上升至12000亩，之后由于玛咖市场发生变化，净土公司及时调整玛咖种植面积，2016年全县种植玛咖2100亩，2017年种植面积变为1891亩，通过积极应对市场变化，调整玛咖的种植面积，减少了生产与销售风险。这种“先行先试、先加后减”的思路，保证了曲水县净土健康产业自身的可持续发展，增强了以业扶贫的能力。为保护生态环境，保障净土健康产业的可持续发展，净土公司、产业园管委会与当地乡政府合作，制订种植轮转方案，推行禁农药禁化肥以及利用生物防病虫害等措施，有效保护了土壤利用的可持续性与当地自然环境。

原材料采购。净土公司与净土办负责采购种子种苗，交由产业园、农户与合作社进行种植。在收获农作物之后，由净土公司统一收购，交由合作企业进行深加工，形成最终产品进行销售。

通过产品有机认证，扩大净土健康产业商标范围。在原有产业的基础上，净土公司根据市场与计划要求，扩大净土健康产业覆盖范围。以青稞产业为例，净土公司协助农户与产业合作社采用有机生产方式进行种植，为应对使用有机肥造成的产量下降，净土公司在收购青稞时按照市场价的 1.5 倍，以此补贴农户的产量损失，从而将“有机青稞”包含到曲水县净土健康产业的范围内，促进曲水县青稞产业由原有传统农业向现代农业迈进。此外，通过有机产品认证，可有效保护当地生态环境，贯彻“净土”“健康”两大理念。

加工和销售环节，以合作企业为主。截至目前，曲水县与贵州茅台、白玛甘泉、西藏金哈达、西藏天瑞藏宝、曲水荣顺科技、睿建生物等企业进行合作，通过合资等多种合作模式，生产出了包括茅台玛咖酒、白玛甘泉矿泉水、卓玛的故事在内的一系列净土健康产品，延伸了产业链，提升了净土健康产品附加值，加快了传统农牧业转型升级，构建了企业、致富能人、合作社与贫困户“利益共享”的联动机制，加快了贫困群众脱贫致富步伐。

通过争取基金、信贷，撬动投融资 20 多亿元用于推进万亩汉藏药材种植基地、万亩乡土苗木良种繁育基地、现代奶牛养殖基地、才纳现代农业示范园等项目建设，每年可带动农牧民群众务工增收 20 万人次以上，人均收入可达 10000 元以上。

重视基础教育与技术教育相结合，将校内教育与校外实践相结合，把产业工人送入院校培养，把院校学生引进园区实践，培养出了一批批优秀的新型职业化农民，有力推进了园区产学研一体化发展。2016 年以来共开展培训 53 期，培训 2408 人，其中贫困户 621 人，实现转移就业 1986 人次。

### （四）拓展“合作社 + 农户 + 自主品牌”以业脱贫特色模式

曲水县净土健康产业除由净土公司和净土办主导的净土健康产业以外，农户合作社也自主创立多项净土健康品牌，对曲水县净土健康产业的发展起到了重要推动作用。“合作社 + 农户 + 自主品牌”模式由乡镇政府引导，以净土有机无公害为原则，以扶贫脱贫为落脚点，实行“一乡一业一特、一村一社一品”的脱贫发展战略。合作社依托其先进的管理制度、发展模式和可与企业联合打开市场的优势，吸收农户参与到整个产业运作中，在合作社和农牧民的共同努力下打造出具有特色的自主品牌。如河畔三有藏鸡蛋，就由达嘎品忠养殖农牧民专业合作社运营，170多户农户作为产业执行者，年底享有分红。

目前已形成以下6大品牌：（1）曲水镇茶巴朗村的奶牛养殖基地。其中奶牛养殖合作社发展到7家，存栏1300余头，现投资2.8亿元的奶牛养殖基地在建中。（2）俊巴渔村牛皮具。（3）聂当乡食用菌种植基地。目前已产香菇3万斤、鲜菇90万斤，实现总产值950.5万元，同时在2015年成功培植西藏本地的灵芝菌种，获得中科院新品种发明专利，并实现量产以及开发西藏王系列酒。（4）达嘎乡神马土豆种植基地。该基地于2014年7月获得无公害产品认证，于2016年获得有机转换认证。（5）南木乡鑫赛蔬菜瓜果种植基地以及藏鸡养殖基地。其中鑫赛瓜果种植农民专业合作社于2013年获得曲水县县级示范社荣誉。基地现占地605亩，拥有高效日光温室601栋。基地获得了区农牧厅批准的无公害产地认证，生产的西瓜、黄瓜、西红柿等8个瓜果蔬菜品种获得了农业部无公害产品认证。良种藏鸡养殖小区已经达到7个，2016年养殖数量达到6万羽。“达嘎珠布扩仓藏鸡蛋”和“茶巴拉乡藏鸡蛋”已推向市场。（6）茶巴拉乡色麦桃花村经济林木种植区。通过大力发展经济林木、天然饮用水产业，同时挖掘色麦宗遗址历史文化，力争将桃花村打造成集净土健康产业发展、历史文化、自然风光、休闲旅游为一体的风景区。

茶巴朗村奶牛养殖基地

### （五）提高合作社抵御市场风险能力

为切实提高合作社标准化生产、组织化经营程度，提高合作社抵御市场风险能力，实现规模经济效益，提高带动群众脱贫致富能力，在曲水县委、县政府支持下，成立了曲水县吉如农牧民专业合作联社。目前联社管理范围扩大至84家涉农合作社。主要任务是对成员合作社产前、产中、产后提供全方位的综合服务，并对合作社进行规范、提升、整合，重点提高合作社经营规模与水平，培育农特产品的研发能力、策划能力、营销能力，进一步提高品牌影响力和市场竞争力，通过联社的辐射带动作用，实现广大农牧民群众创业致富。坚持“民办、民管、民受益”的原则，积极推行“社企联姻”，实现企业和联社优势互补、互惠共赢。引导有条件分社积极开展“以社招商”，努力在引资争项方面谋求突破，不断增强联社的发展活力。通过引导开展农民专业合作社信用评级，认真实施征信支持农村经济合作组织发展模式创新项目，对产业发展好、带动能力强的合作社加大资金、土地等方面的扶持力度，不断壮大联社经济实力。实行产业规划、统一管理、细化分社，由联社统一管理和协调。对合作社进行全面系统的规划，包括产品包装设计、商标注册、知识维权、发布信息、统一技术规程等基础工作。为加强合作社联社制度保障，成立以分管农业的副县长为组长、县农牧局局长为副组长，联社、乡（镇）分联社长为成员的曲水县“双联户”吉如农牧民专业合作联社工作领导小组，加强组织领导。建立指导员制度，加强联社、乡（镇）分联和合作社“联户平安、联户增收”服务指导、管理监督工作。建立联社与合作社、合作社与合作社、合作社与入社农户、农户与农户之间的信贷联保联担机制，以农户信用担保联保和合作社订单、仓单等权利及土地、设备资产抵押与政府风险金担保等结合的方式，对有门路、想致富但缺乏资金的合作社、农户提供信贷资金支持，以便合作社、农户及时把握市场机遇，尽快启动项目，带动特色产业，搞活农村经济，带动一方农牧民群众增收致富。从民主管理、经营规模、服务能力、产品质量和社会反响五个方面设定标准，制定曲水县农牧民专业合作社“联户平安、联户增收”考评体系，对得分高者颁发“联户平安、联户增收”示范合作社荣誉证书及铜牌，予以适当物质奖励，并在申报财政资金扶持发展项目、落实政府涉农项目等时优先考虑。联社建立完善三会（成员大会、理事会、监事会）、议事决策、财务管理等内部规章制度，实现民主管理，吸引更多农牧户入社经营，提高规模经营效益。联社充分利用各类教育资源，定期不定期组织成员合作社学习，为成员合作社健康发展提供智力支撑。联社为成员合作社提供生产技术、商标注册、“三品一标”（无公害农产品、绿色食品、有机农产品和农产品地理标志）认证、包装加工、承接订单、对接市场等合作社产前、产中、产后全方位服务和指导。

（六）加强一、二、三产业深度融合

曲水县为推动净土健康产业与文化旅游业深度融合，不断改善基础设施建设。目前已同步推进乡村旅游停车场、旅游厕所、农副土特产商店和旅游标识标牌等各类公共服务设施的规划建设；农村安全饮水覆盖率达 96% 以上，农村公路自然村通达率 100%，通畅率 85%。同时，实施农村环境综合整治工作，每年向各乡镇下发农村环境综合整治经费 70 余万元，完善城乡环卫硬件设施，建立“户集、村收、乡转运、县处理”的农村生活垃圾处理体系；开展“环境综合整治集中攻坚月”“禁白”“一眼净”“门前三包”“美化绿化县城环境”等系列活动，成立环保执法大队，建立健全乡镇环境检查评比等日常工作制度，实现农村环境综合整治工作的长期性。打造具有高原特色、民族特色的全域旅游示范区。

曲水县不断探索净土健康产区变景区、田园变公园、产品变商品，实现一、二、三产业融合发展新模式。其中，净土健康动物保护园以游乐器材租赁为长期主要收入来源，同时兼营花卉苗木培育、食用菌林下种植等业务，并通过修建林卡庄园、体育馆、温泉馆、猛兽区等基础设施，拓宽园区的社会职能和业务范围，通过以消费代替门票的方式，多渠道筹集收入来源。以旅游产业的发展带动当地农户的就业，特别是解决贫困人口的就业问题。才纳乡净土健康产业园实行免费门票制，由拉萨市曲水秀色才纳净土文化旅游有限公司运营，兼具花卉观赏、农业科技示范、汉藏药材推广、农耕文化展示、有机农产品采摘体验等项功能，是一个集产、加、销、购、娱为一体的休闲旅游体验观光带，目前，平均每日接待游客 400—500 人次，净土有机产品日均实现销售额 5 万—6 万余元，实现了门票经济向产业经济的转变。

曲水县发挥净土健康产业资源比较优势，推进旅游与净土健康产业的深度融合、与美丽乡村的高度整合、与地域文化的广度结合，打造“农业版”

全域旅游新模式，扩大产业辐射带动群众致富作用。

## 四、净土健康产业发展的主要成效

曲水县大力发展现代农业，做大做强净土健康产业，致力于一、二、三产业的融合发展，经济发展和社会事业取得长足进步，先后被评为国家级现代农业示范区、国家农业综合改革试验区、国家生态保护与建设示范区、国家有机农业示范创建区。2017 年，全县实现地区生产总值 14.3 亿元；全社会固定资产投资完成 46.17 亿元；地方财政一般预算收入 4.29 亿元；社会消费零售总额 3.1 亿元；农牧民人均可支配收入 12612 元。全县建档立卡贫困户由 2015 年底的 1178 户 4124 人减少到现在 33 户 109 人，贫困发生率由之前的 14.59% 下降到 0.33%，贫困农牧民年人均纯收入由 2015 年的 2548 元增加到现在的 10 010 元，实现了“两不愁，三保障”，达到了脱贫摘帽标准。“十三五”期间大力发展净土健康产业，将产业发展融入扶贫攻坚中，立足传统农牧业，把资源优势转化为产业实效，推动了一、二、三产业的融合发展，加快了产业升级，不仅助力贫困户脱贫摘帽速度，而且为广大群众今后的持续增收提供了发展机会。据统计，“十三五”期间规划实施产业项目 61 个，总投资达 9.89 亿元，已启动 31 个，总投资 7.89 亿元，其中已取得效益的项目 14 个，带动建档立卡户 1088 户 4078 人，年人均增收 1000 元。2017 年曲水县全县 20 余个产业项目共上收利润 225.6 万元用于分红，受益群众 1114 户 4172 人次，户均增收 2000 余元。至 2016 年，净土健康产业已经成为曲水县的主导支柱产业，实现由民生产业向富民产业的跨越。“一区、四园、六基地”(“一区”即雅江工业园区，“四园”即净土健康产业园、净土健康产品加工园、传统民族旅游产业园和茶巴拉光伏产业园，“六基地”即奶牛养殖基地、汉藏药材种植基地、高原土豆种植基地、黑青稞种植基地、花卉苗木基地、身心疗养基地）建设已具规模，高原特色种植业、养殖业发展蓬勃，“四品工程”市场培育走向成熟，2017 年产值超 15 亿元，圆满实现既定目标。合作社经济发展迅速，2017 年合作社总产值 5459 万元，带动 9196 名农牧民群众增收致富，农牧民入社率达到 35.6%。

### （一）着力推进以业脱贫，直接效果显著

曲水县坚持产业先行，坚持谋长远、谋发展、谋致富，完成脱贫攻坚任务，实现群众收入稳定增长。除了取得上述主要成效外，还体现在为群众持续创收打造坚实产业基础和激发群众创新创业活力，提高致富能力等方面。

才纳乡作为国家现代农业示范区，通过几年的不断努力，转型扩大产业园区规模，将原先65亩雪桃基地，扩大发展打造成了至今20000余亩的一、二、三产业同步发展的产业园区。产业园区从原先不断试验开发新品种到主打一两个精品品种，实现了产业的不断升级，成功推广出了玫瑰2000亩、葡萄2300亩、桃树500亩、车厘子700亩。同时，大力发展设施农业，强力推动汉藏药材育种育苗和高原球根花卉种球培育工作，现已形成区域化布局、规模化经营的良好趋势。2018年园区设施农业面积达500余亩，均为自动化管理的高效智能温室。积极开展三品一标认证工作，成功获得7个净土产品国家级有机农产品认证证书，5种经济作物的有机转换认证，9个国家地理标志商标，具有CS认证的40余个产品。巩固提升了全国有机农业示范县创建成果。不断推进一、二、三产业联合发展，成功地打造出“卓玛的故事”玫瑰系列化妆品、鲜花饼，“夏尔巴人的秘密”葡萄酒、藏边大黄酒、雪菊酒等产品，同比往年总产值增长了一倍多。拥有10种专利药食品，获得市场一致好评。积极打造传统民族旅游产业园AAA级秀色才纳旅游景区，依托雄色千年古刹及百亩连栋温室，完成包括A区花海、B区水果采摘、农耕藏药材博物馆、旅游风俗一条街等景点的打造，扩大产业辐射带动群众致富作用，每年旅游收入为5000万元以上。全力打造产学研一体化发展产业园，40多家净土企业，与城市发展融合起来，与社会主义新农村建设融合起来，与文化旅游产业融合起来，推动一体化发展，提升了产业发展内生动力和外生动力。建立教学实践基地、科技培训基地、科技研发中心，将基础教育与技术教育相结合，将校内教育与校外实践相结合，把产业工人及农牧民群众送入院校培养，把院校学生引进园区实践，培养出了一批批优秀的新型职业化农民。2016年以来共开展培训53期，培训2408人，其中贫困户621人，实现转移就业1986人次。着力培育高原河谷特色种植业和以高原

特色养殖业及天然饮用水产业。成为全区第一个集中引进新品种试种推广的先行区，成功将曲水玛咖种子送入太空，培育出太空玛咖。园区与权威的农业数据平台建设公司凤岐茶社合作建立农业数据库，为作物数据库的建立奠定了良好基础，同时与华大基因积极对接郁金香种球培育相关合作事宜。新推广的汉藏药材、黑青稞、高原球根花卉、经济林木等带动农牧民群众增收近 3 亿元。构建了企业、致富能人、合作社与贫困户“利益共享”的联动机制，加快了贫困群众脱贫致富步伐。园区 2017 年吸纳 1389 人务工，其中建档立卡贫困户 249 人实现以业脱贫。

（二）补齐产业发展短板，间接效果凸显

通过“志、智、制”三扶调动了贫困群众的积极性、主动性、创造性。正确处理好外部帮扶和贫困群众自我努力的关系，引导群众严守村规民约，从思想上、文化上、制度上实施帮扶，进一步转变了落后思想，促进乡风文明，村庄融合、群众增志，就业增收。

形成了净土健康产业特色的自主品牌。如“河畔三有藏鸡蛋”“达嘎珠布扩仓藏鸡蛋”和“茶巴拉乡藏鸡蛋”“达嘎三有鸡蛋”等，得到市场高度认可，供不应求，展示了品牌力量对脱贫攻坚的助推作用。

提升了知识产权保护意识，为净土健康产业持续发展构建产权保护支撑。曲水县全县市场主体 1988 户，新增 755 户，同比增长 63%。注册商标 40 件，申请商标 93 件，申报著名商标 3 件。

激发创业激情，提高创业能力，转变青年择业观。大学生、青年农牧民创新创业基地的建立，促进了高校毕业生、青年、农牧民多渠道创新创业。开展创业培训 80 人次，合格率达 100%。大学生创业登记 4 户，创建企业集群注册模式 1 户。

藏鸡蛋工作间

## 五、净土健康产业发展的基本经验

曲水县坚决贯彻落实上级党委、政府的决策部署，高度重视精准扶贫精准脱贫工作，高效落实各项工作，精准扶贫精准脱贫工作正在稳步推进，贫困发生率大幅下降，脱贫摘帽工作取得了显著成效。全县在 2018 年底前实现所有贫困村脱贫，实现全县脱贫摘帽。曲水县以业脱贫的成功经验主要有以下几点。

### （一）强化组织领导，精准施策真帮实扶

服务型政府是实现以业脱贫工作的政治基础。民之所望，施政所向。只有从内心深处树立服务理念，坚持人民至上，才能少一些高高在上的傲气，多一些扑下身子的地气，多一些掷地有声的实践，让群众“看得见、摸得着”，使群众坚定信心走以业脱贫的路子，曲水县服务型政府的良好形象和实际行动，带给群众的是信任、信心和对未来的幸福向往感。

真抓实干、具有高效执行力的担当型政府是做好以业脱贫工作的关键保证。弘扬“老西藏精神”，发扬“说办就办、马上就办”的脚踏实地干实事的作风，确保了以业脱贫工作抓准、抓实、抓到位。

强化组织领导是实施以业脱贫攻坚战的政治保障。曲水县党委、政府认真贯彻落实精准扶贫精准脱贫的要求，加强组织领导，创新净土健康产业脱贫工作机制，探索以业脱贫新模式，为曲水县坚决打赢脱贫攻坚战指明了方向，明确了目标，提供了保障。

### （二）凝聚社会合力，提升脱贫攻坚质量

层层压实责任，凝聚社会合力是以业脱贫工作的有力举措。全县齐抓共管，选派素质过硬的干部担任第一书记和驻村工作队员，县、乡、村三级层层签订责任书、立下军令状，责任到人，确保以业脱贫攻坚各项目标任务落到实处、强力推进。

合力攻坚是做好以业脱贫工作的重要支撑。坚持多方力量和多种举措融会贯通，充分利用对口援藏资源，发挥曲水县净土健康产业发展优势，形成上下联动、多点发力、各方参与的扶贫大格局。

注重路径方法，提高脱贫攻坚的能力和水平。加强思想政治工作，凝聚农村脱贫攻坚强大合力。全力攻克痛点阻点难点，六法联动，多维给力。

（三）构建以业脱贫机制，激发脱贫攻坚动力

完善“扶志”为重、“扶智”为引、“扶制”为本的以业脱贫机制，消除贫困群众思想上、精神上的“贫困”，培养自力更生精神，激发贫困群众的内生动力和活力，增强自我发展能力，为做好脱贫攻坚工作打下基础。

（四）全力打造净土健康产业，夯实脱贫攻坚基础

发展净土健康产业是实现脱贫致富的必然选择，能够突破土地、能源、生态等发展瓶颈的制约，是对促进转型发展、提升城市品质、彰显地区个性，实现经济、社会、生态、文化和人的协调发展有着十分重要的作用。

发展净土健康产业，是实现三次产业融合发展的重要载体。净土健康产业是一个关联度很高的产业，与现代农业、制造业、文化旅游业及其他产业都能够融合发展，是延伸产业价值链、增加附加值，带动群众增收致富的新

中共西藏自治区党委常委、拉萨市委书记白玛旺堆（左一）考察调研曲水县净土健康产业发展情况，强调要把曲水县才纳净土健康产业园区打造成巩固脱贫攻坚、提升农村产业融合、促进产城融合、实现乡村振兴战略的样板

兴战略发展产业。

净土健康产业遵循“规模化、机械化、标准化、品牌化、外向化、产业化和生态化”的发展思路，推行“企业为龙头、基地为依托、标准为核心、品牌为引领、市场为导向”的发展模式，具有集聚经济发展合力的优势。实践证明，是一种值得推广的以业脱贫的新发展方式。

（五）强化人才培养，提高自我发展能力

围绕新型职业农民培育、产业工人职业技能提升，整合各渠道培训资金等资源，建立政府主导、部门协作、统筹安排、产业带动的培训机制，提高农牧民技能培训针对性和实效性。优化农业从业者结构，深入推进现代青年农场主、林场主培养计划和新型农业经营主体带头人轮训计划的落实，培养适应现代农业发展需要的新农民，解决贫困地区难以引进人才，难以留住人才的问题。

（六）以业脱贫实践经验贡献中国智慧

曲水县以业脱贫的实践经验，不仅给我国其他地区带来了可资借鉴的经验，而且对国际上其他国家具有值得借鉴的意义。曲水县的经验引起了尼泊尔总理的高度重视，他在与曲水县相关领导的交流过程中，对该县的经验充分认可，原定 40 分钟的交流时间竟然延长至 3 个小时之多，彰显了国际影响力，为国际社会扫除贫困贡献了中国智慧。

总之，曲水县以业脱贫的实践经验表明，发展的问题需要在发展过程中用发展的方式来解决。

## 六、净土健康产业发展的建议

净土健康产业现已成为曲水县的支柱产业。为进一步发展壮大曲水县净土健康产业，促进农牧民增收致富，在肯定成绩的同时，我们还应保持清醒的认识，对以业脱贫存在的问题以及怎样解决问题进行探讨。

（一）优化净土健康产业布局，强化竞争优势

通过实地调研发现，净土健康产业发展存在主导产业定位同质性的问题，降低了其产业特色影响力，不利于竞争优势的发挥。建议今后对净土健康产

调研团队在参观光伏脱贫产业项目

业进行更为细致的分析，将特色植入各产业链条中，壮大新产业新业态，拓展农业产业价值链，把独特的资源优势转化为产业竞争优势。

净土健康产业规模化程度有待提高。这需要在加强农村改革的基础上，强力推进规模化发展。应大力培育新型农业经营主体和服务主体，通过经营权流转、股份合作、代耕代种、土地托管等多种方式，加快发展土地流转型、服务带动型等多种形式的净土健康产业。

（二）积极对接国家战略，发挥曲水示范效应

作为没被污染的世界第三极，净土健康产业发展战略不仅对于中国，甚至对于世界来说，都具有重要意义。曲水县作为净土健康产业发展的先头兵，应主动对接国家战略，在培育新的经济增长点、促进产业转型升级，提升人的素质和生活水平，保障和改善民生方面，发挥曲水示范效应。建议曲水县要以党的十九大精神为指引，认真学习贯彻西藏和平解放60周年纪念大会、中央第六次西藏工作座谈会、全国卫生与健康大会等会议要求，在政策研究、制定以及规划实施中，积极与“健康中国”“一带一路”“西部大开发”“脱贫攻

坚”“沿边地区开发开放”，以及2020年全面建成小康社会等一系列重大战略部署相对接，提升净土健康产业的发展内涵，引领脱贫攻坚战加快发展。

（三）建立完善的人才机制，构建产学研一体化平台

人才不足将会给净土健康产业的可持续发展带来不良影响，尽管曲水县在人才培养方面做出了种种努力并取得了一定的成绩，但依然存在人才不足的发展困境。今后需要加强人才培养力度，为人才的成长提供更多的机会。建立完善人才机制，有利于借助人才集聚优势，扩展产学研一体化人才资源高地。人才培养机制可通过外引内训相结合的方式多方发力。在引进方面，要着力引进适合的高端人才，并建立完备的留人机制。在选聘专家方面，以区内区外相结合、土专家与洋专家相结合、长期人才与短期人才相结合，保证“引得进、留得住、最适合”。结合引进人才的专业技能与在任的连续性，可建立专家工作站和博士工作站，并为此建立完善的薪酬福利等配套措施。在内训方面，针对曲水县健康产业发展情况，遵循统一规划、分类培养、动态管理的原则，制订产业工人职业培养方案。鼓励高等院校、职业院校开设产业工人培训班，培养一批具有现代农业专业技能的工人及社会服务型能力工人。抓住拉萨第一中等职业技术学校落户曲水县的契机，深入开展校地联动、校企合作，在招生计划、学生培养、就业保障等各方面切实加强合作，进一步加强已有实习实践基地建设，带动创新创业工作，紧密围绕净土健康产业发展的主题，将职业教育与产业发展牢固结合。

（四）优化平台服务，推动净土健康产业高效发展

优化行政审批服务平台。针对目前登记、许可、立项、规划等审批环节和程序等待时间长的问题，深化行政审批改革，取消不必要的前置审批，最大限度实现“马上办结”或“限时办结”。

优化融资服务平台。针对中央扶持资金、社会资金以及企业资金的信息不对称和对接成本高等问题，充分用好中央赋予的特殊优惠金融政策，加强与金融部门的对接沟通，落实扶持资金、放大政策效应、推动产业发展。设立净土健康产业发展促进专项资金，采取补助、贴息等方式，扶持净土健康产业项目，引导和带动更多的企业资金和社会资金投向净土健康产业。搭建

政府、银行、担保、企业四位一体的融资平台，提高净土健康产业企业的授信额度，积极为符合条件的企业提供信贷资金支持。

优化销售服务平台。针对目前销售平台多样化和互补性不强的现状，建议整合营销资源，大力实施政府主导、媒体跟进、企业联手"三位一体"营销模式。充分发挥北京、江苏援藏的优势，积极发展"飞地"经济，拓展京津冀和长三角地区净土健康产品市场。把握"互联网+"技术在推进净土健康产品市场开拓方面的深度影响和难得机遇，积极开展互联网营销，借助成熟的发展平台和销售渠道，推动净土健康产品营销信息化、智能化、高效化。

**（五）做好区域品牌，提升净土健康产业特色化优势**

强化品牌意识。由于区域公共品牌推行力度不强，品牌经济效应不明显。建议加强"拉萨净土"区域公用品牌建设的工作合力，形成从政府到企业以至全社会自觉维护珍惜推广该品牌的社会氛围，发展品牌经济，推动经济结构调整和产业升级。

强化品牌提升。树立"质量为本、以质取胜"的理念，把加快净土健康产业标准化建设与产品品牌培育紧密结合起来，建立和完善净土健康产业标准化体系、产品质量安全检测体系和品牌产品质量标准体系，积极推动净土产品联盟标准的制定和实施。

强化品牌维护。完善"拉萨净土"公共品牌的使用标准和管理办法，加强日常监督管理，开展公用品牌质量评估与社会公众测评工作，加强品牌保护和监管、质量保证与诚信体系建设，形成能上能下、优胜劣汰的动态管理机制。

强化品牌宣传。充分利用报刊、广播、电视、网络等媒体和微博、微信、微电影、影视植入等新技术，采取专栏节目、新闻发布、专题报道等形式，大力宣传推介"拉萨净土"区域公共品牌，采取走出去请进来的办法，大力营造"宣传品牌、支持品牌、发展品牌、保护品牌"的良好环境。

中国社科院经济研究所副研究员　于文浩

专题报告三：

# 五个“百分百”<br>曲水教育扶贫深情满怀

**摘要**：教育在精准扶贫工作中具有基础性、先导性和持续性作用，是阻断贫困代际传递的根本途径。西藏自治区曲水县在教育领域精准扶贫方面进行了多方面的有益尝试，2000 年，率先通过自治区“普九”评估验收；2011 年，“两基”工作顺利通过国家督导评估验收；2013 年，率先通过“义务教育均衡发展”国家督导评估验收；2015 年，通过自治区素质教育评估验收。在教育脱贫攻坚的实践中，创造了许多新鲜经验。主要做法有：增加教育投入，确保教育投入占财政预算的 20% 以上，办学条件持续改善；优化教育结构，大力发展职业教育，以劳动力素质升级保障产业升级；优化教育资源配置，充分与对口援藏城市和内地相关教育机构开展合作，以校为基，以教聚力，共建曲水教育脱贫共同体，总结出了富有本土特色的经验；教育部门与政府相关部门关系紧密，形成了良性发展的共同体；信息带教，加强教育信息化建设，在提高教育现代化水平上实现了新突破；科研兴教，加强教育教学研究工作，在提高教育科学化水平方面卓有成效；引进人才，加强教师队伍建设，在提高师资专业化水平上实现了新跨越。与此同时，我们也应看到，曲水县的义务教育存在着教师队伍具有较强的流动性，外来经验引入与教师培训难以做到本土化，且汉语教材和读物在教育系统中占绝大多数，藏语的阅读书籍和材料相对较少，导致当地学生的阅读量有限等问题。建议采取相应措施，保持良好稳定的教育生态，着力开发本土化的课程与教材，使教育扶贫工作因地制宜、更有实效。

到 2020 年，让贫困人口和贫困地区同全国人民一道进入全面小康社会，是习近平总书记最关心的事情。党的十八大以来，以习近平同志为核心的党中央作出重大部署，在全国范围内全面打响了脱贫攻坚战。教育在精准扶贫工作中具有基础性、先导性和持续性作用，是阻断贫困代际传递的根本途径。2015 年 11 月，习近平总书记在中央扶贫开发工作会议上就“怎么扶”提出了“五个一批”工程，其中将“发展教育脱贫一批”作为五大精准扶贫脱贫的重要途径之一，充分肯定了教育在扶贫攻坚中的重要地位和使命，教育扶贫成为扶贫开发新时期、新阶段的重要组成部分。为全面建成小康社会，打赢脱贫攻坚战，“十三五”规划提出了“精准扶贫、精准脱贫”这一新时期扶贫脱贫工作新理念，明确指出教育扶贫是扶贫开发新阶段的主要路径和措施。教育扶贫的目标为两大方面：一是对扶贫对象进行经济资助；二是为贫困对象在学习上提供支持。实现这两大目标，教育扶贫必将向教育精准扶贫转变。

据国家最新公布的农村教育数据显示，目前我国农村地区特别是老少边穷地区的教育发展还比较滞后。弥补教育“短板”，就得解决城乡、东西部教育资源分配不均的现状。首先，要在政策上向贫困地区倾斜，加强东西部教育资源交流。其次，要加大对贫困地区的教育投入，吸引高端人才投身贫困地区教育事业。利用互联网为贫困地区的孩子提供平等、开放的远程教育平台，从而缩小城乡、东西部的教育资源差距。高质量的教育扶贫是阻断贫困代际传递的重要途径和提升贫困群众造血能力的重要抓手，贫困家庭只要有一个孩子考上大学，毕业后就可能带动一个家庭脱贫。治贫先治愚，贫困地区和贫困家庭只要有了文化和知识，发展就有了希望。

从广义上讲，脱贫攻坚对曲水的经济建设、社会事业等方面发展产生深刻的影响。从未来来看，也会为今后的发展奠定一个好的基础，这种基础不光是物质上的积累，还有精神上的智力支撑，同时也是创新体制机制上的积极探索。扶贫，真正使群众摆脱贫困最终还是要靠大力发展教育事业来改变。藏区的发展必须要从根本上提高群众的科技文化素质，不仅要关注对青少年学生的培养，也要注重对中青年人的科技能力、文化素养的提升。以脱贫攻坚为契机，在经济、政治、教育、卫生、产业发展等方面如何形成有效的治理，综合赴西藏曲水调研的结果，对其教育扶贫措施与成效等问题做如下报告：

## 一、背景情况

本次调研所选择的目的地——西藏自治区曲水县，在教育领域精准扶贫方面进行了诸多有益尝试，是最早实现脱贫的地区之一。曲水县老百姓增收渠道单一，基本上靠天吃饭，生态环境脆弱，维稳任务艰巨，加上历史文化差异等因素，全县发展起步基础弱，发展不充分，特别是自发展能力较弱，自力更生动力不足。

西藏自治区为贯彻落实中央精准扶贫、精准脱贫战略部署，完善精准扶贫体系建设，率先在全国组建脱贫攻坚指挥部，设立 11 个专项组（办），全面领导统筹攻坚战，建立了“区负总责、地市直管、县抓落实、乡镇专干”的管理体制，形成了资金到地、任务到地、权力到地、责任到地和“工作到村、扶贫到户”的工作机制。曲水县在区、市党委政府的坚强领导和社会各界的大力支持下，下大力气狠抓各项政策的落实，并根据本县实际情况进行大胆探索。围绕拉萨市“两年脱贫，三年巩固”目标，层层签订“军令状”，明确了县委、县政府主体责任，压实了县直各单位、各乡镇、村委会、驻村工作队的具体责任。成立了由县委书记任组长的扶贫开发领导小组及县长任指挥长脱贫攻坚指挥部、县乡联合考核组，形成了“主要领导亲自抓、分管领导具体抓”的责任体系；打出了“上下联动、部门协同”的扶贫组合拳；构建起“五位一体”的大扶贫格局。具体是：

根据曲水县实际研究制定了“654321”的扶贫脱贫新路子。“6”即“六个好”要求，是指搬迁安置点房屋建设要好，布局要好，产业配套要好，管理要好，人文岗位要好，心情要好；“5”即“五跟五走”，是指资金跟着项目走，项目跟着规划走，贫困户跟着企业和致富能人走，企业和致富能人跟着产业项目走，产业项目跟着市场走；“4”即“四个统一”，是指贫困户劳动力统一安排，合作社统一管理，农畜产品统一收购，经营收入统一分配；“3”即“三结合”，是指精准扶贫、精准脱贫与基层党建相结合，与城乡一体化建设相结合，与产业发展相结合；“2”即“两促进”，是指促进脱贫致富，促进发展稳定；“1”即“一个目标”，是 2020 年与全国一道步入小康社会。

## 二、主要做法

### （一）党建德育扎实开展

#### 1. 理顺规范教育系统党建工作

2018 年以来，进一步理顺规范教育系统党建工作，夯实了党委领导下的校长负责制，强化了党支部对学校工作的领导。始终把师德师风建设和“立德树人”作为一项重要工作来抓，党建德育工作取得了良好成效。一是健全党支部，配强党支部书记，规范党组织生活，制定党建工作督查机制，推进党务公开、政务公开、财务公开。二是在全县教育系统党员教师中深入开展“两学一做”学习教育活动，开展政治纪律教育，“三联三进一交友”活动。三是成立党风廉政建设领导小组，健全完善党风廉政建设责任制。认真落实中央“八项规定”、西藏自治区党委“约法十章、九项要求”和拉萨市委“八项要求”，始终把纪律挺在前面，做到了时刻警醒。四是制定了《曲水县教育系统未成年人思想道德建设工作实施方案》，建设好德育室与德育走廊，邀请退休老教师、老党员讲述曲水教育事业发展历程，组织学生到县敬老院开展关爱老人活动，前往烈士陵园扫墓，参观爱国主义教育基地，通过形式多样的活动教育青少年学生。五是成立了曲水县教育系统“四讲四爱”办公室，制定《曲水县教育系统开展“四讲四爱”喜迎十九大活动方案》《曲水县教育系统关于开展“四讲四爱”宣讲活动的方案》，设立专项经费 100 万元用于各项活动的开展，先后组织开展“四讲四爱”群众教育实践活动 125 场次，实现全县中小学、幼儿园宣讲全覆盖。六是建立“绿色环保储蓄银行”，将收集到的各类废品变卖后资助贫困学生。“绿色环保储蓄银行”先后在自治区电视台、拉萨市电视台新闻频道播放，得到了区市活动办的充分肯定。

#### 2.“五个 100%”教育工作稳步推进

曲水县认真贯彻执行西藏自治区第九次党代会提出的教育“五个 100%”发展战略。即中小学双语课程教育普及率 100%；小学数学课程开课率 100%；中学理化生课程计划完成率 100%；中学理化生实验课程开出率 100%；职业技术学校国家规定课程开出率 100%。为了实施这一战略，曲水县从五个方面入手。一是成立曲水县“五个 100%”教育目标工作领导小组，制定实施方案，多次召开“五个 100%”教育目标工作推进会，督导检查全县“五个 100%”教育目标工作。二是完善曲水县教学常规管理制度，规范“教学五环节”，强化教学常规。三是积极选送教师参加国家、区市级培训，提高教师业务水平，购进双语读物，开设双语阅读课、书法课，加强双语教学。四是制定曲水县理科教学实施方案，分析理科教学现状，确定整体目标，开设理科兴趣小组活动，组织开展理科教师公开课、赛课、磨课等活动，邀请专家进行课堂指导，加强理科教学工作。五是新建县中学理化生实验室各一套，制定理化生实验等相关制度方案，配备理化生实验人员，规范实验室管理，强化理化生实验操作，确保演示实验与操作实验的安全、规范。

中共西藏自治区党委副书记、区政府主席齐扎拉（右一）
考察调研指导曲水县扶贫工作

*3.* 全县教育系统和谐稳定

一是成立以主管教育副县长为组长的安全维稳工作领导小组，制定并完善曲水县维护教育系统稳定工作实施方案，建立安全责任体系，深入开展平安校园建设。二是加大交通安全教育宣传力度，邀请曲水县交警大队民警对校车驾驶员开展一次道路交通安全法律法规宣传教育培训，并在全县学校师生中开展了 3 次交通安全宣传教育活动。对校车交通安全隐患进行全面大排查。签订学生接送服务外包协议。三是邀请卫生局工作人员对全县 8 所学校开展了健康素养巡讲活动，受教育师生 2300 多人。联合食药、消防、卫生、工商等部门对学校的食品卫生、消防安全、卫生健康、维护稳定、校园周边安全开展了 2 次督导检查。县教育局组织人员对各校及周边食品卫生安全进行了 6 次大检查。邀请曲水县消防大队开展学校消防安全巡讲活动，受教育学生 1800 多人，各校开展多次安全疏散演练等消防安全宣传教育活动。四是通过县司法局从拉萨市司法局邀请资深律师米玛次仁对 6 所学校开展法治宣讲。未建保安室的幼儿园建立保安室，充实保安人员。五是投资 20 万元，安装了红外线高清监控设备，建立微型消防站，购置防爆器材。严格执行维稳安保各项制度，确保全县教育系统安全稳定、和谐健康发展，为全县社会大局和谐稳定做出了应有贡献。

### （二）增加教育投入持续改善办学条件

#### 1. 改善办学条件

2018 年上半年，国家投资 850 万元，新建曲水县公共体育场田径跑道项目，以及 6 所幼儿园值班室、县小学绿化。积极争取自治区财政的支持，已立项或已动工新建南木乡小学学生宿舍楼建设面积 1000 平方米、才纳乡小学综合楼 2200 平方米。其中南木乡小学学生宿舍楼征地工作已完成，才纳乡小学综合楼的征地正在协调当中，已到位资金 450 万元，缺口 300 万元左右。新建聂当乡小学等 4 所小学录播教室，投入资金 254 万元。以上项目的实施，使各学校的教学硬件设施

聂当乡小学操场

得到了较大改善。

*2. 切实加强基建项目资金使用管理*

严格按照规划批复使用好各类教育基本建设资金，严格执行项目建设程序，确保教育基建项目质量。曲水县教育局2016年度共实施12个项目，其中续建项目3个（县中学附属工程建设项目、县中心幼儿园建设项目、县中学教工宿舍建设项目）。新建项目5个（南木乡小学改扩建项目、才纳乡小学教学综合楼建设项目、达嘎乡小学学生食堂建设项目、达嘎乡其奴村小学教学楼建设项目、聂当乡等两所小学教工食堂建设项目）。计划建设项目4个（县中学维修及绿化工程建设项目、曲水镇曲甫村幼儿园维修建设项目、聂当乡热堆村幼儿园建设项目、达嘎乡其奴村小学附设幼儿园建设项目）。预计项目总投资6113.25万元（续建项目资金3158.6万元、新建项目资金1059.49万元、计划建设项目资金1895.16万元），其中，国家投资2077万元，地方性财政资金858.6万元，县级自筹资金3001.7万元，自开始建设累计完成投资5200余万元。

曲水县严格执行国家扶贫专项资金管理办法和项目资金县级报账制的规定，在资金使用上，严把“选项、立项、申报、审批、发放、效益”六道关，实行扶贫项目资金公示、公告制度，做到“四不一公开”（即不准挪用、不准挤占、不准截留、不准优亲厚友，坚持上榜公开）；在资金管理上，实行扶贫资金专户管理，建立健全报账制，确保专款专用；在资金监督上，实行项目资金动态管理，镇乡村及各扶贫项目均指定专人负责，监督资金使用情况，发挥财政监督审计和社会监督的作用，杜绝挤占、挪用等违规违纪行为发生，保证了扶贫项目资金的合法、合理、有效使用。

*3. 完善大学生资助政策*

2018年以来，曲水县人社局按照“劳动者自主择业、政府推动就业、市场调节就业”的就业工作总思路，不断加大就业投入，壮大服务体系，推动全民创业工作深入开展，使全县就业形势总体保持稳定，各项目标任务均已完成90%。截至2018年9月，该县累计投入1300余万元，新建县城小微企业孵化中心，升级改造县小微企业净土健康产业创业创新基地，建成曲水V+

众创空间，才纳乡四季吉祥村大学生创业创新基地。开展企业双创政策培训 3 期，农牧民合作社培训 8 期，大学生创业就业培训 3 期；大学生专场招聘会 10 余次。城镇新增就业 917 人，小微企业新增就业 817 人，创业成功 4 人，创业带动就业 4 人。

截至 2018 年 8 月，曲水县共组织开展人力资源交流洽谈会 2 期（其中春风行动暨人力资源交流洽谈会 1 期，高校毕业生专场招聘会 1 期）；就业再就业培训 2 期，培训 159 人；农牧民转移就业培训 14 期，培训 703 人（其中建档立卡贫困人口转移就业培训 10 期，培训 233 人）；创业培训 1 期，培训 25 人，创业成功 4 人；职业介绍 650 人次，介绍成功 267 人；开发就业再就业岗位 720 个；实现就业困难人员就业 262 人；实现新增就业 1008 人，小微企业新增就业 756 人，小微企业吸纳就业 3277 人；职业技能鉴定 50 人；农牧区劳动力转移就业 0.95 万人、1.87 万人次、实现收入 0.62 亿元；城镇登记失业率控制在 2.2% 以内。2016 年以来建档立卡贫困人口转移就业 1427 人，易地搬迁类建档立卡贫困人口转移就业 804 人。

2018 年，在全国各地高校就读的曲水县户籍应届高校毕业生 346 人，自 7 月份毕业后截至目前已就业 281 人，未就业 65 人，就业率达 81%（其中公职岗位 73 人，市场就业 45 人，政府购买服务 8 人，其他就业 155 人）。建档立卡贫困户高校毕业生 69 人，已就业 32 人，顺利兑现 4 人创业启动资金 20 万元。此外，为帮助曲水县贫困女大学生解决学习生活方面的困难，鼓励她们顺利完成学业，曲水县妇联在认真调查了解的基础上，根据家庭贫困情况反复筛选，最终确定了 10 名考上内地重点大学本科的贫困家庭女大学生为今年的资助对象，并发放了拉萨市妇联提供的 5 万元助学金。

我们在调研过程中了解到，大学生毕业之后，有大约 95% 的毕业生会选择回到藏区就业。当地有关部门对此做了调查，发现很多大学生对家乡怀有深厚的感情，加之当地完善的大学生资助政策，使其感受到了教育对个人的发展和家庭的发展具有重要意义，从而产生了回家乡创业的意愿。受访者介绍说，这是一种教育带来的良性循环。

#### 4. 引进优质师资

曲水县的教育工作紧紧围绕“全面提高教育教学质量”这个中心，进一步树立了正确的教育质量观，切实加强学校基础设施建设，保障学校的“硬件”“软件”需要，探索和构建科学系统的教育评价机制，切实加强学校的常规管理，全力营造尊师重教的氛围，积极提高教育教学质量，促进了教育事业均衡、优质、协调、特色化发展。

曲水县采用高薪和相应待遇引入优质师资。各高校毕业生经引进录用转正后，纳入西藏事业单位正式编制，享受正式教师同等工资、医疗及带薪休假等待遇。本科生最低月工资为7700元，以后按工作年限和职称逐年晋升工资。每年享受包干路费和取暖费（如西北地区路费11000元/年，取暖费1800元/年），享受年终奖励工资。录用人员统一解决周转房。一次性发放安家费10000元。

### （三）优化教育结构

#### 1. 全面推进学前教育纵深发展

大力推进学前双语教育工程。2016年继续实施第三期《学前教育发展三年行动计划》，新建县中心、达嘎三有村、才纳乡白堆村3所幼儿园。实施了聂当乡热堆村幼儿园改扩建、达嘎乡其奴村幼儿园建设项目。届时曲水县学前教育覆盖全县所有乡村，成为全区唯一一个学前教育全覆盖的县。

#### 2. 统筹推进素质教育优质发展

一是坚持以立德树人为根本，紧紧围绕社会主义核心价值体系和“中国梦”主题教育实践活动，把爱国主义、民族团结、反分裂斗争教育纳入学校教育全过程。二是进一步推进基础教育课程改革，全面落实《拉萨市振兴教育教学质量三年行动计划》，围绕“备课、上课、作业、辅导、检测”教学五环节，加强教学常规管理，提高课堂效率。按照《拉萨市“一师一优课、一课一名师”活动实施方案》(拉教体发〔2015〕70号)的整体安排部署，县教育局继续组织全县中小学教研员、电教员、骨干教师以及活动管理员共计30名教师，在县小学网络计算机教室进行了“一师一优课、一课一名师”活动选优推优培训，对该工作表现突出教师进行表彰。三是加强全民健身活动，提高全民体质。2016年6月14日组织开展曲水县第三届“格桑花”少儿才艺大赛。

（四）扎实开展常规教学工作

*1.三科教学工作有序开展*

一是在2018年初开展关于三科教学工作调研，了解各学校教师对三科教学改变教材的想法、困惑。二是召开三科教材教师交流会，就教师存在的困惑进行了认真分析，对三科教材实施向各学校提交了措施办法。三是邀请拉萨市实验小学教研室主任韩冬对三科教学的教师进行培训，使全县从事三科教学的老师提前了解和认识了新教材，为新教材的使用提供了保障。

*2.有序推进常规工作协调发展*

每学期开学初，曲水县教育局都要召开全县校长会议，重点强调学校的常规工作。一是抓好维稳安全工作。认真制定了教育系统维护稳定工作实施方案，确保年度各重大节庆活动安全圆满，各敏感节点平稳度过。牢固树立“安全第一”的思想，深入开展“我安全、我健康、我快乐”主题活动，重点加强学校食品、交通、消防、校内建筑施工等安全工作。积极完成校园监控系统建设，提高校园安全“人防、物防、技防”能力。积极排查调处矛盾纠纷，杜绝发生群体性事件。建立健全各项安全、卫生管理制度，完善各类工作预案，提高防范和处置突发事件的工作水平。二是抓好教育惠民政策实施。加强“三包”、营养改善计划、农牧区教师生活补助等教育惠民资金的日常管理，确保资金合规使用。县教育局于2018年4月初把资助金全部转到各乡（镇）账户上。曲水

学生们领新教材

镇资助生 103 人，资助金 46.4 万元；聂当乡资助生 73 人，资助金 34.6 万元；茶巴拉乡资助生 58 人，资助金 27.1 万元；达嘎乡资助生 142 人，资助金 58.4 万元；才纳乡资助生 60 人，资助金 23.7 万元；南木乡资助生 90 人，资助金 42 万元。并要求各乡（镇）在 5 月之前把资助金全部发放到学生家长手中，不得用作其他开支，不得截留，专款专用。

#### 3. 大力推进体育工作整体发展

一是加强了学校体育工作。加大了体育师资的培养培训，规范“两操一课”，积极开展中小学阳光体育活动，确保学生每天锻炼不少于 1 小时，增强学生体质。制定了《曲水县校园足球联赛实施方案》，全面开展校园足球比赛。二是加强群众性体育工作。按照拉萨市体育局的有关要求，制定《曲水县职工运动会实施方案》《曲水县农牧民运动会实施方案》，组织开展了全县职工运动会。由县教育局体育室负责，完成了全县全民健身活动的抽查工作。

县中心小学运动会

### （五）优化教育资源配置

#### 1. 根据对口援藏资源充分开展合作

江苏省泰州市对口支援西藏自治区曲水县。2017 年，该市共援助曲水资金 8393 万元，4 个计划类项目中有 3 个项目开工建设或组织实施，其中 2 个项目已经竣工。按照规划，“十三五”期间，泰州将援建 23 个项目，总投资 3.56 亿元。截至目前，玛咖晾晒厂、玛咖加工厂、食用菌加工厂、科技展厅、园区道路硬化等项目已经完成。百亩连栋温室、万亩汉藏药材种植基地、万亩苗圃基地和高原标准化奶牛养殖基地、有机肥加工厂等项目正在紧张施工中。县人民医院提升改造、俊巴渔村民族特色产业建设、才纳乡村容村貌整治、才纳乡公共服务设施建设、县乡周转房供暖工程、曲泰“交往交流交融”等项目均在加紧建设。另外，泰州市还注重“以教脱贫”和“以迁脱贫”。2017 年投入 150 万元实施交往交流交融工程，帮助曲水干部职工汲取发展好思路、学习发展好点子，使2000多位搬迁居民有了学习脱贫知识、丰富文化活动的固定场所。两年来，泰州市援藏干部继承和发扬“老西藏精神”，高度重视精准扶贫工作，以产业援藏为工作重心，推动曲水净土健康产业不断向广度深度拓展，通过以业脱贫、以助脱贫、以迁脱贫等多种方式，帮助建档立卡贫困人口脱贫3877人。

2. 教育部门与政府部门关系紧密

随着经济和社会的不断发展，教育事业受到中央与地方政府的高度关注与重视。“要发展经济，必须发展教育”的理念越来越受到社会的肯定。小学和幼儿园教育作为义务教育的基础，其定位与作用不可忽视。2018年4月，根据拉萨市政府有关会议精神，拟在县城东南侧的闲置用地和空地上新建一所小学和幼儿园。经拉萨市规划局多次实地勘察和统筹考虑，为能满足塔玛村及周边群众子女就近上学的目的，初步确定将学校用地拟选址在城东南侧的藏大路以南、江冲路以西、贡布塘路以北。

**【典型事迹】**调研访谈的教育负责人讲述了这样一个事件。在当地如果发现一个学生失学一个月，教师和校长会直接反映到乡政府，而乡政府会通过家访了解情况。如果发现孩子的失学是由于学生家长的原因造成的，便会没收相应数量的牲口和田地，帮助孩子复学。此外，村里的中小学召开家长会的时候，乡政府工作人员经常会委托校长和教师交代乡里的一些事情。这是因为乡里召开集体会议的时候，往往只有留守老人前来，而中小学的家长会则集中了村里的青壮年骨干力量，更适合讨论乡村的整体发展事宜。在这些事件中我们可以发现，地方政府与教育行政部门形成了良好的互动关系，联系紧密，职能互补。

3. 教育信息化网络的建立

2014年，中国电信拉萨分公司与拉萨市教育局在曲水县茶巴拉乡小学举行拉萨市农牧区中小学“宽带网络入校”启动仪式，标志着拉萨市教育信息化基础建设正式拉开序幕。启动仪式上，拉萨分公司与拉萨市教育局签订了合作协议，此次签署的40所农牧中小学“宽带网络入校”建设协议，将双方长期合作推向了一个新阶段。

2015年7月，点创科技受邀参加“拉萨市2015年度教育信息化工作会议”，与参会人员一起分享“互联网＋教育”带来的教育变革。点创科技以“互联网＋教育”为主题，多视角展示最新教育科研产品。会议期间正式开通“拉萨市教育公共服务云平台”，使藏区享受到了教育信息化带来的高效服务。点创科技还对前期向拉萨市30所学校捐赠价值500万元的教育云平台系列软件及硬件产品做进一步的完善工作。

（六）大力发展职业教育

据受访者介绍，目前当地产业升级方面，最大的问题是劳动力素质和产业升级的现状不匹配。当地的龙头产业为净土产业，在土壤中试验耕种相关庄稼、水果和经济作物等，如果发现能够种植存活，便开始大规模推广，作为当地重要的经济作物。如果发现难以存活便更换另一种经济作物。而该产业的开发与规模的扩大，需要大量高素质的劳动者，只有提升劳动者整体素质，才能实现当地产业升级。职业教育在这一过程中发挥了重要作用。

产业先行新实践。坚持“迁业并重、产业先行”，紧紧依托青藏高原水、土壤、空气、人文环境“四不污染”的独特优势，大力发展净土健康产业，着力打造“一区四园六基地”，精心谋划和加快建设一批重大项目，保持投资稳定增长。成功引进了贵州茅台集团、上海华宝、恒信玺利、东方邦信、荣顺生物科技等十几家企业，生产了贵州茅台拉萨玛咖酒、辅酶Q10牙膏、玫瑰系列产品等30多种净土健康产品，延伸了产业链，提升了净土健康产业附加值，加快了传统农牧业改造升级。探索“金融＋基地＋公司＋合作社＋贫困户”的扶贫模式，构建了企业、致富能人、合作社与贫困户“利益共享”的联动机制，加快了贫困群众脱贫致富步伐。仅拉萨才纳净土健康产业园，年均吸纳12.42万人次务工（贫困户315人），务工费年均1500万元，人均增收7000元以上。固定工、长期务工贫困户227人，这些人已实现精准脱贫。此外，从本级财政收入中拿出2000万元作为金融机构的风险补偿基金，利用这个杠杆撬动金融资金5—7倍，同时争取到国家发改委发展基金项目，以该基金项目再次撬动金融杠杆。推进“金融＋企业＋基地＋合作社＋贫困户”的模式，将这些产业与易地扶贫搬迁相结合，坚持产业先行，成功打造了拉萨河畔三有村和四季吉祥村两个西藏自治区易地扶贫搬迁样板工程。

**【典型事迹】**据介绍，曲水县政府对劳动力素质提升的重视体现在方方面面。在调研过程中我们发现，当地每个村庄都有每周集体打扫卫生的习惯。负责同志称，这是为了让大家养成讲卫生的习惯，并且能够在集体劳动中相互交流，可以促进集体凝聚力，提高群众素质。在这一活动最开始实行的时候，很多群众都有抵触情绪。但随着实践的不断深入，大家逐渐感受到良好的卫生习惯对于生活水平的改善，便逐渐融入了这项活动，卫生意识与环保意识也有了大幅提升。

在全面推进精准扶贫精准脱贫过程中，一是坚持教育扶贫优先。真正使群众摆脱贫困最终还是要靠大力发展教育。藏区的发展必须从根本上提高群众的科技文化素质，不仅要关注学生的培养，也要注重对中青年科技能力、文化素养的提升。二是坚持产业扶贫优先。通过一、二、三产业联动，融合发展，促推产业扶贫。三是坚持扶志优先。通过全方位宣传教育、典型事例引路等激发贫困户内生动力，提高贫困户自主脱贫能力。四是坚持感恩教育优先。在群众中大力开展感恩教育，感党恩、听党话、跟党走，引导群众自我发展，改变生活方式，改变思想观念，增强自主脱贫的认同感。五是坚持基层一线干部培训优先。对基层一线干部开展全方位培训，做好“四个优待”，重点针对政策不清、项目不熟、人力不足等情况，从各项扶贫政策的落实到扶贫项目规划、设计、实施、管理运营及资金整合、后续保障等方面进行全面培训，以达到扶贫工作有序有效，项目落地见效快。

## 三、基本经验

### （一）引进人才，提高师资专业化水平

一是切实加强教师的思想政治教育和职业道德建设，将师德师风建设纳入学校督导评估的重要指标。二是完善了《曲水县中小学教师管理暂行办法》，实施“五级双线”教师管理模式，强化师资管理。三是加强专业教师人才引进工程，完善“县管校聘”管理机制，优化师资队伍结构，促进全县各校师资配置的均衡。

（二）科研兴教，提高教育科学化水平

一是完善教研制度，推进片区教研。二是探索“认知—认识—理解”理科教学模式与“阅读—写作”的文科教学模式。三是邀请北京师范大学教育专家把脉曲水教育存在的问题，在认真组织研究问题的基础上，制定科学可行的曲水县教育发展五年规划，促进全县教育的全面发展。

（三）信息带教，提高教育现代化水平

全面完成全县教育系统信息化建设前期设计方案。统筹校园局域网建设，实现“宽带网络校校通”全覆盖，拓宽资源共享途径。

## 四、主要成效

曲水县现有义务教育学校8所，其中中学1所，小学7所。还有幼儿园15所。1995年，曲水县率先通过了自治区“普六”评估验收；2000年，率先通过了自治区“普九”评估验收；2010年8月，撤并所有教学点，基本完成学校布局调整，初步实现布局合理化，办学规律化；2011年曲水县“两基”工作顺利通过国家督导评估验收；2013年，率先通过了“义务教育均衡发展”国家督导评估验收；2015年6月，通过了自治区素质教育评估验收。

（一）经济发展水平全面提升

“十二五”以来，全县大力发展现代农业，做大做强净土健康产业，致力推动第一、二、三产业深度融合发展，经济发展和社会事业取得了长足进步。先后被评为国家级现代农业示范区、国家农村综合改革实验区、国家生态保护和建设示范区，国家有机农业示范创建区。2017年全县实现地区生产总值14.3亿元，全社会固定资产投资完成46.17亿元。

地方财政一般预算收入4.29亿元，社会消费品零售总额3.10亿元，农民人均可支配收入达到12612元。目前，全县建档立卡贫困户由2015年底的4124个，减少到现在的3109人。贫困农民人均纯收入由2015年的2548元增长到现在的10010元，实现了“两不愁三保障”（即到2020年稳定实现农村贫困人口不愁吃、不愁穿，农村贫困人口义务教育、基本医疗、住房安全有保障），达到了脱贫摘帽标准。

曲水县政府持续推进教育扶贫攻坚，加大资金投入，提升教育水平。2016年共资助749人，502.71万元，全面落实了15年教育免费的政策三包政策。对养护森林实施了就业创业培训工程，创业政策补贴5000元。出台了曲水县建档立卡贫困家庭接受免费教育政策的实施细则，对大学生高中生初中生升学的学杂费全额报销，并给予一定的生活交通补助费用。将基础教育与技术教育相结合，将效率教育与校外实践相比，拉萨一职落户曲水，全面提升了职业教育水平。中央民族大学、中国农科院、西藏自治区科技厅、西藏藏医学院先后挂牌建立教学实践基地、科技培训基地、科研科技研发中心，有力推进了园区的产学研一体化发展。

（二）实现了县域义务教育均衡发展的目标

2013年，曲水县通过了国家督导检查组的评估，基本实现了县域义务教育均衡发展目标。据问卷调查，曲水县公众对义务教育均衡发展情况的满意度达92.29%。在调研过程中我们也了解到，当地群众提到教育问题时，给出的评价都是“非常满意”。充分表明了他们能够充分感受到党和政府集中力量办教育的决心，也能感受到教育事业蓬勃发展所带来的经济红利。在拉萨市委、市政府的正确领导下，在上级教育行政部门的精心指导下，曲水县以办人民满意的教育为宗旨，加大投入，健全机制，强化措施，大力推进义务教育均衡发展，义务教育水平得以不断提升。

自2010年曲水县被自治区确定为义务教育均衡发展试点县以来，县上成立了义务教育均衡发展工作领导小组。2011年总投资4376.93万元，新建师生宿舍楼13栋、餐厅1个，建成塑胶运动场1个、篮球场2个、羽毛球场1个，维修教学综合楼3栋，建成沼气池1个，并完成部分附属工程；2012年总投资5233万元，新建5所乡级附属幼儿园，改扩建7所村级幼儿园，新建师生宿舍楼7栋、全民健身馆1栋、餐厅6个，建成塑胶运动场2个，并完成部分附属工程，初步实现了布局合理化、办学规模化。

曲水县还不断抓好“控辍保学”工作，提高普及水平；加强师资队伍建设，提高师资队伍水平；加强学校管理，提高管理能力。同时，逐步提高“两基”普及水平，不断加大学校布局调整力度，认真抓好资助帮扶工作，全力做好学生接送工作，努力推进学校特色化建设，加快教育信息化建设。

### （三）教学水平稳步提升

曲水县现有1所中学，7所小学，17所幼儿园，中学在校生823人，小学在校生2574人，幼儿园在园幼儿1238人。初中适龄少年805人，初中入学率达到102.24%；小学适龄儿童2307人，小学入学率达到99.96%；学前适龄儿童1500人，学前一年、二年、三年入学率分别达95.08%、94.42%、82.53%。小学五年巩固率达到100%，初中三年巩固率达到100%。全县专任教师450人，其中小学260人，初中124人，幼儿园66人，教师学历合格率达到100%。

2018年上半年，在县委、县政府领导下，上级主管部门的指导下，社会各界人士和全县广大农牧民群众的大力支持下，全县教育教学水平稳步提升，农牧区学前三年入学率达到了82%以上，办园办学水平稳步提升；小学考取西藏内地班33人，拉萨江苏实验中学、拉萨北京实验中学70余名，获得2017年度全市小学质量考核一等奖，小学各科平均成绩连续三年呈现上升趋势；县中学中考成绩已经走出2015年的最低谷，连续两年成绩逐步提升，2018年中考取得了县区第四名的好成绩。全县教育系统深入学习贯彻党的十九大精神，区市县党代会精神，牢固树立“四个意识”，增强“四个自信”，不断加强干部教师和职工的政治理论学习，不断强化党风廉政建设，不断转变工作作风，推动了全县教育工作持续健康发展。

曲水县是拉萨市第一个实现均衡发展和素质教育的县。教师学历全部在大专以上。当地群众对教育整体上是特别满意的。经过调研发现，无论是从教育的选址、经费投入、学生资助、学生入学和毕业等方面，当地群众均给予了高度评价。这在我们的调研过程中是特色十分鲜明的。既可见地方政府对教育的重视程度，也可见教育扶贫在当地经济脱贫方面所占据的战略性地位。教育扶贫已经渗透到政府工作与群众生活的方方面面。

## 五、进一步完善教育脱贫工作的建议

曲水县的精准扶贫工作取得了一定成绩，但也存在着一些问题：一是基础设施依然相对薄弱。从基础设施上看，曲水县地处藏区高原，自然条件恶劣，自然灾害较多，交通不便、水利设施老化失修、抗旱排涝条件不足，抵御自然灾害能力较弱。近年来，虽然通过扶贫项目建设，基础设施有所改善，但仍不能满足当前及今后的发展需要。二是人口素质较低。在走访农户中发现，贫困人口受教育程度低，观念陈旧，科技意识不强，缺乏致富能力和发展门路，脱贫难度较大。三是扶贫资金投入仍显不足。目前，曲水县的扶贫资金主要是依靠扶贫办项目资金和各市、区直帮扶单位的支持，贫困村筹资较为困难。四是返贫现象比较突出。目前仍然有相当数量的贫困人口。另外，每年都会出现一部分已经脱贫的人群，由于脱贫基础不稳，因病、因灾、因学等原因重新返贫。

（一）提升教育扶贫对象的自我发展能力

实践证明，要从根本上拔掉贫困地区的穷根，关键在于精准施教，大力培育贫困人口的行为能力。正如加尔布雷思所说：在当今世界上没有任何一国受过良好教育的人民是贫穷的，也没有任何一国愚昧无知的人民是不贫穷的，在民智开启的地方，经济发展自然是水到渠成的。我国多年的扶贫经验表明，贫困地区之所以贫困，不仅在于环境封闭和交通、信息不畅，更在于人们思想观念落后、知识水平较低、科技意识不强。当下的教育扶贫更多注重对普通学校教育的帮扶，忽视了诸种形式的职业教育和继续教育，造成教育与生活脱节、与生产联系不紧密，尤其是没有充分发挥基础教育对经济发展的能动作用。同时，学校的学科设置也不合理，地方特色、民族特色不明显，与经济社会发展和未来产业结构缺乏有效衔接；加之教学方法、教育内容、教育手段单一，不少学生没有获得一定的生产技能。正如欧文福所说：毕业回家后“种田不如爹、养猪不如娘”，“干活放不下架子、脱贫没有点子、致富没有法子，全身像个公子”。可见，教育扶贫必须由“输血式”扶贫向“造血式”扶贫转变，着力提高贫困对象的科学文化素质，增强其自我发展能力。美国经济学家舒尔茨认为，提高人口素质，改善人力资本的主要途径包括：在职人员培训，包括企业所采用的旧式学徒制；正式建立起来的初等、中等和高等教育；由企业组织的为成年人举办的学习项目，包括多见于农业的技术推广项目。因此，新时代的教育扶贫一定要做好两方面工作：一是立足长远，结合贫困地区的实际需求，精准设置学校教育的学科内容，提高学习者的获得感；二是强化职业培训，提高贫困对象的自我发展能力和生产技能，使他们能有效地利用经济资源，把握发展机会。

（二）要有的放矢培训教师

改善贫困地区“软件”环境，最关键的是加强贫困地区的师资力量建设。“教师是立教之本、兴教之源，承担着让每个孩子健康成长、办好人民满意教育的重任。”因此，教育精准扶贫必须加强教育首要“软件”——师资力量建设。首先，教师数量要有保障。2015 年，国务院办公厅印发《乡村教师支持计划（2015—2020 年）》，这项计划是惠及广大乡村教师、拓宽教师资源补充渠道、提高乡村教师待遇的关键举措。增加乡村教师编制、提高乡村教师待遇是让教师在贫困地区“下得来”“留得住”的重要条件，加之多渠道引进师资力量，才能有效保证贫困地区教师资源的充足。其次，教师质量要有保障。贫困地区教师不光要“下得来”“留得住”，更要有较高文化水平和教学素养，才能有效提高贫困地区总体受教育水平。既要求本土教师不断强化自身学习，提高知识水平和教学能力，也要求在教育扶贫举措中大力支持城乡教师互动，信息资源共享、有效促进乡村教师队伍教学方式和教学水平的改进和提升，保障教师队伍质量高、教得好。

（三）多举措建设一支定向服务农村职业教育的师资队伍

面向精准扶贫的农村职业教育师资队伍是定向培养的质量和教育扶贫效果的决定性因素。如何建设一支与农村职业教育发展战略相匹配的定向师资队伍？一是要有一支常规的优秀专职师资队伍。加大当地农村职业中学和乡镇农校原有师资的培养力度，通过定期与不定期培训提升教师素质，使农村职校教师适应连片特困区精准扶贫战略下的素质与能力要求，促进专职教师队伍专业发展。二是通过建立多支流动兼职师资队伍，满足定向培养的多样需求。充分利用区域内大学、高职院校和其他中等职业学校的相关专业师资队伍力量，由教育行政部门统筹安排，对口支持连片特困区职业学校，将先进的理念、技术和服务带到特困区，通过定向培养人才的方式，为精准扶贫提供更有力的智力支持。三是出台与上述两个方面内容相配套的教师待遇保障措施，吸引优秀教师从教。明确中央、自治区两级政府分担农村职业学校教师工资的相关比例，将建立农村职业学校教师待遇保障纳入政府统筹安排，保证农村职业学校教师教师工资不低于国家标准，地方性津贴补助不低于当地国家公务员水平，城乡职业学校工资标准统一。在此基础上，为连片特困地区建立由中央和自治区政府拨款的定向农村职业学校教师特殊津贴制度，根据不同地区确定补助标准，为吸引优秀教师和稳定现有农村职业学校教师队伍，建立适应精准扶贫需求的定向农村职业教育师资队伍。

（四）有效解决职责问题

在教育领域精准扶贫的实践中，盲目移植其他省市的经验是不可取的。任何经验都来源于本地区的实践与探究，学习与借鉴其他地方的经验也需要本土化的过程。例如，在教师培训的过程中，曲水县聘请了一些专家教授来进行专业的教师培训，然而培训人员对西藏自治区曲水县的教育实际情况可能不甚了解，导致有些培训“不接地气”，效果不佳。此外，虽然当地引入了不少教育信息化网络资源，但这些资源马上投入使用也会出现问题，需要一个团队来专门对其进行本土化，与当地的教育事业发展水平进行匹配，否则可能会导致“水土不服”的问题。因此在教师培训与信息化建设方面，应做到有的放矢，探讨更适合本地区教师专业发展的道路。

培养一支专业化的教师团队，提升曲水县教师队伍水平，需要提升教师的科学研究能力。在调研过程中我们了解到，曲水县义务教育教师队伍具有很强的教育热情和专业发展能动性，绝大部分教师师德高尚、热爱学生、热爱教育岗位。然而，一支充满热情的教师队伍并不等同于专业的教师队伍，教师应着力培养学生以适应未来社会科技发展与竞争的需要为目的。因此，好的教师应该学会做研究，在教育教学过程中出现问题时，应当学会用研究的方式去解决。在教师专业发展制度建设中，应当强化对教师专业性的培养，特别是培养其教学科研能力，以塑造一支高水平、有活力的教师队伍。

（五）健全扶贫考核与监督机制

教育扶贫开发工作中，必须进一步健全教育精准扶贫的考核与监督机制，确保教育精准扶贫工作有效开展。一是建立精准的考核方式。为了避免人为的干扰，可探索以政府名义购买等方式引入第三方专业评估机构考核教育扶贫效果，对考核结果进行公示，接受社会监督。倘若发现有敷衍了事、徇私枉法、优亲厚友的行为，一是要追究当事人的法律责任，做到严惩不贷。二是加强监督体系建设。针对有的地方在教育扶贫过程中存在的权力异化等问题，制定教育扶贫权力清单和责任清单，形成科学、有效的教育扶贫权力运行制约与监督体系，建立和完善动态跟进式教育扶贫、减贫、脱贫观察监管机制以及责任追究机制，强化市、县层面的教育扶贫资金信息公开平台制度化建设。对教育精准扶贫全过程，特别是教育扶贫资金的流动和使用进行精细化管理监督，保障扶贫资金运行透明。

（六）保持良好的教育生态

在调研过程中我们发现，曲水县的义务教育教师队伍具有较强的流动性。因为好的生源往往会在升学过程中向拉萨流动，因此很多教师为了提升自己的职业发展机会与薪酬待遇，也会选择向拉萨的学校流动，造成了教师队伍不稳定、优质师资流失严重的问题。如何降低教师流动的频率，保持当地良好的教育生态，是值得政府部门与专家学者思考的问题。

根据国外与国内其他地区的经验，保持欠发达地区特别是农村地区的教师队伍的稳定是教育政策中必须重视的一个问题，尤其要在充分调动教师的工作积极性上下功夫，比如提高教师的相对薪酬，鼓励其留在农村地区任教，或者在其职称晋升中给予一定的优惠条件。此外，提升当地学校教学、科研、生活等方面的吸引力，充分调动教师的爱岗敬业积极性，激发内生动力，是值得政策制定者重视的重要因素。总之，保持良好的教育生态，对于教师队伍的稳定和优化具有十分重要的作用，应当作为一个系统工程来抓。

首都师范大学教育学院副教授　荣利颖

专题报告四：

# 多重保障　健康扶贫助力脱贫攻坚

**摘要：**曲水县过去因自然条件限制和历史、文化差异等因素，医疗卫生机构薄弱、缺医少药、地方病多发，医疗卫生状况较为落后，造成部分因病致贫现象十分突出。“十二五”以来全县大力发展净土健康产业，县委县政府始终坚持全心全意为人民服务，在发展经济的同时，全力补齐民生短板，把医疗卫生工作作为脱贫攻坚的关键环节来抓。2015 年开展精准扶贫精准脱贫，对建档立卡贫困人口实施“以助脱贫”，严格落实“三个一批”行动计划，推行“农牧区医疗制度 + 农牧民大病商业保险 + 民政医疗救助 + 政府兜底”的医疗保障套餐，为 2969 人次报销住院及门诊费用 1110.8 万元，将健康扶贫落实到人、精准到病。在深入开展健康扶贫的同时，又率先提出健康曲水建设战略，全面完善县乡村三级医疗机构基础设施建设，加快推进基层卫生公共服务体系建设，实施医疗卫生服务一体化管理，成立 48 个县域三级医联体家庭医生服务团队，为建档立卡贫困人口提供基本公共卫生服务，实行“先诊疗、后结算”的“一站式”便民付费模式。注重防治结合，加强传染病、重大疾病和地方病防控工作，从防未病入手防止因病返贫。运用“互联网 +”，建立完善全民健康电子档案，建立村民健康月例会制度，精准掌握全县农牧民卫生健康状况，助力发展全民健康。曲水县的健康扶贫工作，呈现了政策惠民、服务便民、保障有力的鲜明特色，农牧区医疗制度覆盖率持续保持 100%，农牧民健康体检建档率 100%，全县建档立卡贫困户家庭医生签约服务率 100%，新农合筹资覆盖率 100%。

## 一、实施健康扶贫前的医疗卫生概况

曲水县的医疗卫生起步晚，基础差，水平低，2015 年以前全县仅有 9 家医疗卫生机构，卫生技术人员 77 名。地方病较为多发，高血压、心脏病、包虫病、结核病等常致劳动力减弱或丧失；部分村组地处山区，看病极为不便，常常小病拖成大病，大病拖成死人；再加上群众健康意识较为淡薄，起居饮食不科学，因而“生病多，看病难、看病贵、一人生病拖累全家”的问题较为突出，导致部分农牧民家庭因医疗费支出过多、生病后丧失劳动能力、家庭收入减少而致贫。所以，因病致贫成为当地一个非常突出的问题。

## 二、主要做法

### （一）健康扶贫，政策先行

推行“农牧区医疗制度＋农牧民大病商业保险＋民政医疗救助＋政府兜底”的医疗保障机制。结合县域实际，先后制定曲水县关于对建档立卡贫困户“以助脱贫”实施方案、农牧民群众大病医疗救助办法、贫困户医疗救助办法等多项救助政策，按照拉萨市卫健委提出的健康扶贫“六个一”工程的要求，实施健康扶贫“七个一”工程，即“一人一本健康档案、签约一名医生、每年开展一次体检、签订一份帮扶承诺书、发放一张健康卡、一张明白卡、一本医疗救助账户本”，扎实推进健康扶贫各项工作。

### （二）兜底保障，精准脱贫

紧紧围绕国家卫健委提出的“健康扶贫三个一批工作行动计划”进行精准救助。完善医疗保障体系，加大财政资金投入，设立多种专项基金为贫困人口兜底报销。同时，对建档立卡贫困人口实行动态管理，因病致贫一户纳入一户，救治一人调整一人，实现扶贫到人、精准到病。

#### 1. 大病集中救治一批

制定曲水县因病致贫人员大病专项救治实施方案，将先心病、包虫病、白内障等 9 类 15 种疾病纳入集中救治目录。自 2016 年以来，已累计免费救治 23 名建档立卡贫困白内障患者，2 名包虫病患者。

制定《曲水县儿童先天性心脏病医疗救治工作实施方案》，每年组织开展先心病筛查救治工作，由县医院、第三方医院负责筛查工作，对全县0—18岁所有具有手术指征和介入治疗指征的先心病患者进行救治，发现一例、治疗一例。筛查、确诊工作经费由市、县财政承担，对建档立卡贫困人口的救治费用经享受基本医疗制度政策后，剩余费用从县“以助脱贫”专项资金中实行凭票兜底报销。为保障此项工作的顺利进行，县政府一方面加强组织领导，成立了曲水县儿童先心病救治工作协调领导小组，由县人民政府分管领导任组长，成员由组织部、宣传部、统战部、卫健委、教体局、发改委、财政局、民政局、人保局、团县委、县妇联等部门主要负责人组成，同时成立由救治专家组成的曲水县儿童先心病医疗救治专家组；另一方面提供财力保障，对农牧民、城镇低保户和企业困难家庭先心病患儿及患儿监护人员医疗救治中发生的交通费、生活费实行补助。补助标准为：区内救治的患儿按每人（含监护人员一名）1600元标准补助，转送区外救治的患儿按每人（含监护人员一名）8000元标准补助。

**2. 慢性病签约一批**

制定曲水县开展村医家庭医生签约服务工作方案，针对贫困人口、慢性病患者等重点人群服务需求，制定基础服务包和个性化签约服务包，建立起48个县医指导、乡医负责、村医随访的县域三级医联体模式家庭医生服务团队，为全县所有建档立卡贫困人口签约服务，签约率达到100%。通过派工单制度，为贫困人口、慢性病患者提供24小时基本医疗卫生服务和个性化健康管理服务，引导贫困群众树立“每个人都是自己健康第一责任人”的观念，提升健康素养。开展高血压、糖尿病等重点慢性病规范化管理，向贫困人群提供基层首诊、双向转诊、急慢分治、上下联动的慢性病分级诊疗服务。

**3. 重病兜底保障一批**

在保证农牧区基本医疗100%覆盖的基础上，进一步提高医疗保障水平，按照“保基层、兜底线、可持续原则”，认真落实政府年人均补助增加40元。从2011年开始，各级财政共为农牧民每年每人补助300元；2017年提高到 475 元，并将新增 40 元全部纳入大病统筹基金。农牧民个人每年自筹资金 30 元。全县新农合筹资覆盖率达 100%。农牧民在县内住院看病一律实行“先诊疗、后结算”以及民政医疗救助“一站式”即时结算服务。

从 2014 年起，县政府设立“曲水县大病救助基金”。每年投入 50 万元资金，解决贫困群众就医费用负担。2016 年又制定曲水县建档立卡贫困人口“以助脱贫”工作实施方案，对全县所有建档立卡贫困人口就医所产生的医疗费用，经基本医保制度报销后，剩余部分实行凭票兜底报销及前期医疗费用垫支政策措施。县政府设立健康扶贫专项资金 300 万元，用于建档立卡户兜底报销。根据县域实际，实施 28 种特殊慢性病报销补偿政策。

实施方案还规定：建档立卡贫困人口住院治疗费用经大病统筹基金报销后剩余金额不足 6 万元的，由民政医疗救助和健康扶贫兜底报销；超出 6 万元的经大病保险补偿报销、民政医疗救助报销、曲水县大病救助基金补偿后，由健康扶贫兜底报销；建档立卡贫困人口 28 种慢性病特殊门诊医疗费用经大病统筹基金和民政医疗救助报销后剩余部分，可由健康扶贫兜底报销。2016 年以来，已累计救助 875 人次，报销总费用 448.7 万元，其中大病统筹报销 271 万元、民政救助金额 100 万元、以助兜底报销 203.9 万元。2018 年上半年救助 448 人次、报销资金 122.3894 万元，其中大病统筹报销 68.2825 万元、民政救助金额 10.2785 万元、以助兜底报销 43.8283 万元。

制定曲水县建档立卡贫困人口县外就医费用垫支使用管理办法，目前已垫支 6 人，垫支资金 126.5 万元。

（三）便民服务，心系群众

县委县政府始终牢记全心全意为人民服务的宗旨，想群众之所想。为了让群众安心治疗，积极推行医疗费支付方式改革，在县人民医院实施“先诊疗、后结算”的常态化措施实现“一站式”结算支付方式，方便群众就医。

为解决群众看病后报销烦琐问题，又推出新的便民服务措施，由各乡镇扶贫专干统一收集辖区内健康扶贫兜底报销人员经基本医疗制度报销后剩余票据，到县卫生局审核报销；并成立了医疗报销一站式服务窗口，实行“上门服务”，定期定时到各乡镇为群众报销。推动便民服务阵地前移，使医疗救助更加便民、利民，及时为群众排忧解难。县卫健委主任还亲自深入各乡镇和三有村、四季吉祥村、柳梧搬迁点，召集各家各户明白人，开展健康扶贫政策宣讲暨医疗报销遗漏排查登记，并将遗漏报销的票据收集起来进行兜底兑现，让农牧民群众体验到了暖心服务。

（四）家庭签约，村医入户

制定曲水县开展村医家庭医生签约服务工作方案，率先在全区成立以县人民医院医生为指导医生、乡镇卫生院医生为责任医生、村医为随访医生的县域三级医联体模式。建立了48个家庭医生服务团队，包括妇科、儿科、中医科、内科、外科等多个科目，与建档立卡户签订家庭医生服务协议书；通过派工单制度为每位服务对象提供24小时综合、连续、有效的基本卫生服务；通过对签约村民进行健康教育和定期随访，及时了解村民的健康情况和健康需求。

签约服务依据自愿的原则。主要签约对象为65岁以上老年人、慢性病和严重精神障碍患者、孕产妇、0—6岁儿童、残疾人等重点人群。家庭医生服务团队根据健康人群、高危人群、患病人群和疾病恢复期人群的不同需求，提供有针对性、防治结合的全程健康管理服务，明确签约服务内容和签约条件，确定双方责任、权利、义务及其他有关事项，有效提高了村民健康水平和生活质量。

家庭医生签约服务以健康管理为目标，为签约的居民家庭建立电子健康档案，提供健康教育和健康咨询为主的健康“面对面”服务。签约后，家庭医生服务团队便定期上门为群众测量血糖、血压，并进行健康医疗指导，免除群众来回奔波之苦。县医院医生负责提供理论、技术指导，乡镇卫生院医生负责服务对象的建档、治疗、管理等工作，村卫生室医生

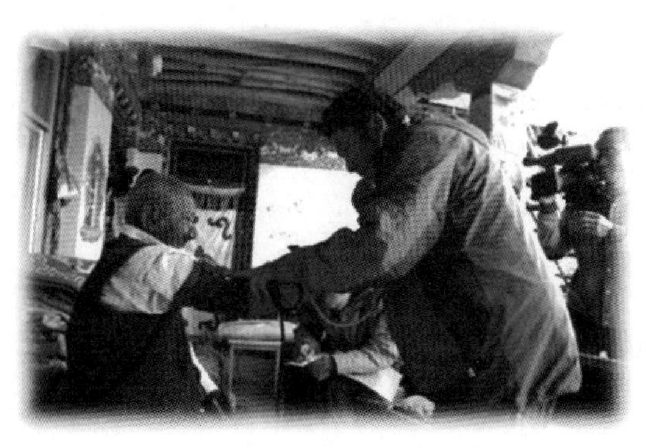

村医入户

负责服务对象的上门入户随访及有针对性健康宣教工作。同时，由责任医生（乡卫生院）针对不同签约对象制定针对性的服务内容及诊疗方案，指导医生（县医院）确认后下发派工单，再由随访医生（村卫生室）按照派工单上门入户随访，开展健康宣教等工作。这样的模式不仅有利于基层医务人员医疗服务能力的提升，也可利用派工单对随访医生进行绩效考核。通过家庭医生签约服务以及县医院医生的帮扶指导，达嘎乡卫生院原发性高血压规范化诊疗技术也得到了较大提高，在管理的 177 例高血压患者中，92 例降至目标值，血液控制满意率为 52%。

曲水县多措并举积极开展家庭医生签约服务工作已取得显著成果。截至目前签约居民已达 3 万多名。全县应签约户数为 8515，实际签约户数为 8515，签约率 100%。这项工作得到西藏自治区卫健委主要领导的充分肯定，达嘎乡色蒲村家庭医生签约服务团队荣获全区唯一国家级优秀家庭医生团队荣誉称号。2018 年 7 月开始，曲水县又以达嘎乡为试点乡，以建档立卡贫困户作为切入点，推广个性化健康服务包，将家庭医生签约服务逐步推广至普通人群。个性化健康服务包分 3 种：免费服务包、基础服务包（每户每月 50 元）和升级服务包（每户每月 80 元）。在免费包提供的基本公共卫生服务的基础上，将“两癌筛查”、预约转诊、家庭病床、家庭护理、非处方药电话购药、区内医院陪同转诊、藏医药康复理疗等医疗保健和便民服务措施纳入基础包和升级包服务内容，逐步推行“疾病管理转变为健康管理”。下一步，曲水县将通过人口健康信息管理系统，将所有家庭医生签约服务内容智能化，患者只需在手机上扫一扫二维码即可预约医生、随时了解病情。

在全区率先实行家庭医生签约服务工作与村医绩效考核工作有机结合。制定曲水县村医绩效考核工作管理办法，县政府投入 96.768 万元，将家庭签约服务工作与村医绩效考核工作有机结合。乡村医生工资结构包括：基本工资（1150 元）；绩效补助（1080 元，其中 10 元 / 单，计划内派工单 680 元，学习绩效 400 元）；岗位补助（600 元，其中：绩效 + 岗位共计人均 1680 元 / 月，来源本级财政）；门诊收入（按照 2012 版西藏自治区医疗卫生服务项目价格收取挂号费、治疗费、诊查费）；药品零差率补贴（药品实际销售补贴西药15%、藏药30%）；基本公共卫生服务补助（根据曲水县基本公共卫生服务项目补助测算方案，按照实际服务量实行实报实销）。实行全年绩效考核，年底对基本公共卫生服务完成较好的村医实行从一般性转移支付中按照服务村每人4.6元进行补助。2017年6月开始在达嘎乡试点，8月在全县范围内全面推开，现在村医工资已达人均3200元/月以上。这一措施进一步规范了县内基本公共卫生服务，提高了乡镇和村级编外医务人员待遇，调动了村医工作积极性，有效避免了人才流失。

（五）着眼大局，全面发展

县委县政府在深入开展健康扶贫工作的同时，着眼全局，以全民健康为指引，推进健康曲水建设，全面发展医疗卫生事业。

*1. 完善体系化建设，实施一体化服务*

健全县、乡（镇）、村（居）三级医疗服务网络，形成以县人民医院为支撑、乡镇卫生院为枢纽、村卫生室为网底的医疗服务网络，基本形成较为完善的医疗服务体系。截至2018年全县已建有1家县级人民医院、1家县级疾病预防控制机构、6家乡（镇）卫生院和13家村级卫生室。近年来，县政府在各级财政和援藏资金支持下，对各医疗机构进行改扩建，完善基本设施设备，制定规范各项制度，统一建设了村卫生室，乡镇卫生院普遍设有诊视室、检查室、治疗室、药房、药库等，并配备一些小型检查设备。达嘎乡卫生院不仅可进行血、尿、便三大常规检查，还有1台迈瑞生化仪、1台移动B超和1台台式B超，能满足基本诊疗需要。除为本乡群众服务外，还可为其他邻近乡的村组提供服务。县政府高度重视全县医疗卫生规划工作，2018年委托江苏省扬州市四维规划设计有限公司专家团队，研究编制《曲水县医疗卫生设施布局规划（2018—2030）》。

依托援藏力量，推进乡（镇）卫生院和村（居）卫生室标准化建设，不断提高县、乡医院远程医疗信息化水平。江苏泰州投入援藏资金1300万元建设才纳乡公共服务设施建设项目（医院）暨才纳乡标准化乡镇卫生院。已建成门诊楼和住院楼，设立病床30张，近期将投入使用，填补了曲水县没有标准化乡镇卫生院的空白。2016年县里投入376万元（其中150万元为援藏资金）在县人民医院建成全区第一个县级医院远程会诊中心——苏拉远程会诊系统平台，并在三有村卫生室搭建起全区首例村级卫生室远程会诊系统，使远程会诊覆盖到村。该远程会诊平台与江苏泰州人民医院连接，并可与全国140余家三级甲等医院联网，解决了部分疑难病诊治需要，使群众足不出县就能享受内地专家诊疗，满足了群众就医需求。

按照“九个统一、三个不变、一个推进”的要求，为破解基层缺医少药、发展动能不足的体制机制难题，曲水县率先在全区出台《曲水县、乡医疗卫生服务一体化实施意见》，实施医疗卫生服务一体化。对县人民医院和所有乡镇卫生院实行一体化管理，把县、乡两级医疗卫生服务连为一体，实现资源共享、统一管理、优化结构、合理分工、相互促进、共同发展。建立全国首例村民健康月例会制度，一般在每月30日开会，由驻村工作队、村医、乡医、村妇女主任等方面人员参加例会，主要讨论和统计整理本村本月需重点关注人群（贫困户、残疾人、老年人、妇幼群体、重症患者）的基本情况，精准掌握全县农牧民（含建档立卡贫困户）的卫生健康状况，了解村民医疗需求，为实现基本公共卫生服务提供支撑性动态化数据，保障健康扶贫工作的深入开展，及时做好疾病防控。

远程医疗会诊

*2. 传承藏医发展特色服务*

加快推进藏医药能力建设，藏医药特色优势进一步显现。建设藏医院，支持藏医药继承创新。

藏医药学起源于西藏，已有2000多年的历史，是藏族人民在高海拔、空气稀薄、缺氧的自然环境下，通过长期丰富的生产和生活实践，博采祖国中医学、古印度医学和古阿拉伯医学之长，在具有朴素唯物论和唯物辩证法思想的哲学理论指导下，而形成的具有独特完整理论体系和丰富实践经验的传统医学体系。近年来藏医藏药引起国内外的普遍重视，已掀起了藏学热潮，其汉藏医药学被视为主要内容之一。继承和发扬传统藏医药学，必将能更好地为藏族人民和世界人民的健康服务。

曲水县重视藏文化的传承建设，积极培养“三能”（能认药材、能制药、能看病）藏医骨干人员，继续加大藏医专科能力建设。藏医藏药诊疗技术广泛应用于治疗高原慢性疾病等并取得积极成效，藏医门诊量不断提升，全县藏医门诊已达 6332 人次。积极开展药浴、放血、针灸、角吸、理疗等藏医服务，努力满足农牧民群众对藏医诊疗的需求，方便群众就近就医，藏医药文化精髓得到进一步的继承和弘扬。

上级为达嘎乡卫生院、才纳乡卫生院、曲水镇卫生院分别下拨 10 万元藏医馆建设专项资金，建设乡镇卫生院藏医馆，进一步提升藏医服务能力。曲水镇卫生院藏医馆现已建成，具有药浴、理疗、放血、针灸等藏医特色服务功能，并将其与家庭医生签约服务工作和村医绩效考核工作有机结合，通过派工单制度为群众提供个性化藏医药健康服务套餐。

曲水县藏医院（一期工程）已于 2018 年 7 月开工建设，总投资 850 万元。藏医院毗邻万亩汉藏药材种植基地，紧邻新建成的才纳乡卫生院和曲水县职业技术学校。职业技术学校也将开设藏医专业，为藏医院做好后备人才培养。未来将形成一个藏医特色的医养、康复结合的新院区。

### （六）深化医改，促进提升

#### *1. 医药改革，提升服务*

曲水县全面深化医药卫生体制改革，针对县内医疗机构技术薄弱、地方病多发等问题，通过提升县乡村三级卫生机构服务水平，推进健康扶贫工作不断深入。县委县政府高度重视医药卫生体制改革工作，县财政每年投入 100 万元专项资金，全面推进县级公立医院改革。按照《拉萨市县级公立医院改革实施方案》，结合县内实际情况，本着“边试边改”和“先易后难”的原则，从群众能够最直接、最便捷受益的项目入手，把县级公立医院改革作为改善民生的重大举措来推进落实，建设县级综合性医院。

通过全面实施双信封药品挂网采购，常态化执行药品零差率销售，使过去缺医少药的状况大为改观。县人民医院门诊就诊人数逐年增加，2015 年门诊就诊人数 46892 人次，2016 年门诊就诊人数 51320 人次，同比增长 9.44%，2017 年门诊就诊人数 58030 人次，同比增长 13%。

### 2. 创建二乙，提升技术

以创建二级乙等医院作为抓手，强化医院内涵建设，使医院基础设施、医疗质量和管理水平得到进一步提升。曲水县人民医院门诊量逐年攀升，2017 年达到 58030 人次，住院人数 1020 人次，出院病人 998 人次，治愈率达 64.7%。医院加强“三基”“三严”训练，2017 年开展培训 6 次，“三基”及其他考核 8 次，进一步提高了医护人员业务水平。以“请进来、送出去”形式，派出 2 名医生到上级医疗机构、2 名医生到泰州兴化市人民医院进修学习，同时充分利用“组团式援藏”资源，“传、帮、带”方式，对每个科室 2 名业务骨干共计 10 人由援藏专家带教，强化医疗人才培养，不断提升医疗人才队伍整体服务能力。通过全院人员的共同努力，2017 年 8 月，县人民医院顺利通过自治区组织的创建二级乙等医院评审工作。县人民医院又将 2018 年确立为能力提升之年，继续深化医疗人才“组团式”援藏对口帮扶，从重点科室建设着手，持续强化医院内涵建设。江苏泰州第四人民医院派出内、外、妇儿、护 5 名长期援藏人员（服务期限 1 年）和 3 名短期援藏人员（3—6 个月）组成支援团队，助力提升骨外科、妇产科、急诊科的业务水平。投入援藏资金 2800 万元用于建设医技楼和急诊楼，帮助医院进一步提升医疗服务的软硬件能力，现已基本实现“小病不出县”目标。

曲水县人民医院二级乙等医院挂牌

县人民医院在自身能力提升的同时，积极发挥引领带动作用，通过对口扶贫、每月对贫困人口和特殊人群进行义诊，开展全民体检和三病（结核、风湿、肝炎）筛查等工作。县医院中级职称以上医生每周定期深入各乡镇卫生院坐诊及开展业务培训，带动提高乡镇卫生院、村卫生室医生业务水平，进一步解决了医疗人才结构不合理的问题。

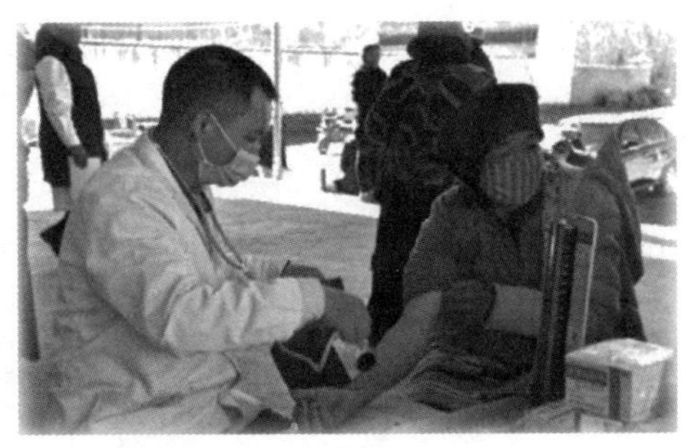

医务人员开展义诊活动

*3. 分级诊疗，合理就医*

为全面推行分级诊疗工作，促进基本公共卫生服务项目全面落实，县卫健委根据国务院办公厅《关于全面推开县级公立医院综合改革的实施意见》（国办发〔2015〕33 号）、《关于城市公立医院综合改革试点的指导意见》（国办发〔2015〕38 号）、《关于推进分级诊疗制度建设的指导意见》（国办发〔2015〕70 号）、《拉萨市人民政府关于转发〈拉萨市分级诊疗工作实施意见〉的通知》（拉政发〔2016〕160 号），结合曲水县实际，制定了《曲水县分级诊疗工作实施方案》和《曲水县分级诊疗疾病谱》，县域内可诊治内科、外科、妇产科、儿科、五官科五大类共 187 种疾病。按照就近分级治疗原则，促进曲水县现有卫生资源利用最大化，引导病人向基层医疗机构合理分流，逐步形成“小病在乡卫生院，大病转诊到县医院，康复回到乡卫生院”的就医新格局，实现“小病不出基层”的医改工作目标。到 2020 年，分级诊疗服务能力全面提升，形成乡卫生院首诊——双向转诊——急慢分治——上下联动的分级诊疗模式。

以加强基层能力建设为重点制定 9 项工作任务，明确乡卫生院诊疗服务功能定位，为诊断明确、病情稳定的慢性病患者、康复期患者、老年病患者等提供治疗、康复、护理服务，按医疗机构软硬件条件为上级医院转诊的急性病恢复期患者、术后恢复期患者及各类稳定期患者、辖区内疾病谱中的常见病多发病患者提供诊疗，以及为能力范围之外的患者提供向上转诊服务。提出建立家庭签约服务制度，促进全民基本公共卫生服务项目落实，逐步实

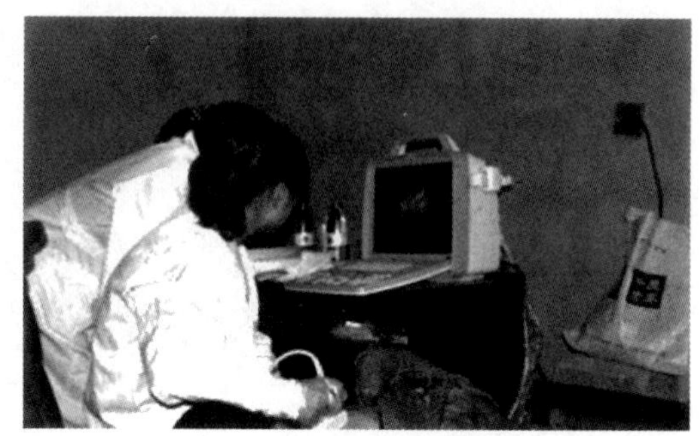
开展包虫病筛查

现“人人享有医疗保健、人人具备健康素养”健康管理新模式的目标。结合曲水县实际，以群众自愿为基础，推进开展曲水县家庭医生服务签约。建立完善利益分配机制，通过医疗制度的进一步落实和深化加强费用控制手段，主动承担常见病多发病和慢性病患者的诊疗服务，完善卫生机构绩效考核分配机制，向签约服务的医务人员适当倾斜。

根据以上工作任务和目标，为落实好分级诊疗工作，县政府专门成立曲水县分级诊疗工作领导小组，由主管副县长担任组长，县卫健委主任担任副组长，县人民医院和各乡（镇）卫生院院长为成员，负责全县分级诊疗工作的实施。以家庭医生签约服务为基础，保障基本公共卫生服务全面落实，实现基层首诊工作机制。为配合双向转诊的实施，方便患者及时就医，还推出了带有陪同转诊服务的家庭医生个性化签约服务包，有效促进了分级诊疗工作的开展实施。

（七）预防为主，源头止贫

“少生病、不生病”方能防止因病致贫、因病返贫。群众总体健康意识和身体素质的提高，应以预防为主。做好妇幼保健、优生优育是提高人口素质和人均寿命的关键。因此，曲水县注重发展疾病防控和预防保健工作。

*1. 健全公共卫生服务体系*

以防控重大突发公共卫生事件为重点，坚持预防为主的方针，提升县、乡两级疾病预防控制体系服务能力，建立和完善卫生监督体系。县政府加大投入，实施重大公共卫生服务专项，积极预防重大地方病、慢性病、传染病。2017 年在上级拨付的每人 80 元专项体检费基础上，县政府又投入 442.9 万元全民体检专项经费，为全县农牧民实行免费健康体检。根据拉萨市卫健委印发的《关于开展全市结核病和风湿病筛查救治工作方案》，结合县内实际制定《曲水县结核病和风湿病筛查救治工作方案》，全县积极开展“结核、风湿、肝炎筛查”和包虫病综合防治等筛查救治项目。截至2018年已累计筛查4417人，共登记结核门诊病人41例，确诊各类结核病人36例，结核病人治疗管理率100%、系统管理率100%；确诊风湿病人71例。按照不断巩固完善包虫病筛查救治工作机制要求，县委、县政府高度重视包虫病综合防治工作。2017年，成立以县长为指挥长的曲水县包虫病综合防治工作领导小组，投入200余万元专项资金，采取“6+2”筛查方式，开展包虫病筛查工作，共计筛查33403人，筛查率为99.3%。截至目前共确诊26例，已治疗14例，其中10例为手术治疗，4例为药物治疗，钙化无须治疗8例，拒绝治疗2例，2例因身体原因拉萨市人民医院专家建议采取定期随访措施。根据《关于做好包虫病患者手术治疗工作的通知》文件要求，已为10例手术治疗患者每人支付1万元医疗费用。2018年对全县三个大骨节病病区，179户计953人，开展入户调查和采样工作，并利用卫生宣传日深入开展健康教育及健康巡讲活动。共计发放6万余份宣传材料、生活用品、学生学习用品及计生药具等，不断提升群众健康素养。

*2. 依托互联网发展全民健康*

积极落实“互联网+健康服务管理”要求，对人口健康信息统一管理，曲水县率先在全区建立人口健康综合管理信息系统。县政府投入300余万元资金，建设“互联网+医疗健康”工程，2016年4月开发曲水县人口健康档案管理信息系统，全县各乡镇卫生院配置专用信息采集设备并进行操作培训，全县全员人口信息全部入库，基本实现最完整、最即时的县域内人口综合信息的汇集及动态更新，农牧民在乡镇卫生院的日常门诊诊疗信息实现隔日入库，分析全县月高发病种，并提出干预措施。目前，该系统包括基本统计图表、健康体检、基本医疗服务登记、孕产妇保健和健康登记、0—6岁儿童保健和健康登记、疾病管理、免疫规划、家庭信息登记、家庭成员信息登记、县域卫生资源一体化平台等八项内容，可展示县域内各医疗机构日常门诊诊断疾病数据，传输服务器后台形成全县月前十位疾病谱，同时开发出微信功能模块，农牧民群众足不出户即可通过手机App（曲水卫生在线微信公众号）

随时查询个人健康体检信息。目前正在完善健全系统功能模块，包括乡村医生工作评价、乡村医生绩效考核、乡村医生继续教育、农牧民基本信息修改审核、家庭医生任务单、医患沟通答疑、系统管理、农牧民健康信息借阅、外地就诊信息收集、数据导出模块、新闻管理模块、日志管理模块、日诊及继续教育等功能。

*3. 加强妇幼保健，提高人口素质*

认真落实“一孩双女”和“特殊子女”家庭补助政策。截至目前“一孩双女”844 人，特扶 108 人，计生服务报销 6 例，报销金额 3672 元。2018 年，在聂当乡开展 5.29“计生协会会员集中活动日”，现场讲解卫生计生相关惠民政策，为 10 名贫困母亲发放价值折合人民币 3590 元电饭锅。深入落实国家卫健委《关于做好农村留守儿童健康关爱工作的通知》文件要求，在 2018 年六一儿童节，赴聂当乡小学为 25 名学生发放价值折合人民币 1550 元的书包、铅笔、笔袋、笔记本等学习用品。

实施母婴安全计划，开通孕产妇住院分娩和婴儿住院救治绿色通道。对全县孕产妇和 0—1 岁婴幼儿实行住院全免费治疗，有效减轻了群众就医经济负担。截至目前全县住院分娩总数 188 人，住院分娩率达 100%，零孕产妇死亡，0—3 岁儿童总数 1477 人，死亡 1 例，死亡率控制在 5.2‰。认真落实住院分娩各项奖励补助资金，共计兑现 21.3 万余元，实施婴幼儿辅食营养包计划，共计发放儿童营养包 1350 盒，受益人次数为 1007 人。开展两癌检查、性三病等健康筛查项目。根据拉萨市卫健委《关于开展民生基因免费检测项目实施方案通知》要求，制定了《曲水县民生基因免费检测项目实施方案》，目前正在有序开展检测工作。

根据西藏自治区卫健委《关于加快推进 2016—2017 年母婴住院医疗补充保险理赔工作的通知》要求，按照“有则改之”要求，印发了《关于收集提交曲水县 2016—2017 年度母婴住院医疗补充保险理赔资料的通知》，收集符合条件 7 个案例资料，并已上报至拉萨市卫健委。

建设西藏地区儿童营养干预技术研究与推广示范平台。县政府投入 170 万元专项资金，联系国家卫健委科研所，建设西藏健康扶贫攻坚项目——西藏地区儿童营养干预技术研究与推广示范平台。

4. 健康促进全员参与

为继续深入建设健康曲水，2018 年曲水县作为全区创建健康促进项目县，按照国家卫健委印发的创建健康促进项目县评价标准要求，形成“政府主导、部门联动、全民参与、共建共享”的创建格局。召开曲水县启动“创建国家健康促进项目示范县”暨全县卫生计生工作会议，完成制定工作实施方案，成立了相关领导小组，新设“曲水县健康教育与健康促进”办公室。确定和审批了健康主题公园的设定，将曲水县野生动物保护园和台州广场设定为“健康主题公园”。对乡镇、学校等进行健康巡讲工作，制定了宣传画、宣传册、宣传展板、宣传用品、义务宣传员服装（马甲）11 种，并进行宣传资料翻译等。完成了 4 家健康促进医院（县人民医院、聂当乡卫生院、曲水镇卫生院、才纳乡卫生院）、4 所健康促进学校（县中学、县小学、南木乡小学、聂当乡中心校）、4 个健康促进机关（县公安局、县水利局、县林业绿化局、县民政局）、2 个健康促进行政村（才纳乡四季吉祥村、达嘎三有村）、1 家健康促进企业（高争民爆）的摸底及资料收集工作。为推进曲水县健康促进项目工作，健康促进领导小组办公室组织召开项目协调部署会议三次，及时解决存在的问题。完成 19 个行政村、8 所学校、10 个机关企事业单位健康教育巡讲活动，总受益人数达 20000 余人次，发放宣传资料 20000 余份。

## 三、主要成效

### （一）直接效果

在脱贫攻坚过程中，县委县政府认识到，要想取得健康扶贫工作的成功，保持扶贫成效，需全面提升医疗服务水平、医疗技术水平、医疗保障水平和疾病防控保健水平，注重防治结合，在“治未病”上下功夫，将“疾病管理转变为健康管理”，让群众“少生病”，从而保障全民健康。因此，县委县政府在净土健康的整体发展方略指引下，推进健康曲水建设，以实现“人人享有医疗保健、人人具备健康素养”的健康管理新模式为目标，从深入健康扶贫工作着手，着眼全民健康，全面发展医疗卫生事业。注重县乡医疗卫生服务体系化建设，以完善基层医疗服务体系为重点，健全基层医疗服务网络，形成以县人民医院为支撑、乡镇卫生院为枢纽、村卫生室为网底的医疗服务网络，实施县乡医疗卫生服务一体化管理。以深化医药卫生体制改革为引领，实行医疗、医保、医药联动，推进医药分开，实行分级诊疗，建立覆盖城乡的基本医疗卫生制度，推进公立医院综合改革，提升县人民医院医疗服务质量和技术水平，进而发挥引领带动作用，提高乡（镇）、村两级基本医疗服务水平。以全民健康为目标，积极实施“互联网＋医疗健康”，建立完善全县人口健康综合管理信息系统，并提出一对一疾病干预措施。

“一人健康是立身之本，人民健康是立国之基”，人民身体健康是生产力的重要保证，生病不仅造成劳动能力的丧失，更可能导致贫困。习近平总书记指出：没有全民健康，就没有全面小康，健康是扶贫的根本、脱贫的关键。保障人民群众身体健康也是全面建成小康社会的重要内涵。曲水县委县政府深刻认识到健康扶贫在脱贫攻坚工作中的重要性，为确保人民群众“能看病、

拉萨市副市长、脱贫攻坚指挥部副指挥长扎西白珍（右一）考察调研曲水县健康扶贫工作

看好病、少生病"，使非贫群众不再因病致贫、脱贫群众不再因病返贫，采取多重保障，以政策惠民，用服务便民，扎实推进健康扶贫各项工作。曲水县委县政府始终坚持以人民为中心的发展思想，把"两不愁、三保障"作为脱贫攻坚底线任务，通过医疗救助，对贫困群众实行全额兜底报销，彻底解决因病致贫，实现了村民基本医疗有保障。

开展健康扶贫工作以来，实现以助脱贫 256 人。对 9 类 15 种大病集中救治，免费救治 23 名建档立卡贫困户白内障患者，2 名包虫病患者；28 种特殊慢性病报销补偿，政府兜底已为 2969 人次报销住院及门诊费用 1110.8 万元。农牧区医疗制度覆盖率持续保持 100%，农牧民健康体检建档率 100%，建档立卡贫困户新农合筹资覆盖率达 100%。建立 48 个家庭医生服务团队，签约服务率 100%。孕妇住院分娩率 100%，孕产妇死亡率保持为 0，婴儿死亡率控制在 0.35‰，规划免疫接种达 99.6%，卫生监督覆盖率达 98% 以上。

（二）间接效果

为改变"看病难、看病贵"的现象，保障群众"看得起病、看得好病"，推行"农牧区医疗制度 + 农牧民大病商业保险 + 民政医疗救助 + 政府兜底"的医疗保障套餐。结合县域实际制定曲水县关于对建档立卡贫困户"以助脱贫"实施方案、农牧民群众大病医疗救助办法、贫困户医疗救助办法等多项政策，不断完善医疗保障体系，提高医疗保障水平，对建档立卡贫困人口实施"城乡合作医疗报销、民政医疗救助、大病统筹基金报销"的三级救助措施。与此同时，县政府设立多种专项基金用于三级救助以外医疗费用的兜底报销，实现全县所有建档立卡贫困人口免费就医，从而解决了困难家庭因医疗大额开支而致贫的问题。开展"三个一批"行动计划，通过大病救助一批、慢性病管理一批、重病兜底保障一批，将健康扶贫落实到人、精准到病。制定家庭医生签约服务制度，以县、乡、村三级医联体家庭医生服务团队的模式，保障为贫困群众提供基本公共卫生服务，更好地为贫困人员提供慢病管理、健康宣教，做好"防得住病"，切断疾病与贫困的恶性循环，从源头上避免因病致贫、因病返贫。

在政策、制度、组织、资金、人员的多重有力保障下，曲水县健康扶贫工作取得重大成效，确保了贫困群众健康有人管、患病敢治疗、治病能报销、大病有救助。健康扶贫工作的深入开展，有力地推进了健康曲水建设，多措并举合力改变了全县的医疗卫生面貌，卫生事业取得长足进步，各项健康促进工作继续深入开展，人民健康水平持续得到提升。

全县医疗卫生事业获得全面发展，健全了县乡村三级医疗服务基础设施、医疗服务网络和公共卫生服务体系。全县现有 1 家县级人民医院、1 家县级疾病预防控制机构、6 家乡（镇）卫生院和 13 家村级卫生室，另有曲水县妇幼保健院和曲水县藏医院正在建设中。全县共有医护人员 213 人，其中县人民医院 104 人、疾控 15 人、乡医 56 人、村医 38 人。医疗服务水平获得提升，县人民医院成功创建为二级乙等医院，县域内可诊治 187 种疾病，基本实现“小病不出县”目标。健康扶贫的深入开展带动发展全民健康，建立并完善曲水县人口健康综合管理信息系统，每年开展全民体检和三病筛查，广泛开展健康促进工作，帮助群众树立起健康保健意识，提高防病能力，健康水平整体提升。

## 四、基本经验

曲水县委县政府始终坚持为人民服务的宗旨，坚持共建共享，加大投入，优先保障民生，将健康扶贫作为扶贫攻坚的关键来抓，推进健康曲水建设。深化医药卫生体制改革，提高医疗服务质量和医疗技术水平，逐步完善医疗服务体系、医疗保障体系、疾病预防控制体系建设，有序推进健康各项工作。不断探索，采取多种举措保障群众“好看病、看好病”，在健康扶贫攻坚和健康曲水建设工作中取得了突出成绩。

### （一）多重有力保障是关键

曲水县的健康扶贫工作离不开县委县政府提供的政策保障、制度保障、组织保障和财政保障，各项工作责任到人，在具体救助措施上推行“农牧区医疗制度 + 农牧民大病商业保险 + 民政医疗救助 + 政府兜底”的医疗保障套餐，保证了精准扶贫工作的深入开展。

### （二）探索实践便民化医疗救助办法

在严格落实“以助脱贫”各项政策的基础上，积极探索创新救助模式和报销模式，设立了医疗救助资金池，除兜底报销外，解决贫困群众出县看病垫支的问题。成立医疗报销一站式服务窗口，实行“上门服务”，定时定期到各乡镇为群众报销，推动便民服务阵地前移，医疗救助办法更加便民、利民，及时为群众排忧解难。

### （三）首创村民健康月例会制度

实施县乡村三级医疗卫生服务一体化，探索破解基层缺医少药和发展动能不足的体制机制障碍的有效途径，首创乡医、村医、村妇女主任为主要成员的村民健康月例会制度，及时掌握全县农牧民的卫生健康状况，深入落实健康扶贫精准到户。

### （四）创立基层公共卫生服务新模式

建立县域三级医联体模式家庭医生服务团队，与建档立卡贫困户签约，免费上门提供基本公共卫生服务。签约只是一种手段，通过签约建立群众健康信息档案，为其提供针对性健康指导和健康管理才是最终目的。县、乡两级医疗机构根据签约群众的健康体检情况，重点按照高危人群和普通慢病患者建立群众健康信息档案，通过定期随访、签约对象就诊等为其提供公共卫生、慢性病管理、健康资源和藏西医干预等综合服务及动态管理。而对于已经核准的慢性疾病患者，签约医生则负责制定个性化健康管理方案和用药计划，需住院治疗的，则联系定点医院确定诊疗方案，实施有效治疗。这一模式不仅为健康扶贫工作的深入开展提供了重要的保障，也是强化基层医疗水平过程中的民生工程，是医改的一个重要组成部分，更是推动医联体建设、实施分级诊疗、推动医疗卫生事业健康有序发展的重要环节。

### （五）注重健康体系全面发展优化

建设完善医疗基础设施设备，健全县域三级医疗服务体系；持续加强县级配套力度，提高重特大疾病的救助标准，织密救助兜底保障网，提升“一站式”报销服务水平；防治并重，发展疾病防控保健体系，建立完善全县农牧民健康电子档案，提高群众健康意识，引导科学生活方式，从源头上防范疾病，切断贫困来源。

## 五、改善健康脱贫工作的建议

县委县政府具有全局意识，既抓重点又统顾全局，从健康扶贫入手，推进健康曲水建设，因地制宜制定措施，严密组织各负其责，加大投入资金到位力度，合力推动曲水医疗卫生事业大发展，全面提升全民健康水平，在建设健康曲水过程中取得了显著成绩。我们在调研走访中亲身感受到了曲水县医疗卫生事业发展的巨大变化，也通过与多位医务人员的座谈发现了一些问题。

曲水县县城距离拉萨市 64 公里，距离贡嘎机场 15 公里，318 国道、机场高速公路和拉日铁路贯穿全境。因紧邻拉萨市区，交通便利，加上基层医疗条件有限，因此不少有条件的群众选择到拉萨或区外看病就医。一些医务人员也因学习机会少、待遇较低等而不愿到基层工作或调离基层，由此带来病源和人才双流失等问题。2018 年曲水县常住人口 3.65 万人，而医务工作者仅 213 人，每千人拥有的医务工作者不足 6 人，全县 19 个行政村，乡医、村

“中国新时代脱贫攻坚的曲水实践”座谈会

医不足100人。以达嘎乡为例，乡医、村医共17人，却承担着全乡8500多人的基本公共卫生服务工作，村医乡用已是常态，上午村医在乡卫生院坐诊，下午则要走家串户为签约群众服务，工作量较大，工作较为辛苦。经过近些年的发展建设，曲水县人民医院、各乡镇卫生院和村卫生室都得到了改扩建，基本设施设备也比较齐全，硬件条件基本完备。但有了好设备，没有好医生，仍然看不了病。因此，人才紧缺已成为当下的首要问题。在新形势下，如何不断提高各级医疗机构的医疗服务水平，留住患者、留住医务人员就是追切需要解决的问题，为此，提出以下一些建议：

### （一）技术提升最关键

应紧密结合地区实际情况，始终把提高各级医疗机构的医疗技术水平放在首位。充分利用好援藏资源，与江苏泰州紧密联系，双向联动。要“请进来、走出去”，一方面，加大对现有本地医务人员，特别是乡医和村医的培养力度，多种举措开展技术培训，积极开展学术交流，让本地医务人员在交流中发现自身差距，提高主动学习的热情；另一方面，增加人员外派进修学习机会，乡医和村医作为基层一线人员，入户随访的工作任务比较繁忙，要为他们积极创造条件外出学习提高，这也是提升基层公共卫生服务水平的重要保证。完善培训考核制度，实施奖励机制，充分调动医务人员学习积极性。

### （二）学科建设是重点

应有针对性地进行学科建设。根据实际情况，在县人民医院加强重点学科建设。县人民医院已成功创建为二级乙等医院，但不必过分追求全面，力求小而精，利用援藏力量大力发展地区高发病的精品专科，因病施救，让援藏技术有的放矢，培养更多医生的一技之长，留住患者。各乡镇卫生院也可根据实际情况开展一些特殊医疗服务，比如曲水镇医院已建成的藏医药馆，可为群众提供特色藏医治疗保健服务，还建有全区首例乡（镇）卫生院婴儿洗澡室，不仅可为本镇服务，还能为其他乡镇群众提供服务，其他乡（镇）卫生院也可根据实际情况开展一些特色诊疗服务项目。

### （三）远程平台要用好

应充分发挥远程医疗平台的作用，有效补充医疗技术的不足。要用好、管好设备，充分利用好远程平台的诊疗和教学功能。三有村的远程医疗系统更是难得的资源，要利用好，可以组织邻近乡、村的患者集中看病，既可以解决群众看病问题，也能对乡医、村医生进行一些实用技能培训。

（四）人才储备要跟上

加大后备医学人才储备培养。藏区医学人才的培养较为特殊，花费时间长、成才慢、易流失。对于曲水县来说，引入外来人才较为困难，下大力气培养本地人才方是医务人员紧缺的解决之道。应充分利用政策优势，在职业技术学校中设立医学专业，扩大医学招生，定向培养村医、乡医，实施学费优惠减免等奖励政策，鼓励优秀的初高中学生报考医学专业。

## 六、结语

曲水县在县委县政府的带领下，在制度、组织、财政的多重有力保障下，在健康扶贫攻坚工作中取得了重大成果，探索出便民化的医疗救助模式，通过推行“农牧区医疗制度＋农牧民大病商业保险＋民政医疗救助＋政府兜底”的医疗保障套餐，对256人实现以助脱贫。创立村民健康月例会制度、县域医联体模式家庭医生服务团队，走村入户为群众提供基本公共卫生服务。积极实施健康曲水战略，建立完善了医疗服务体系、医疗保障体系和疾病预防控制体系，建立全民健康电子档案，使曲水县的医疗卫生面貌焕然一新。

中国医院协会主治医师　任　曲

专题报告五：

# 扶贫“绣花”功夫深　县域治理促脱贫

**摘要：**党的十八大以来，中共中央提出坚决打赢脱贫攻坚战，确立了到2020年我国现行标准下农村贫困人口实现脱贫，贫困县全部摘帽，解决区域性整体贫困的目标。曲水县委、县政府积极响应党中央的号召，始终把打赢脱贫攻坚战作为头等大事和一号民生工程。在此过程中，不断提升县域治理能力，围绕着“发展经济、保障民生、维护稳定”三大工程，全面推进全县经济社会的持续、健康发展。在经济发展方面，曲水县精心打造产业园区，系统规划产业布局，调整优化产业结构；在保障民生方面，曲水县完善基础设施建设，健全社会保障体系，发展社会福利事业，落实就业培训项目，创新商业保险模式；在维护稳定方面，曲水县完善维护社会稳定指挥体系，加强社会治安防控体系建设，健全矛盾纠纷排查化解常态化机制。通过一系列的努力，有效促进了经济增长，推进了产业转型升级，提高了社会保障水平，提升了就业创业效果，维护了社会稳定，促进了贫困人口的脱贫致富。在今后的实践中，曲水县要继续推动产业发展，更加注重基础设施建设，不断提高社会服务水平，持续提升贫困人口的内生动力，促进脱贫攻坚与乡村振兴相衔接。

习近平总书记于2013年首次提出“精准扶贫”的思想。“精准扶贫”的核心在于“精准”。怎样“精准”应对贫困群体的需求，为贫困农户脱贫致富提供切实可行的路径，是精准扶贫工作必须思考的问题。贫困是一个复杂的问题，不仅仅涉及物质的短缺，还涉及权利的缺失以及能力的匮乏。解决贫困问题，不仅需要通过发展经济来增加贫困人口的收入，还要从政策上给予贫困人口相应保障。因此，精准扶贫是一个庞大的系统工程。落实精准扶贫工作，不是某一个部门的事情，而是需要县乡两级政府与各部门之间的积极配合与合力推进。在精准扶贫工作中，县域治理能力尤为重要，县域治理能力的高低决定着各部门回应贫困人口多元化、差异化需求能力的高低，必须拿出习近平总书记说的“绣花”功夫。

“县域治理”这一概念可以从三重维度来理解：谁来治理？治理什么？怎么治理？在中国共产党领导的社会主义国家，党是中国特色社会主义事业的领导核心。对于县域治理而言，党组织是领导核心。在此前提下，还要形成党委领导、政府负责、社会协同、公众参与、法治保障的社会治理体系。县域治理的内容包括发展经济、保障民生、维护稳定。县域治理的最大特点是既“接天线”又“接地气”，因此，县域治理既要贯彻党的路线方针政策，落实中央和省市的工作部署，又要服务广大人民群众。提升县域治理能力，在很大程度上就是提升县乡政府和各部门为群众提供公共服务的能力。曲水县在县域治理中不断探索、创新，为打赢脱贫攻坚战提供了重要支撑。

## 一、背景情况

党的十八大以来，中央提出坚决打赢脱贫攻坚战，确立了到 2020 年我国现行标准下农村贫困人口实现脱贫，贫困县全部摘帽，解决区域性整体贫困的目标。曲水县委、县政府积极响应党中央的号召，始终把打赢脱贫攻坚战作为重大政治任务、作为头等大事和一号民生工程、作为全面建成小康社会的底线任务和刚性目标，成立了以县委书记为组长的扶贫开发领导小组，组建了以县长为指挥长的脱贫攻坚指挥部，层层签订“军令状”，县乡村三级书记齐抓扶贫，形成了“主要领导亲自抓、分管领导具体抓”“上下联动、部门协同”的“大扶贫”格局。在县委、县政府的带领下，曲水县的脱贫攻坚取得巨大成就，实现了“两不愁、三保障”，达到了脱贫摘帽标准，通过了区、市两级评估验收。

党的十九大提出了乡村振兴战略。乡村振兴战略以“产业兴旺、生态宜居、乡风文明、治理有效、生活富裕”为总体要求，稳步提升农业综合生产能力，推动农村生态环境建设，弘扬乡土文化，完善乡村治理体系，加强乡村社会服务能力，培育乡土人才，统筹推进农村经济建设、政治建设、文化建设、社会建设、生态文明建设和党的建设，全面实现“农业强、农村美、农民富”，促进城乡融合发展。进入新时代，我国社会主要矛盾转变为人民日益增长的美好生活需要和不平衡不充分的发展之间的矛盾，其中农村的不平衡不充分发展最为突出。乡村振兴战略的实施有利于进一步解决“三农”问题，促进城乡均衡发展，满足人民美好生活需要。面对新的机遇和挑战，曲水县广大干部、群众不忘初心，牢记使命，不断完善县域治理体系，推进治理能力现代化，稳步促进经济发展，大力保障民生，维护社会稳定。

## 二、主要做法

曲水县围绕“发展经济、保障民生、维护稳定”三大工程，认真落实稳增长、惠民生、防风险各项工作，推动全县经济社会的持续、健康发展。

### （一）发展县域经济

党的十八大以来，习近平总书记多次强调以经济建设为中心是兴国之要，发展是党执政兴国的第一要务，是解决我国一切问题的基础和关键。曲水县委县政府坚持以经济建设为中心，以产业发展为抓手，精心打造产业园区、系统规划产业布局、不断优化产业模式，实现“富民强县”的目标。

#### 1. 精心打造产业园区

曲水县充分利用藏区自然文化资源，突出区域优势产业和特色产业的发展，切实把资源优势转化为经济优势，大力推动“一区四园六基地”建设。“一区”即雅江工业园区；“四园”即净土健康产业园、净土健康生态园、净土健康产品加工园和聂当乡传统民族文化旅游产业园；“六基地”即奶牛养殖基地、汉藏药材种植基地、高原土豆种植基地、黑青稞种植基地、花

净土健康产业园区发展思路

卉苗木基地、身心疗养基地。曲水县大力发展以汉藏药材、高原球根花卉、奶牛养殖等为主的净土健康产业，大力推进有机高原新兴产业，加快才纳净土健康产业园产学研一体化建设进度，推进标准化、规范化、品牌化建设，打造国家农村产业融合发展示范园。

### 2. 系统规划产业布局

曲水县系统规划产业布局，探索多种产业融合模式，构建现代农业产业体系。在进行产业布局的时候，不仅仅考虑到单个项目的发展，还综合考虑项目群培育的问题以及产业联合效应的问题。因此，曲水县在产业发展中不盲目投建，不盲目扩大规模，而是从整体上布局项目建设，不断丰富产业项目类型。目前，已建成奶牛、藏鸡养殖，经济林木、药材、花卉种植，民族手工艺品加工、家具制造，商铺门店、商品房等十余种产业项目。其中万亩汉藏药材种植基地、百亩连栋温室、奶牛养殖基地、有机肥厂等项目取得良好效益。曲水县充分发挥了不同产业项目间的协调与配合，顺利解决了资源利用与市场开发的问题，提高了总体经济效益。

### 3. 调整优化产业结构

曲水县坚持走绿色发展的道路，不断调整产业结构，整顿、淘汰了一批污染型企业。2017 年，曲水县成功淘汰立窑式水泥生产企业、取缔“地条钢”生产企业 1 家、关停防水卷材生产企业 2 家、责令 13 家企业进行停产整改，淘汰企业燃煤锅炉 20 余台，引导企业全年累计投入环保技改资金 2300 万元。在全县工业经济技改、关停、整改等阵痛期的大环境下，曲水县不断加大品牌建设、科技创新和升级改造，在全区率先开展“零化肥、零农药”试点工作，成功获批“国家有机产品认证示范创建区”，被评为自治区级农产品质量安全创建示范县。以汉藏药材为代表的种植业迅速形成规模，以天然饮用水、光伏产业为代表的生态绿色产业迅速见实效，以拉萨茅台玛咖酒为代表的净土健康产品成为曲水的新名片。

**【典型案例】**才纳村依托净土产业园区带动村民增收

曲水县才纳村位于拉萨南岸，地处拉贡高速公路旁，距拉萨市 24 公里，距县城33公里，318国道、拉贡机场高速和拉日铁路贯穿全村，交通便利。全村共有8个村民小组，620户，2297人。2006年，才纳村被国家农业部确定为省部共建社会主义新农村建设试点村；2010年，国家农业部批准成立曲水县才纳乡国家级现代农业示范区，才纳村位于其核心区域；2015年才纳村被中宣部定为基层党建联系点；2017年被评为西藏自治区区级历史名镇名村。

2016年，曲水县投资近千万元对才纳园区净土健康产业一期A区、一期B区进行了产业提升改造，2017年产业园区内可日均吸纳250余人务工就业。才纳村抓住土地流转契机，以土地流转为重点，发展“土地经济”，积极鼓励农牧民群众把土地流转出去，从而增加现金收入；依托净土健康产业优势，按照“一村一策”的产业扶持办法来解决贫困户的困难。才纳村2017年建档立卡贫困户47户获得了曲水县脱贫产业项目利润分红资金，户均增收1960元。

### （二）加大民生保障

#### 1. 完善基础设施建设

曲水县启动拉热东路、曲甫路项目建设，新建公租房36套、周转房120套，改造三期棚户区500户。投资5000万元用于小城镇道路、给排水、绿化、路灯等基础设施建设及配套公共服务设施。投资1.3亿元，开工建设70公里农村公路。对生活在海拔4500米以上的群众，坚持尊重群众意愿和集中安置为主，认真做好政策解释，按时序推进小康安居项目建设，确保按时完成126户小康安居工程试点任务，切实把小康安居工程建成“民心工程”。

#### 2. 健全社会保障体系

曲水县不断健全社会保障体系，提升社会保障水平，持续改善民生。在“五保”方面，曲水县对无劳动能力、无生活来源又无法定赡养、抚养、扶养义务人，或者其法定赡养、抚养、扶养义务人无赡养、抚养、扶养能力的50岁以上的老年人、残疾人全部纳入五保供养范围。在医疗救助方面，曲水县将享受城乡居民最低生活保障人员、五保供养人员全部纳入民政医疗救助范围，对低保、五保对象进行全额救助，最高额度为每人每年10万元。为进一步简化救助操作程序，提高救助时效，2013年7月，曲水县推广城乡医疗救助“一站式”即时结算管理服务工作，实现业务流程无缝对接，做到救助

中共西藏自治区党委书记吴英杰（左一）考察调研曲水县扶贫工作开展情况并听取汇报

对象“随来随治、随走随结”。在临时救助方面，曲水县全面开展“救助急难”“一门受理、协调办理”工作，进一步完善临时生活困难救助办法，提高救助标准和救助次数，将最高救助标准从 2000 元提高至 3000 元，全面解决群众生活中遭遇的突发性、临时性、紧迫性问题。在残疾人救助方面，出台县级贫困残疾人生活补贴政策，每人每年 2000 元，年支出 60 万元左右，使所有残疾人年生活补贴均达到 2600 元以上，实现政策保障脱贫。

*3. 发展社会福利事业*

曲水县发展的社会福利事业主要包括残疾人救助工作、留守儿童关爱保护工作、老龄工作以及特困人员集中供养工作。曲水县重视残疾人救助工作，截至 2018 年上半年，曲水县残疾人重点关爱对象共计 19 人，每人每年护理补贴为 6000 元，2017 年发放护理补贴资金 11.4 万元；县民政局（残联）为有康复需求人员配备辅助器具轮椅、拐杖、助听器等 90 余件。关注留守儿童关爱保护工作，对留守儿童监护情况进行监测、评估，2018 年建成留守儿童关爱室。推进老龄工作，2016年县委县政府出台了《曲水县寿星老人养老补贴管理办法》，对全县80岁以上老人给予了每月500元的养老补贴，切实改变老年人的生活质量。随着全县经济社会快速发展，不断提高保障水平，65岁以上老年人全部享受高龄老人健康补贴。推动集中供养工作，2016年底，对在五保供养范围里的老人全部实现集中供养，开展特困人员集中供养中心标准化建设，升级全院导示系统，促进规范化、程序化、科学化管理。

***4. 落实就业培训项目***

曲水县严格按照拉萨市“四业工程”工作统一部署，推动农牧民就业创业，增强农牧民的经济收入，提升农牧民的内生动力，实现以业育人、以业安人、以业管人、以业富人。曲水县将农牧民培训需求与市场就业需求相结合，将理论学习与实践操作相结合，将创业培训、转移就业培训与实用技能培训相结合，确保接受培训的农牧民能够真正转移就业及创业。曲水县采取集中培训、统一安排食宿的管理方式，对农牧民进行培训，由培训机构根据农牧民的基础素质，设定培训科目、培训内容、培训方案；充分利用“三支一扶”、公益性岗位等政府提供的就业岗位，促进农牧民转移就业；充分利用企业资源，以企业在岗培训的形式，提高农牧民专业技能技术，达到农牧民转移就业的目的；引导广大农牧民向交通运输、装载机和挖掘机操作、宾馆酒店客房服务、餐饮服务、藏餐烹饪、水电工、钢筋工、木工等薪酬水平较高的行业转移。

**【典型案例】**三有村劳动力就业情况

三有村位于曲水县达嘎乡境内，是318国道沿线，北邻曲水火车站，距离县城5公里。全村下辖2个村民小组，23个联户单位，共有180户739人，其中党员30人。全村有劳动能力356人，实现转移就业302人。全村180户均属于建档立卡贫困户，其中纯低保户有36户、扶贫低保户有49户、一般扶贫户95户。2017年人均收入7100元，全部达到脱贫标准。

三有村先后联合自治区农科院、县人社局、四业办、妇联、工会、农牧局等相关单位举办了汽车驾驶培训、装挖机驾驶培训、民族手工艺品编织品

国务院扶贫办全国扶贫宣传教育中心主任黄承伟（右二）
带领调研人员在三有村一贫困搬迁户家中了解情况

培训、种植技术培训、养殖技术培训、厨师培训、创业培训等实用技能技术培训 14 次（期），受益人达 924 余人次，实现有劳力人数的技能培训全覆盖。同时，通过各项技能培训，完成转移就业 261 人，占有劳动能力人数的 73%，奶牛合作社 11 人，藏鸡养殖合作社 5 人（工资每月 3000 元），种植合作社 44 人，阳光温棚 5 人，（月工资 1500 元以上）。在三有村从事公共服务和自主就业 15 人，在达嘎乡从事服务业和自主就业 13 人，在三有村幼儿园就业 5 人，在曲水县城就业 35 人，在堆龙德庆区实现就业 6 人，在拉萨市就业 75 人，在区内不集中地域就业 47 人。

5. 创新商业保险模式

曲水县积极创新农业商业保险模式，在全区推广政策性农业保险的基础上，配合使用商业性补充保险。2016 年，农业商业保险在曲水试点，农户种植的青稞、小麦、玉米、马铃薯等农作物以及牛羊等畜牧都能参保，参保后一旦出现农业风险，政策保险和商业保险将会赔付农户损失。2016 年、2017

年，全县农民免费参保，参保率达到100%。2017年，在农业商业保险上的投入达到800多万元。截至2018年底，农业商业保险已为农户赔付900多万元。为进一步增强农牧民自身的参保意识，2018年，凡是购买养殖类商业保险的农牧民由县政府补贴70%、农牧民自己承担30%；凡是购买种植类商业保险的由政府补贴80%、农牧民承担20%。与此同时，推行“农牧区医疗制度+农牧民大病商业保险+民政医疗救助+政府兜底”的医疗保障套餐，为2969人次报销住院及门诊费用1110.8万元。

曲水县与中国人保合作，创新商业保险模式，这类商业保险不以营利为目的，而是要实现化解农牧民的生产生活风险，提升农牧民生活水平、保障农牧民福祉的目标。

（三）维护社会稳定

习近平总书记在中央第六次西藏工作座谈会上指出：西藏工作的着眼点和着力点必须放到维护祖国统一、加强民族团结上来，把实现社会局势的持续稳定、长期稳定、全面稳定作为硬任务，各方面工作统筹谋划、综合发力，牢牢掌握反分裂斗争主动权。曲水县贯彻落实治边稳藏重要战略思想，狠抓综治维稳各项措施的落实，持续做好人心稳定、社会稳定工作。

*1. 完善维护社会稳定指挥体系*

曲水县严格落实党政“一把手”综治维稳主体责任制，建立了由县委书记任总指挥，县委副书记、县长任常务副总指挥，分管全县维稳工作的县委副书记任执行指挥的“维稳应急处突”指挥体系。下设社会面管控组、情报信息搜集组、应急处突组、教育领域管控组、矛盾纠纷排查调处组、宣传教育组等14个专项工作组，分阶段、分敏感节点安排部署维稳工作，确保各项维稳措施落实到位。按照属地管理和谁主管、谁负责的原则，层层签订责任书，形成了横向到边、纵向到底、一级对一级负责的目标管理责任制。

建立党政领导干部综治维稳工作实绩档案，县组织、人事部门在考核、审查干部评先受奖、提拔使用、晋职晋级时，事先征求综治委意见，有力促进综治维稳各项措施落实。落实县级干部包乡、包村、包寺制度，敏感节点安排县级、科级领导下沉到乡镇、寺庙蹲守，督促指导各乡（镇）、村、寺庙履行好维护稳定责任。明确基层组织和党员干部的责任，安排村干部、驻村干部、“双联户”户长和党员干部包户包人，动员组织群众开展治安巡逻、矛盾排查、新旧西藏对比等活动，形成强大的工作合力。

*2. 加强社会治安防控体系建设*

曲水县加强社会治安防控网建设，一是加强社会治安防控网建设。以县城、乡（镇）为核心，以做好全县重点敏感部位、重点路段、人员聚集地段等治安复杂区域的安全防范工作为重点，依托派出所、便民警务站、“双联户”等现有工作架构，在县城区域，科学划分县城巡区，按照戒备等级，合理调整部署执勤公安、武警、消防和群防群治力量，进行常态化巡逻。在乡（镇）、村实行网格化、“双联户”管控，加强派出所与乡镇单位的联合巡逻防控，紧紧依托治安巡逻队、民兵、“双联户”代表等群防群治力量开展自防，确保秩序良好、安全稳定。在企事业单位，按照属地管理原则，严格按照既定戒备等级要求安排部署单位内部安全防范工作，看好自己的门，管好自己的人，办好自己的事，确保单位内部绝对安全。二是加强治安防控技防建设。为有效保护人民群众生命财产安全，维护社会持续和谐稳定，不断加大科技信息化投入力度，提高社会治安科学化水平，建立了县城监控、乡（镇）和318国道监控、村委会和寺庙监控全方位一体化的“天网工程”，全面掌握重要场所、重点地区的治安状况。三是加强治安防控人防建设。不断调整充实群防群治队伍，积极组建红袖标队伍，围绕防盗、防火灾、防各种治安隐患开展各种巡逻防范活动，加大基层维稳基础工作力度。

*3. 健全矛盾纠纷排查化解常态化机制*

曲水县把信访案件“零搁置”作为首要工作目标，健全完善县、乡、村、组、“双联户”五级网格化矛盾纠纷排查化解常态化机制。健全乡村人民调解委员会，积极建立专业人民调解组织，充分发挥党员、“双联户”代表等骨干作用，推进源头治理、实现抓早抓小目标。建立县级领导轮流接访制度和乡镇主要领导接访制度，县级干部每月一次，乡镇主要领导每周一次，不断畅通群众利益表达诉求渠道。全县未发生恶性越级上访、进京上访、因信访引起的极端性事件，信访秩序总体平稳。落实社会稳定风险评估办法，制定曲水县处置群体性上访事件工作预案，每月定期不定期组织相关单位开展矛盾纠纷大排查，每月进行汇总，杜绝各类矛盾隐患。

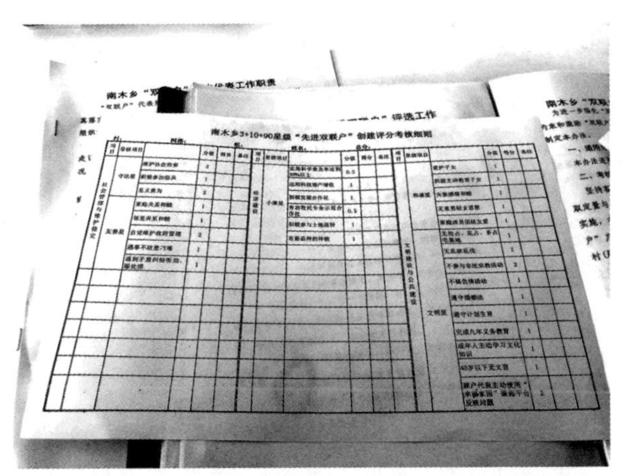


曲水县南木乡农村社区综合治理工作台账

南木乡辖2个村，12个村民小组，808户，3192人。总耕地面积10078.06亩，2017年农民人均纯收入为12793元。根据地域特点，南木乡被划分为2个大网格，每个网格采取“1+5+x”（网格格长、网格流动人口管理员、网格宗教事务管理员、网格居民事务联络员、网格治保员、网格警员）的网格工作力量配置的管理模式。在网格的基础上，按照因地制宜、就近组合、自愿结合的原则将全乡农牧民群众、机关单位、沿街商铺等划分为70个“双联户”单位。

为了树立良好的民风，创造安居乐业的社会环境，促进经济发展，南木乡制定规范的村规民约，要求村民严格遵守，以联户为单位进行考核，将考核成绩纳入年底先进“双联户”评选中。进一步加强“双联户”指导员入户宣讲工作，让创建“平安南木、和谐南木”的理念深入千家万户，每一位农牧民群众都能更加深入地了解农村社区治理工作的实质意义和内涵。通过召开联户代表工作会议、党员大会等，向全乡群众征求乡党委、乡政府班子及成员在“四风、两问题、一薄弱、三不够”方面的意见与建议。大力开展“四讲四爱”主题教育活动，以走村入户、悬挂横幅、广播、宣传展板等多种形式进行宣传，开展宣讲100多场次，受众群众10000余人，教育活动主题思想深入人心，增强群众主人翁意识。

南木乡积极开展综治维稳工作，重点对南木乡两村、寺庙、沿街商铺等地方进行矛盾纠纷排查工作。综治办公室每月开展调解矛盾纠纷活动3次，重点敏感时段每日开展矛盾纠纷排查，全年排查矛盾纠纷80余次。

南木乡加强对流动人口的管理，乡政府与南木乡派出所干警紧密配合联系，每月排查流动人口1次，对本乡境内的所有企业、工地、出租房等进行排查登记。按时上报流入、流出情况，实行“人来登记，人走注销”的管理措施，防止出现漏管现象，实现南木乡的和谐稳定。

（四）紧紧抓住发展这个脱贫致富的第一要务

习近平总书记指出：产业扶贫是解决生存和发展的根本手段，是脱贫的必由之路。曲水县立足本地资源、市场、自然人文旅游等优势，因地制宜找准发展路子，通过产业带动脱贫及实现乡村振兴。

坚持产业为本，产业先行，打造了奶牛养殖合作社、藏鸡养殖合作社、种植合作社、扶贫商品房等产业，带动搬迁安置点贫困群众增收致富。特别是曲水县的国家级现代农业示范区、AAA级景区、农村改革实验区——拉萨净土健康产业园，成为当地产业结构调整、新城镇化建设、第一产业与第三产业相结合、农业与旅游业融合的先行示范区，成为全区第一个集中引进新品种试种推广的先行区，全市第一个产学研一体化科技中心。成功引进贵州茅台集团、天瑞藏宝、睿健净土等10余家企业，生产了贵州茅台拉萨玛咖酒、辅酶Q10牙膏、红葡萄酒、玫瑰系列产品等30余种净土健康产品，延伸了产业链，提升了净土健康产业附加值。融资近30亿元建设百亩高智能连栋温室、万亩汉藏药材基地、万亩乡土苗木花卉良种繁育基地、奶牛场、有机肥厂、饲草种植等项目，带动了周边有意愿的贫困户不离乡不离土、就近就便就业。

在产业发展过程中，注意做到三点：一是注重产业培育与县域优势结合。立足农业县的实际，大力发展现代农业，打造了以净土健康产业、有机农业为主导的曲水扶贫特色产业。曲水县成为全市净土健康产业示范区。青稞等

7 个产品通过国家有机认证，为贫困群众提供就业岗位 500 余个，促进贫困群众就业 800 余人，带动人均增收 4000 余元。二是着力厘清扶贫产业思路。在扶贫产业项目建设中，坚持“五跟五走”的工作思路，即资金跟着项目走、项目跟着规划走、贫困户跟着企业和致富能人走、企业和致富能人跟着产业项目走、产业项目跟着市场走，既建设了扶贫采砂场、车辆检测中心等一批见效快的产业，又规划建设了才纳净土健康产业园等一批发展前景好的产业，既确保了增收的速度，又保证了增收的持续性。三是创新扶贫产业利益联结机制。坚持“全县统筹、公开公正、因人施策、奖勤罚懒”的原则，建立扶贫产业利益联结机制，设立县级分红资金池，着力解决因基础条件不等造成的产业分布不均问题，在分红中既对无劳动能力者充分照顾，又注重激发内生动力奖勤罚懒，扶贫产业效益达到更优。

（五）创新推进“扶志、扶智、扶制”三扶措施

习近平总书记指出：摆脱贫困，不仅仅是物质上的脱贫，还在于摆脱意识和思路的贫困，充分调动贫困群众的积极性和主动性。曲水大胆创新精神扶贫思路，通过创新“志、智、制”三扶举措，进一步将“志、智”双扶拓展为“志、智、制”三扶，着力解决人们脱贫攻坚中的思想观念、知识技能和行为规范问题。国家民委组织召开“三州三区破解深度贫困论坛”，以此作为典型案例进行介绍。

针对部分贫困群众思想懈怠、奋斗精神不足等问题，通过开展“四讲四爱”、民族团结等教育实践活动，消除思想上、精神上的“贫困”，培育自力更生、不折不挠的意志，进一步调动贫困群众的积极性、主动性、创造性，推动贫困群众实现由“要我富”向“我要富”的转变。以四季吉祥村为例，原先不少村民缺乏战胜贫困的勇气、缺乏奋发向上的精气神、缺乏以改变自身来实现个人发展的认知。为解决这些问题，村党委积极通过组织村民参加素质拓展训练，着力于村民之“志”。开展体能训练，村民在强身健体的同时，逐渐改变懒散的习惯；开展团体项目训练，培养村民的规则意识、团结协作意识、集体荣誉感；开展个人卫生、家庭卫生、村民小组卫生评比，帮助村民养成良好的生活习惯、形成良好的精神风貌。以

记录幸福生活

此来增强村民从事职业化工作的素质。经过一段时间的努力，“扶志”的效果已经显现。比如：早起、搞好家庭和个人卫生已经成为大部分村民的生活习惯，人们能明显感受得到村民们精神面貌上的积极变化。

针对知识不足、技能缺乏、“能力型贫困”问题，各乡镇村、社有意识地加大培训力度。通过组织开展种养、汽车驾驶、挖掘机等专业技能培训，提升贫困群众发展生产和务工经商的能力，消除自身能力上的“贫困”，实现“我要富”到“我能富”的转变。通过搭建创业就业平台，采取以工代赈、生产奖补、劳务补助等形式，消除内生动力上的“贫困”，增强贫困群众参与扶贫项目、扶贫产业的积极性，用勤劳双手创造今生更加美好生活。通过了解群众的培训愿望，了解周边产业的用工需求，利用“四业”、群团、人社、农牧、扶贫等各部门提供的有利条件，精准发力大力开展各类订单式的培训，帮助培训成熟的劳动力实现就业。三有村和四季吉祥村实现一户至少有一个劳动力就业。种植与养殖劳动力想转化为产业工人，想从事服务业劳动、通过参加培训实现再就业，实现农业产业化。通过开展扶智订单式培训工作，群众不仅掌握了一门致富的手艺，更增加了生活的自信，拓宽了眼界。比如：手工编织合作社的理事长次旦卓嘎，不仅自己掌握了手工绢花制作的技术，还带动了 23 名女性社员，通过绢花制作和销售增加了收入。依托净土健康产业园区管委会开展种植培训，帮助 360 人（217 名长期务工）通过参加培训，在产业基地就业，同时依托净土公司培训了 5 名养殖能手，下一步就职于奶牛合作社。

针对不少群众鲜有纪律、生活涣散、难以自我约束的“贫困”问题，通过建立健全各种制度，制定村规民约，政策制度宣讲、考核奖惩等方式引导村民严守村规民约，培养法制观念、规矩意识，从思想上、文化上、制度上实施帮扶，引导群众转变思想观念，树立正确的价值观念，约束规范自己的行为方式，做到珍惜机遇、珍惜生活，转向健康有序的生产生活方式，激发干事创业热情和激情。不断增强村民集体荣誉感，进一步转变落后思想，促进了乡风文明、村庄融洽、群众增志、就业增收。四季吉祥村针对群众来自曲水县五乡一镇16个行政村，为使在最短的时间里让他们和睦相融、去除陋习、积极进取，出台一套合情合理合法的村规民约来督促和约束大家的行为，让搬迁群众成为“四讲四爱”的文明人。采取一级与一级签订村规民约的方式，以奖代补，奖惩分明地开展管理，坚持做到奖惩有依据，心齐搞发展，管理运行好，群众得实惠，干部得认可，努力实现农村社区化管理。

开展社区化管理工作，邻里之间的关系更加融洽了，生活习惯更文明有序，集体荣誉感大为增强。

## 三、基本经验

曲水县充分发挥经济发展、民生保障、社会稳定在脱贫中的作用，在产业扶贫、社会保障扶贫、以稳定促脱贫等方面积累了成功的经验。

### （一）产业扶贫

习近平总书记指出：产业扶贫是解决生存和发展的根本手段，是脱贫的必由之路。曲水县积极探索产业扶贫的路径，建立全面覆盖五乡一镇的扶贫产业体系、坚持“迁业并重，产业先行”、创新扶贫产业利益联结机制。

#### 1. 建立全面覆盖五乡一镇的扶贫产业体系

曲水县建立全面覆盖五乡一镇的扶贫产业体系，确保全县各乡镇、各村组的贫困户都能从中受益。以净土产业园区为龙头的各周边产业项目，覆盖了全县大部分的贫困村组，为全县的贫困群众提供了劳动就业机会。每个乡都有至少2个以上的扶贫项目，才纳乡拥有农机具施工合作社、经济林种植项目等；聂当乡拥有苗圃种植基地、乳制品加工、藏式家具生产等几个特色合作社；南木乡拥有农机具合作社、商品房建设、奶牛养殖合作社等多种类型产业；曲水镇拥有黑青稞加工厂、温室建设项目、砂石厂、机动车检测中心等多样化企业；达嘎乡以三有村为主建成奶牛、藏鸡养殖、温室大棚、经济林种植等多个高收益的项目；茶巴拉乡拥有农机具维修、商品房建设等贴近群众生活所需的产业。

*2. 坚持“迁业并重，产业先行”*

曲水县将产业发展与易地搬迁相结合，实现贫困农户“搬得出、稳得住、能致富”。在三有村建设的过程中，同步建设了产业配套，投入 1886.89 万元建设了奶牛养殖合作社、藏鸡养殖合作社、种植合作社、扶贫商品房四个扶贫产业。实现先定岗、后搬迁，一搬迁、就上岗，还成立了三有净土产品开发有限公司，吸纳 65 人就业，月工资 1500 元以上，全村搬迁贫困户参与分红，年人均增收 3800 元以上，实现“公司 + 合作社 + 农户”的联动。另外，曲水县在才纳乡集中布局了才纳净土健康产业园、万亩苗木良种繁育基地、万亩汉藏药材种植基地等优势产业，依托这一产业优势，曲水县规划建设了四季吉祥村，带动搬迁群众就业 552 名，月工资达到 2000 元以上。

三有村产业配套原则

### 3. 创新扶贫产业利益联结机制

曲水县坚持“全县统筹、公开公正、因人施策、奖勤罚懒”的原则，建立扶贫产业利益联结机制。设立县级分红资金池，着力解决因基础条件不等造成的产业分布不均问题，在分红中既对无劳动能力者充分照顾，又注重激发内生动力奖勤罚懒，扶贫产业效益达到更优。制定完善曲水县扶贫产业利益联结机制，对各乡（镇）申报产业项目作出明确要求，即产业项目要保证带动一定数量的贫困群众分红与就业。与此同时，曲水县高度重视提升贫困农户的内生动力，通过资金支持、技能培训、对接项目企业等方式，引导贫困群众就业、创业，鼓励贫困群体自食其力增收致富。

## （二）社会保障扶贫

曲水县将符合低保条件的贫困户全部纳入最低生活保障范围，进一步完善农牧区最低生活保障、五保供养、社会救助等社会保障体系。建立健全严格、规范、透明的贫困对象退出机制，引导建档立卡贫困对象有序退出。

### 1. 落实低保识别工作

曲水县对低保对象进行严格的审核审批，既不将不符合条件的家庭纳入低保，又确保符合条件的人不被拒之门外。具体举措包括：依托县申请救助居民家庭经济状况核对中心，会同城建、公安、统计、银行、工商、税务等部门，建立居民家庭经济状况信息登记查询平台；进一步加大低保整治力度，全面清退“政策保”“人情保”等低保人员；加大抽查，实现动态管理下的应保尽保、应退尽退，确保有限的指标和有限的资金用在困难群众身上。2017年，曲水县有农村低保390户1203人，城镇低保298户321人，1—12月份共发放城市居民最低生活保障资金236.56万元、农村最低生活保障资金510.1万元。2017年，曲水县完成低保与扶贫的有效衔接，全县低保390户1203人，其中建档立卡低保户379户1179人，非建档立卡低保户11户24人。2018年1月1日起，农村低保执行差额补助方式，取消A、B、C分类，2018年1—5月，共发放城镇低保补助110.49万元。

### 2. 完善临时救助制度

2017年，曲水县制定了困难群众基本生活保障工作联席会议制度，突出

“救急难、解民困”的救助重点，大力开展了救助工作，为122户因病、因灾、因学等生活困难城乡居民提供了临时生活救助，落实资金27.56万元，其中，为1名优抚对象提供临时生活救助5000元。同时认真贯彻落实社会救助暂行管理办法及其实施细则，进一步完善了全县城乡困难群众临时生活救助制度，加强对街头流浪乞讨人员的救助整治。还加强“一门救助、协同办理”平台建设，牵头制定了曲水县“一门受理、协同办理”社会救助工作实施细则、实施方案及流程图，并依托县政府政务服务大厅全面推进。

#### 3. 提高医疗救助标准

曲水县加大政策宣传力度，大力推行“一站式”即时结算工作，在政策允许范围内提高救助标准，为全县五保等贫困群众提供了及时便利的医疗救助，群众看病难、看病贵等突出问题得到了有效缓解。制定出台曲水县关于对建档立卡贫困户“以助脱贫”实施方案，对建档立卡贫困户实行全额报销兜底，彻底解决因病致贫。严格落实“三个一批”行动计划，开展贫困人口救治工作。2017年全年，为397名城乡困难群众提供了医疗救助，落实资金1962927.64元，其中为2名优抚对象提供医疗救助11751.5元。截至2018年第一季度，共报销448人次、报销总费用122.3849万元。

#### 4. 促进就业创业

曲水县不断完善就业政策，加大就业培训力度，加强对灵活就业、新就业形态的支持。深入实施“四业工程”，设立创业基金，促进多渠道就业创业。完善优惠政策，加大力度推进大学生青年农牧民创新创业基地建设、积极引导学生、家长和社会转变就业观念，支持和鼓励高校和中职毕业生面向市场、面向内地就业和自主创业。实施农牧民职业技能提升计划，充分发挥净土健康产业的带动作用，带动农牧民转移就业。

### （三）以稳定促脱贫

曲水县积极推进“网格化”建设，以“网格”的形式管理县域内的人情事物等，维护治安秩序，实现社会稳定。积极深化“双联户”工作，按照10—15户划分联户单位，全县共划分为1008个联户单位，选举产生1008名联户代表，实现联户平安、联户增收。

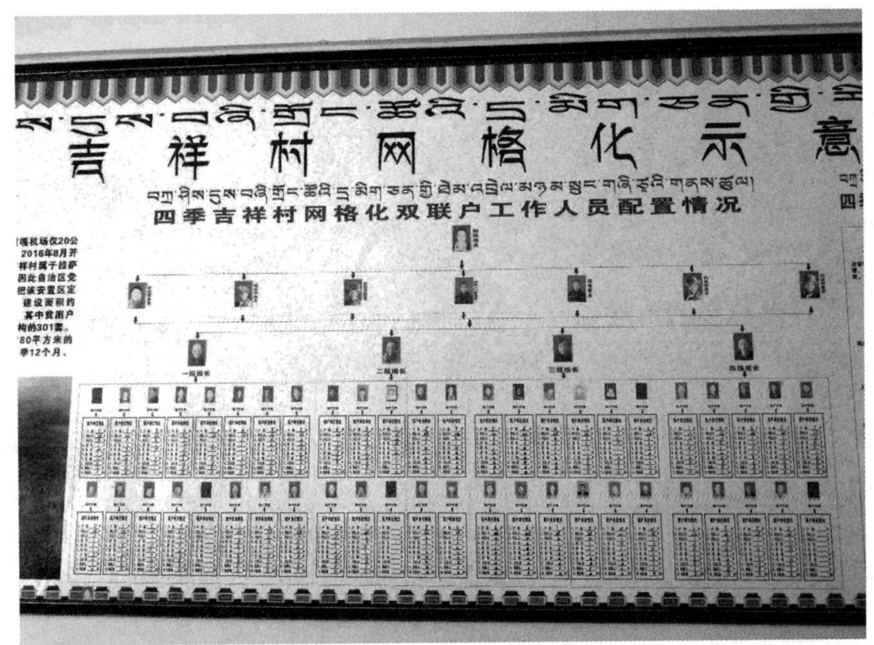


四季吉祥村网格化示意图

### 1. 推进“网格化”工作

遵循“完整性、便利性、均衡性、差异性”的原则，综合考虑每个工作网格内的人物、事情、组织、房屋和承担任务的情况，合理划分网格。网格的治安管理等级为三类，一类为日常管理类（网格秩序良好），二类为重点关注类（网格秩序一般），三类为综合治理类（网格秩序混乱）。工作网格对网格内的人、地、物、事、情、组织进行服务管理，承担着掌握工作网格基本情况，服务居民群众，了解社情民意，管理实有人口，组织群防群控，平安工程建设，维护治安秩序，开展城市环境监督治理，落实社区矫正和安置帮教工作，搞好社会组织服务管理 10 项任务。社会管理工作网格工作人员按“1+5+x”的原则进行配备，即在每个工作网格内配备一长五员（网格格长、网格流动人口管理员、网格宗教事务管理员、网格居民事务联络员、网格治保员、网格警员），此外根据网格实际情况和工作需要配备其他工作力量。

2. 深化“双联户”工作

曲水县持续深化“双联户”工作，充分发挥联户制度在保平安、促增收当中的作用。一是建立“双联户”指导员工作机制。针对农牧区联户代表普遍文化层次不高、认知水平有限、履职能力不强的情况，按照就近就便和谁主管谁负责的原则，把全县乡镇干部、派出所民警等人员分派到各联户单位，担任“双联户”工作指导员，进行“一对一”的指导和帮扶，既提高了联户代表的履职能力，又增强了干部深入群众、为群众排忧解难的责任。各指导员进农户、听民意、解民忧，为联户代表讲解“双联户”工作方法、工作职责，广泛宣传党的方针政策，有效提高“双联户”工作的水平。二是深化“先进双联户”创建工作。曲水县创新“先进双联户”创建评选模式，制定了曲水县“微·星·X”“先进双联户”创建评选机制，确保“先进双联户”创建评选活动公平、公正、透明化。三是制定了曲水县双联户议事制度、联户代表推选制度、联户代表培训制度等，确保各项工作制度化、规范化。明确联户代表职责任务，广泛组织联户群众开展治安巡逻防控、安全隐患排查、矛盾纠纷调处等，调动广大群众参与社会治理的积极性、主动性和创造性，壮大群防群治力量，夯实基层维稳基础。同时依托拉萨市综治信息系统，将联户单位信息及时录入信息平台，推广幸福家园微信平台，联户代表按照有事报事无事报平安的原则及时上报各类信息，实时掌握联户代表履职情况，提高“双联户”工作信息化水平。

## 四、主要成效

曲水县深入贯彻以人民为中心的发展理念，通过实现经济发展、农民增收、社会稳定等一系列努力，有效促进了经济增长，推进了产业转型升级，提高了社会保障水平，提升了就业创业效果，维护了社会稳定，增强了贫困人口的内生动力。

（一）促进了经济增长

2017 年，曲水县实现地区生产总值 12.72 亿元（按可比价计算），同比增长 10.9%；全社会固定资产投资完成 46.08 亿元，同比增长 22.7%；全口径财政收入 4.29 亿元，同比增长 109%；公共财政预算收入 3.26 亿元，同比增长 75%；政府性基金收入 1 亿元，同比增长 475.71%；国有资本经营收入 323 万元，同比增长 170%；社会消费品零售总额 3.1 亿元，同比增长 12.05%；农牧民人均可支配收入 12731 元，同比增长 14.6%。

（二）推进了产业转型升级

曲水县打造了奶牛养殖合作社、藏鸡养殖合作社、种植合作社、扶贫商品房等产业，带动搬迁安置点贫困群众增收致富。曲水县的国家级现代农业示范区、AAA 级景区、农村改革实验区——拉萨净土健康产业园，成为当地产业结构调整、新城镇化建设、第一产业与第三产业相结合，农业与旅游业融合的先行示范区，成为全区第一个集中引进新品种试种推广的先行区，全市第一个产学研一体化科技中心。成功引进贵州茅台集团、天瑞藏宝、睿健净土等 10 余家企业，生产了贵州茅台拉萨玛咖酒、辅酶 Q10 牙膏、红葡萄酒、玫瑰系列产品等 30 余种净土健康产品，延伸了产业链，提升了净土健康产业附加值。融资近 30 亿元建设百亩高智能连栋温室、万亩汉藏药材基地、万亩乡土苗木花卉良种繁育基地、奶牛场、有机肥厂、饲草种植等项目，带动了周边有意愿的贫困户不离乡不离土、就近就便就业。

（三）提高了社会保障水平

曲水县严格执行最低生活保障政策，扎实开展入户核查等专项整治工作，实现了动态管理下的应保尽保。截至 2017 年底，有农村低保 390 户 1203 人，城镇低保 298 户 321 人。城镇低保按月份，农村低保按季度，及时足额发放低保资金，2017 年 1—12 月份共发放城市居民最低生活保障资金 236.56 万元，2017 年全年共发放农村最低生活保障资金 510.1 万元。2017 年，曲水县为 122 户因病、因灾、因学等生活困难城乡居民提供了临时生活救助，落实资金 27.56 万元。其中，仅 1 名优抚对象就提供临时生活救助 5000 元。2017 年全年为 397 名城乡困难群众提供了医疗救助，落实资金 196.29 万元，其中为 2 名优抚对象提供医疗救助 1.18 万元。与此同时，残疾人救助、留守儿童救助等社会福利事业也取得了巨大成效。

拉萨市副市长、脱贫攻坚指挥部副指挥长扎西白珍组织大型调研座谈会

（四）提升了就业创业效果

2017 年，曲水县就业再就业培训 234 人，培训合格率达到 100%，培训后就业率达 100%；农牧民转移就业培训 916 人，培训合格率达 90% 以上，培训后就业率达 90% 以上；职业介绍 774 人次，介绍成功 289 人；建档立卡户转移就业 1153 人，易地搬迁类建档立卡户转移就业 523 人；城镇新增就业 917 人，其中就业困难群体就业 147 人，小微企业新增就业 817 人，困难家庭高校毕业生 30 人，目前实现就业 14 人，其余 16 人均在等待第二批公务员考试录取结果。

（五）维护了社会稳定

曲水县积极开展“四讲四爱”，加强民族团结宣传教育，发展壮大爱国统一战线，持续推动经济社会的稳定，促进了民族团结进步；全面落实信访工作责任制，形成了信访联治、矛盾联调、工作联动的体制机制，实现了“三无”“三不出”“五防”的工作目标；坚持党的宗教工作方针，加大对爱国守法先进僧尼培养力度，持续开展驻寺干部培训，健全完善寺庙管理规章制度，确保了全县宗教领域持续和谐稳定；强化安全生产监管，集中开展道路交通、食品药品、危险化学品、工矿商贸等领域的专项排查整治，依法打击违法犯罪，保障了生产安全。

（六）增强了贫困人口的内生动力

曲水县将“扶志、扶智”摆到至关重要的位置，通过政策宣传、思想教育，改变贫困人口“等靠要”的观念，提升贫困人口脱贫致富、增强自我发展的志气和信心。通过大力发展教育事业，配套实施一系列教育优惠政策，保障下一代接受良好教育，从而拔断穷根，切断贫困的代际传递。通过产业发展、技能培训等一系列措施，促进贫困人口参与到市场就业中，鼓励贫困人口通过自己的努力增加收入、脱贫致富。曲水县正确处理外部帮扶和贫困群众自我努力的关系，在对贫困群体进行帮扶的同时，不断提升了其人力资本与发展能力，引导其建立健康的生产生活方式，促进可持续脱贫。

（七）贫困户收入稳定增长

曲水县通过产业扶贫等举措，稳定提升了贫困户的收入。全县建档立卡贫困户由2015年底的1178户4124人，减少到现在的33户109人，贫困发生率由之前的14.59%下降到0.33%，贫困农牧民年人均收入由2015年的2548元增长到现在的10010元。在绝大部分贫困户脱贫、全部17个贫困村退出的基础上，持续加大对剩余33户109人未脱贫群众的帮扶力度，同时把工作重心转向巩固已脱贫群众的方面，通过各项费用减免或创设工作岗位，减轻贫困户的负担，增加他们的收入。2018年安排了生态补偿岗位2056个，定向补助1070人。截至目前，2018年上半年生态补偿岗位资金兑现发放了359.8万元。还通过对建档立卡贫困户学生的学杂费、住宿费、交通费、生活费等实行兜底报销，阻断贫困代际传递。2017—2018学年资助建档立卡学生368人，上半年发放扶贫政策资助金261.85万元。

## 五、对策建议

目前，曲水县县域治理仍面临一些困难和问题：一是经济发展水平仍有待提高，二是基础设施建设较为薄弱，三是社会服务水平不够，四是贫困人口内生动力有待提升。为此，应采取以下对策：

（一）继续推动产业发展

曲水县产业发展已取得良好成效，为进一步促进县域的经济发展，进一步完善现代农业体系，优化产业结构，促进农村一、二、三产业融合发展。全力推进汉藏药材种植、乡土苗木良种繁育、高原球根类花卉种植繁育、藏鸡养殖、现代奶牛养殖等重点产业建设，推动净土健康产业与文化旅游产业深度融合，引导群众参与全域旅游。做大做强老百姓自己的产业项目，持续有力带动贫困群众增收。建立完整的生产、销售、再生产的产业链，加快融入电商平台，解决农产品滞销问题。完善利益联结机制，让项目利益更加精准惠及贫困群众。

（二）更加注重基础设施建设

从长远来看，目前的基础设施、公共服务条件很难满足群众日益增长的美好生活需求。曲水县以“三年人居环境整治行动”为契机，向上级部门积极争取人居环境整治项目指标，并将实施力度向广大偏远自然村倾斜，实施各乡镇村容村貌户户通整治工程，完善基础设施建设，分步完成小型自来水厂、垃圾转运站、污水处理站在全县各乡镇全覆盖工作，下大气力整治农村脏乱差，建设生态化的宜居环境，破除区域发展的瓶颈制约，提升经济发展动力。

（三）不断提高社会服务水平

党的十九大报告明确指出，我国社会主要矛盾已经转化为人民日益增长的美好生活需要和不平衡不充分的发展之间的矛盾，人民高品质、多层次的公共文化服务需求与有效供给能力不足之间存在深刻矛盾。在下一步发展中，应注重完善社会服务体系、健全社会服务内容，为群众提供等多种类型、多种层次的社会服务；应注重提升社会服务的专业性，引进专业社工组织机构，培育本土社工机构和社工人才，为需要的个体提供更具针对性的心理疏导、文化教育、能力建设；应注重将社会服务落实到每个社区，提升社区养老、医疗服务水平，增加并丰富社区文化活动，着力提升民生服务水平。

（四）持续提升贫困人口的内生动力

提升贫困人口的内生动力是实现稳定脱贫的关键。在今后工作中，要努力消除贫困文化的消极影响，引导贫困人口树立健康、文明的价值理念与生活观念，进一步激发贫困人口的内生动力；重视思想文化教育，不断提升贫困人口的思想、文化、教育水平，增强贫困人口的人力资本和发展能力；完善创业就业服务体系，更好地推动贫困人口创业、就业，提高贫困人口的参与市场竞争能力与意识；充分尊重贫困群体的主体地位，提升贫困人口的主体意识，激发群众的积极性、主动性和参与性，真正实现从“要我脱贫”到“我要发展”的转变。

（五）促进脱贫攻坚与乡村振兴相衔接

乡村振兴，摆脱贫困是前提。脱贫攻坚为乡村振兴奠定了坚实基础，乡村振兴也进一步巩固了脱贫攻坚的成效。脱贫攻坚和乡村振兴战略都是以“两个一百年”作为目标导向，脱贫攻坚是立足于实现第一个百年奋斗目标而确定的重大战略，乡村振兴战略是着眼于第二个百年奋斗目标而确定的重大部署。两者相辅相成、相互支撑、相互促进，是确保我国如期实现全面建成小康社会奋斗目标的重要战略支撑。要将乡村振兴战略的思想原则、阶段任务、人才培育与脱贫攻坚有机结合，依托乡村振兴战略巩固脱贫成果。

武汉大学社会学系博士　华汛子

# 扛起责任担当，创新实践探索

## ——曲水县委副书记、县长格桑邓珠的扶贫事迹

曲水县委副书记、县长格桑邓珠

格桑邓珠，男，藏族，1981 年 12 月生，四川九龙人，研究生学历。自担任曲水县委副书记、县长以来，他牢固树立“四个意识”，坚决贯彻落实习近平总书记关于扶贫工作的重要论述，以精准扶贫、精准脱贫方略为根本遵循。认真学习贯彻党的十九大精神，牢牢扛起脱贫攻坚政治责任，带领全县干部群众，在落实好各级党委政府决策部署同时，敢于担当，主动作为，紧紧盯住 2020 年这一历史节点，倒排工期，真正下了一番“绣花”功夫，得到各级领导的肯定和全县农牧民群众的高度赞扬。

曲水县位于拉萨市西南 60 公里处，资源禀赋不高，经济社会发展相对落后，属于深度贫困地区，攻坚任务艰巨。如何脱贫、怎么致富成为萦绕在格桑邓珠同志心头难解的困惑。对此，他认真学习深刻领悟习近平总书记精准扶贫、精准脱贫方略，仔细研读总书记关于脱贫攻坚的重要论述，以习近平新时代中国特色社会主义思想武装头脑。他“扑下身子弯下腰”，把调查研究作为重要的工作方法，平均月调研在 5 次以上，他坚持一个问题一个问题解决，一项工作一项工作落实，以钉钉子的精神和功成不必在我的责任担当，探索出一条藏区脱贫攻坚的特色之路。

## 一、“迁业并重，产业先行”闯出搬迁新路子

一方水土养不起一方人，是曲水县脱贫攻坚的难中之难，这些村组大多在海拔4000米以上，过去，脱贫致富成了难以实现的梦想。格桑邓珠亲自带队在最偏远的村组一住就是3天，挨家挨户走访，和群众促膝长谈，问计于民，与群众共谋发展。反复调研，仔细论证，最终确认易地扶贫搬迁是曲水脱贫攻坚的切入点。

他大胆创新探索搬迁扶贫新路子，明确提出“迁业并重，产业先行”坚持谋长远、谋发展、谋致富，实现了搬迁群众就近就便就业，收入稳定增长。2016年3月，西藏自治区首个搬迁点在曲水县拉萨河畔开工。集体产业区先行布局，藏鸡养殖、奶牛养殖、种植三个合作社提前到位，先人进村，为搬迁群众增收致富奠定稳定基础。他进一步提出了“六个好”的要求（搬迁安置点房屋建设要好、布局要好，产业配套要好、管理要好、人文岗位要好、心情要好），确保搬迁群众搬得出、稳得住、能致富。拉萨河畔·三有村经验得到各方认可，特别是十八届中央政治局第39次集体学习时将拉萨河畔·三有村作为典型脱贫致富案例参阅，国务院扶贫办主任刘永富同志在2017年全国“两会”上，详细介绍了拉萨河畔·三有村的好经验好做法。

拉萨河畔·三有村之后，又相继建成了才纳乡四季吉祥村，并完成了共计663户2589人跨县区易地搬迁，截至目前，达嘎乡三有村采取“公司＋合作社＋贫困户”经营模式，成立三有净土产品开发有限公司和种植、藏鸡养殖、奶牛养殖3个合作社，带动建档立卡户65人就业，月工资2500元以上，全村建档立卡户180户739人参与分红，年人均增收3800元以上。才纳净土健康产业园采取“企业＋基地＋农户”模式，带动周边乡镇近3000户群众1524万人次务工，其中建档立卡户523户552人，月工资2000元以上。

## 二、“五跟五走”支撑产业新发展

“五跟五走”脱贫产业新思路（资金跟着项目走，项目跟着规划走，贫困户跟着企业和致富能人走，企业和致富能人跟着产业项目走，产业项目跟着

市场走）是格桑邓珠同志不断总结、摸索研究的结果。他认为现阶段脱贫攻坚发展产业，绝不能完全脱离传统农牧业，闭门造车。必须立足传统，聚焦靶心，把资源优势转化为产业实效，加快产业升级，大力发展现代农牧业。

他大胆探索产业发展路径，将产业发展融入脱贫攻坚之中。通过“五跟五走”实现了资金与项目、项目与企业、企业与市场的靶心对标，最终达到项目与贫困群体、贫困群众与产业致富带动的精准对接。将“嵌入式”的产业带动逐渐转化为“参与式”的主动发展，变“输血”为“造血”。

“十三五”期间规划实施产业项目 71 个，总投资达 19.26 亿元，已启动 29 个，总投资 8.32 亿元。其中已取得效益项目 14 个，带动建档立卡户 1088 户 4078 人，年均增收 1000 元。这些项目的精准带动，充分证明了“五跟五走”产业发展思路的有效性、科学性，为全县产业发展提供了更明确的思路。在此基础上，他组织制定了曲水县扶贫产业利益联结机制，以制度形式保障群众持续增收。2017 年全县 20 余个产业项目共获取利润 225.6 万元，并全部用于分红，带动建档立卡户 1114 户 4172 人次，户均增收 2000 余元。

## 三、“互联网 + 健康服务”探索健康扶贫新方法

全县医疗机构比较不足、地方病多发，健康问题成为脱贫攻坚的严重制约因素。差异大、类型多、分散广、持续久，市县健康扶贫精准聚焦难度大，为了解决这些问题，格桑邓珠大胆创新医疗健康管理新模式，运用“互联网 +”，全面推行人口健康综合管理信息系统和人口健康电子档案系统，创建了“互联网 + 健康服务”的管理模式。率先建立起由乡医、村医和村妇女主任组成的村民健康月例会制度，精准掌握全县农牧民（含所有建档立卡户）的卫生健康状况。同时，将家庭签约服务工作与村医绩效考核相结合，为建档立卡贫困人口提供基本医疗服务。建立县医指导、乡医主责、村医随访的医联体模式和 48 个家庭医生服务团队，家庭医生签约率 100%，对全县建档立卡贫困群众医疗费用实行兜底报销。

全县建档立卡贫困户新农合筹资覆盖率达 100%，开展“先诊疗，后结算”，实现了“一站式”结算服务，对贫困群众实施兜底报销，救助贫

困群众 875 人次，报销资金 448.7 万元。设立健康扶贫专项资金 300 万元，用于建档立卡贫困户兜底报销，加强对五保老人、残疾人、留守儿童的保障力度。

## 四、“志智制三扶”激发群众新干劲

脱贫致富必须激发群众自身干劲，实现从“要我脱贫”到“我要脱贫”。结合本地实际，他在扶贫先扶志，扶贫必扶智之外，大胆提出了扶贫得扶制，进一步将“志、智”双扶拓展为“志、智、制”三扶。扶制就是加强完善村内各项制度，制定村规民约，培养法制观念，规矩意识。通过制度，改变“等靠要”实现“勤上进”，进一步调动贫困群众的积极性、主动性、创造性，正确处理外部帮扶和贫困群众自我努力的关系。

四季吉祥村率先开展“三扶”工作以来，通过“四讲四爱”、民族团结等教育实践，利用政策宣讲、技能培训、拓展训练等集体活动，引导村民严守村规民约，从思想上、文化上、制度上实施帮扶，不断增强集体荣誉感，进一步转变落后思想，推进农民职业化、农业产业化、农村社区化，取得了良好效果。《中国少数民族地区扶贫进展报告（2017）》《中国少数民族地区精准扶贫案例集》予以专题收录。

到目前为止，曲水县脱贫攻坚工作取得阶段性胜利。建档立卡贫困户由 2015 年底的 1371 户 4792 人减少到现在的 33 户 109 人；贫困发生率由之前的 14.59% 下降到 0.33%；贫困农牧民年人均纯收入由 2015 年的 2548 元增长到现在的 10010 元；实现了“两不愁、三保障”，顺利接受国家第三方评估考核验收。

习近平总书记强调：“生活从不眷顾因循守旧者、满足现状者，而是将更多的机会与机遇留给善于和用于创新的人们。”格桑邓珠同志正是如此。他从不墨守成规，坚持主动探索。他清醒地知道，要想打赢打好脱贫攻坚战就必须发挥主观能动性，不断摸索找到适合本地区的精准方案。从 2015 年到现在，一千多个日夜里他始终谨记总书记的嘱托和教诲。他常说“百姓不可欺，谁心里都有一杆秤，脱贫攻坚打不赢打不好，就对不起全县农牧民群众”。一句“百姓不可欺”，反映出格桑邓珠心中的政绩观。不禁让人想起习近平总书记曾经勉励基层干部的一副对联：得一官不荣，失一官不辱，勿说一官无用，地方全靠一官；吃百姓之饭，穿百姓之衣，莫道百姓可欺，自己也是百姓。

# 群众心目中的“阿佳思思”

## ——记中共曲水县四季吉祥村党支部第一书记索朗央吉

索朗央吉，女，1983 年出生，2002 年参加工作，2003 年 7 月入党，现任拉萨市曲水县才纳乡党委副书记、四季吉祥村党支部书记兼驻村工作队队长。曾先后获得全国亚运会优秀志愿者、全区优秀第一书记、拉萨市优秀团干、全市先进驻村工作队队员、曲水县优秀公务员等荣誉称号。荣誉是对她兢兢业业、任劳任怨的“人民公仆”形象的赞誉。参工 15 年来，她深入基层，想群众之所想、急群众之所急、解群众之所难，是群众的知己和朋友，被群众亲切地称为“阿佳思思”（阿佳即藏语的姐姐，思思是索朗央吉的小名）。

2016 年，时任县广电局副局长的她，在全县易地扶贫搬迁工作关键时刻，由于基层经验丰富、群众基础好，被组织委以三有村第一书记的重任。上任后，利用一周的时间进行入户调研，摸清了拉萨河畔三有村 180 户群众的底细。认真贯彻县委、县政府党建先行、产业为本的决策部署，扑下身子、深入群众，带领群众发展奶牛藏鸡养殖等产业，短短四个月的时间，全村老百姓就拿到了第一笔分红。为进一步打响三有村藏鸡蛋等农畜产品名片，畅通农畜产品销售渠道，索朗央吉同志组织下沉干部、群众骨干等力量举办了“三有集市”。第一届三有集市三天的时间里成交量达到了 40 多万元。如今的三有村，每月 14、15、16 日举办三有集市，每逢集市，山南、堆龙、县内商贩都会蜂拥而至，三有集市商业日渐繁荣。同时，积极对接网购，建立“三有集市”公众平台，短短两周左右的时间，实现线上销售 2000 枚三有藏鸡蛋、80 斤雪菊的巨大成效。索朗央吉同志任拉萨河畔三有村第一书记的短短半年的时间，三有村成为全国易地扶贫搬迁工作的先进典型，全国各省市、区市领导、团体参观考察达 40 余次，特别是国家扶贫办主任刘永富先后三次来到三有村检查指导工作，并高度评价三有村易地扶贫搬迁工作，“三有村做到了贫困户增收有渠道，产业有发展，贫困户生活质量有提高，其经验和做法值得全国学习”。《中国少数民族地区精准扶贫案例集》中，将三有村开创的“曲水模式”作为易地搬迁先进典型宣传推广。

2017 年，索朗央吉同志又被调整到四季吉祥村担任临时党支部书记。群众得知消息后，捧着哈达排着整齐的队伍含泪送别着他们的朋友。短短半年的时间，索朗央吉同志用实际行动诠释着人民公仆为人民，帮助三有村厘清了发展思路，在带领群众打赢脱贫攻坚战的征程中走出了第一步，与三有村群众结下了深厚的感情，赢得了群众的信任和支持。

担任四季吉祥村第一书记后，索朗央吉同志充分总结在三有村时的工作经验，举办了为期五天的“四季吉祥村物资交流会”，成交量达到了 100 余万元，并邀请了区内创业的大学生加入物资交流会，为当地的大学毕业生和农牧民青年创业者提供了一个很好的交流平台。这项工作得到了西藏自治区党委书记吴英杰的充分肯定，“来到才纳四季吉祥村这里，真正看到了西藏精准扶贫的希望！希望总结提炼，加以推广”。

索朗央吉同志始终把加强基层党组织建设作为推动精准脱贫工作的重要抓手，创造了“七彩四季”党建品牌，创新开展“三扶促三化”工作，坚持“扶贫先扶志”，加强群众思想教育，消除贫困群众思想上的“贫穷”，群众发展生产、就业创业的积极性显著提高。坚持“扶贫必扶智”，组织群众参与各类技能培训，提高群众增收本领，并组织成立妇女手工编织合作社，带领全村妇女通过手工艺品致富增收。坚持“扶贫应扶制”，通过制定《村规民约》，组织群众参与村容村貌清理、参与组织活动等，提升群众精气神，增强群众自我管理能力，积极参与村级事务管理。这种党建扶贫的模式被收录到《中国少数民族地区精准扶贫案例集》，并积极推广。

索朗央吉同志每日奔波在精准扶贫工作的第一线，为群众早日实现精准脱贫奔小康默默付出着自己的汗水和心血。她经常提醒自己：“趁年轻在基层多干点儿，多积累点经验和磨炼，以后不管做什么工作都会干得游刃有余。尤其是精准扶贫工作，我们作为最基层的第一书记必须积极响应习总书记的号召，做到一个不落，我坚信只要我们努力了，就一定会成功。”

# 创新思路求上进　致富不忘穷乡亲

## ——曲水县其奴村党员致富带头人达嘎事迹

达嘎，男，1975 年 2 月出生，中共党员，达嘎乡其奴村人。在这位看似文质彬彬的普通青年农牧民身上，永远散发着一股吃苦耐劳、永不服输的干劲。

人民网 people.cn

人民网 >> 人民网西藏频道

西藏曲水县达嘎乡其奴村：小土豆圆了致富梦

2014年02月25日09:47　来源：西藏日报　手机看新闻

打印　网摘　纠错　商城　分享　推荐　字号

图为拉萨市曲水县其奴村村民索朗（右）和妻子在家里精心挑选土豆种子。 本报记者 次旺 摄

达嘎的父母都是普通的农民，一家 5 口人只靠地里微薄的收入勉强维持生活，由于父母常年劳作，身体状况不好，经常需要打针吃药，长年累月，家里欠了不少外债，日子过得十分困难。看到邻居们都过得比自己家好，他就在心里暗暗琢磨："不能光守着家里的几亩地，过着穷不穷富不富的日子，一定要干点啥，挣点大钱。"从那时起，他的上进心被激发，怎样赚钱成了他日思夜想的事。

初中毕业两年后，他向亲戚借了 2000 多块钱，只身前往内地打工，但由于文化水平不高、缺乏技术，他只能在一些建筑工地上做小工，工作很辛苦，工资也不高，但他抱着一颗学习的心，沉浸在建筑知识里，乐此不疲。

近年来，随着经济社会快速发展，建筑工人迎来了发展的黄金时期，偶然的机会让他发现了一个奇怪的现象：乡里、村里建筑施工工人大都来自其他县区，很少有本地人。拥有敏锐市场嗅觉的他觉得这是自己创业的一次机会。2005 年，他联合本村建筑工人，投入所有积蓄，外加十几万元贷款，购买了拖拉机、吊车等专业设备，组建了自己的施工队。从一开始承建本村、本乡项目到后来承接山南、日喀则等地项目，施工队一步步发展壮大。为了进一步壮大合作社规模，他在原来合作社的基础上成立了“曲水·其奴阳光农牧民施工专业合作社”。达嘎是个追求上进的人，在施工的这些年里，让他感受最深的是文化水平低、专业能力跟不上发展需求。为了弥补不足，他努力学习农村政策法规等相关知识，2007 年，自学考取了工程安全管理专业学位证书。

2013 年，“四业”工程实施以来，达嘎主动协助乡、村干部大力宣传，积极号召大家参加培训活动，鼓励大家外出就业，并利用合作社积极为农牧民群众创造就业机会，提供就业岗位。截至 2018 年，达嘎的合作社共有 34 人，2 辆翻斗车、1 辆装载机、2 辆吊车、2 辆小车，年收入 10 余万元，先后吸纳全乡农牧民群众 1000 人次，帮助本乡农牧民增收 500 余万元。

依靠自己双手致富的同时，达嘎不忘村里的贫困户，时时关心他们的生产、生活情况，他说：“我的富裕离不开党和国家的好政策。这些年，乡党委、政府帮我解决了很多难题，现在我富了，也能给别人一点儿帮助了，就为乡亲们多办点实事，为社会多做点贡献。”为此，他经常给贫困户出出主意，指指路子，帮助贫困群众树立脱贫致富信心，鼓励贫困群众勤劳致富。合作社在招人的时候，总是优先考虑建档立卡贫困户，对于那些家中没有劳动力的贫困户，他逢年过节都要带着慰问金和米、面、油、棉被等去看望慰问。目前，先后带动 50 余名贫困户就业，为贫困户送上慰问物资达 10 万余元。

达嘎办事公平，讲究诚信，重情重义，又乐于助人，村民们都非常信任他，每当提起达嘎时，村民们都会竖起大拇指，夸口称赞。他发挥党员先锋模范作用，创先锋争优秀，树起了一面致富带头旗帜，成为村民们学习的好榜样。2014 年达嘎被评为西藏自治区劳动模范。

# 曲水县扶贫产业利益联结机制（试行）

## 一、总则

1. 曲水县扶贫产业利益联结机制的设立，主要是解决扶贫产业投入与建档立卡贫困群众（以下简称贫困群众）收益联结不紧密、贫困群众持续增收无制度保障、贫困群众内生动力不足问题。

2. 扶贫产业利益联结以效益分红为抓手，利益联结的原则如下：

（1）有投入必有效益原则。扶贫产业发展项目的投入，必须与增强贫困群众持续增收能力相挂钩，投入扶贫资金必须能够带动贫困群众增收。

（2）公开公平公正原则。坚持公开、公平、公正，切实保障利益联结各方的知情权、参与权和监督权。

（3）全县统筹原则。效益分红实行全县统筹，有效解决因区位差异造成的扶贫产业发展项目分布不均、受益贫困群众差别较大问题。

（4）因人施策原则。效益分红实行因人施策的办法，将贫困群众按劳动能力进行分类，进行差异化的分红办法。

（5）利益导向原则。效益分红充分考虑贫困群众内生动力因素，对依靠双手勤劳的要给予正向激励，对有劳动能力却存在“等靠要”思想的给予负面鞭策。

## 二、贫困群众分类

3. 按照因人施策原则，将全县贫困群众分为三类：

A 类，无劳动能力者；B 类，有部分劳动能力者；C 类，有劳动能力者。

（1）A类，无劳动能力者，主要有：长期重病或重度残疾（三、四级）等而丧失劳动能力的贫困群众；年龄小于18周岁或大于65周岁的贫困群众；建档立卡贫困户中的学生。

（2）B类，有部分劳动能力者，主要有：长期患病、患有大病或轻度残疾（一、二级），部分丧失劳动能力的贫困群众；因需要照顾病人或老人小孩，不能正常外出打工的贫困群众。

（3）C类，有劳动能力者，主要有：年龄在18—65周岁，身体健康，具有劳动能力的贫困群众。

## 三、分红办法

4. 建立分红资金池。

全县扶贫产业项目产生的效益分红资金，实行县级统筹。县财政设立分红资金池，县扶贫办负责效益分红资金的核算和清收，并将效益分红资金入池管理。

5. 确定分红份额。

分红份额按人确定，主要考虑两种情况：

（1）按贫困类别获得份额。依据贫困群众分类办法确定不同份额：A类，每人获得2个份额；B类，每人获得1个份额；C类，每人获得0.5个份额。

（2）分红份额分配。

按照利益导向原则和奖勤罚懒原则，通过自主择业、帮扶就业，累计工作3个月的在原有基础上增加0.5个份额，累计超过3个月的每增加1个月增加0.2个份额；贫困群众自主创业且正常运营半年以上的，在享受自主择业政策的基础上再增加1个份额。

（3）全县贫困群众按照以上办法确定每人份额后，全县加总即获得总份额数，再按贫困群众份额在全县总份额中所占比例获得分红比例。

6. 确定分红方案。县扶贫办于每年11月份按分红份额统计提出当年分红方案，逐级报请县脱贫攻坚指挥部、县政府常务会议（或县长办公会议）、县委常委会议研究确定。分红方案确定后，于每年12月份兑现分红资金。

7. 注意贫困群众增收的可持续性，原则上当年全县分红金额不得超过上年分红金额的 15%。

## 四、分红资金来源

8. 分红资金主要来自县扶贫产业发展项目收益部分，收益分配原则如下：

（1）项目到村（即项目实施主体为村或乡镇，含村集体、乡镇集体所属合作社或企业）的，原则上从项目年收益中提取 40% 作为发展滚动资金，提取 10% 作为乡村集体组织管理资金，提取 50% 作为分红资金。

（2）项目到企业或合作社的，已量化股份的按股份从每年收益分红资金中按股份比例提取贫困群众分红资金；未量化股份的依扶贫资金投入金额，按每投入 10 万元分红 1 人（每人分红的金额按上年国家脱贫线标准计算）的原则从收益分红资金中提取。

（3）享受国家扶贫贷款优惠的企业或合作社，分红金额提取按每贷款 10 万元分红 1 人（每人分红的金额按上年国家脱贫线标准的 50% 计算）。

（4）分红资金的筹集应在扶贫产业发展项目实施方案和移交运行协议（或合作协议）中加以明确。

## 五、附则

9. 加强审计监督。县扶贫办聘请专业审计机构，对每年的扶贫产业利益联结机制执行情况进行专项审计。

10. 遇有特殊情况，由扶贫项目实施业主提出意见报县脱贫攻坚指挥部研究确定。

11. 本办法自印发之日起试行。

# 曲水县建档立卡贫困户享受特殊优惠政策

## 一、农牧方面

（一）草原生态保护补贴政策；（二）畜牧、种植保险政策；（三）农机购置补贴政策；（四）粮食综合补贴政策；（五）粮食直补政策；（六）良种补贴政策。

## 二、民政方面

（一）农村最低生活保障。政府对持有农业户口家庭人均年纯收入低于 3840 元的，且符合最低生活保障家庭财产状况的家庭，给予最低生活保障。严格按照《西藏自治区城乡最低生活保障实施办法（试行）》的要求，将农村低保分类救助方式调整为差额补助方式，即家庭人均可支配收入低于当地最低生活保障标准的按照差额发放最低生活保障金。

准入标准：持有我县常住农业户口且共同生活的家庭成员年人均纯收入低于 3840 元的困难群众。

保障标准：实施 2018 年最新调整标准，进行差额补助，使家庭成员年人均纯收入达到 3940 元。

资金来源：由区市县三级财政按比例承担，即自治区承担 80%，拉萨市承担 10%，县承担 10%。

2016 年县委、县政府发布《曲水县低保对象“两线合一”补贴方案》，明确低保对象补贴标准：A 类补贴标准为 3645 元，高于拉萨市 300 元；B、C 类补贴标准为 3345 元，与拉萨市保持一致。全县 1613 名低保对象有 1596 名已建档立卡，补助标准均在 3345 元以上，确保脱贫工作任务提前高标准完成，这笔补贴资金已于 2017 年藏历新年全部发放到位。

（二）城镇居民最低生活保障。政府对持有非农业户口且共同生活的家庭成员人均收入低于 814 元 / 月的城镇贫困居民，以差额补助的办法保障其最基本生活。

保障类别：一是无生活来源、无劳动能力和无法定赡养人或抚养人的居民，如江区麻风病人、寺庙僧尼；二是领取失业救济金期间或失业救济期满仍未能重新就业、家庭人均收入低于最低生活保障标准的居民；三是在职人员在领取工资或最低工资、进入再就业服务中心的下岗人员领取基本生活费、离退休人员领取离退休金或养老金以后，家庭人均收入仍低于最低生活保障标准的居民，如各单位生活困难在岗职工。

保障标准：实施 2018 年最新调整标准，以户为单位，对家庭成员人均收入每月不足 704 元，进行差额补助；江区麻风病院患者每人每月 814 元；寺庙僧尼每人每月 754 元。

资金来源：由区市县三级财政按比例承担，即自治区承担 80%，拉萨市承担 10%，县承担 10%。

（三）民政医疗救助。对经基本医疗保险、大病保险和其他补充医疗保险支付后，个人难以承担的符合规定的基本医疗自负费用，按自负的 70% 予以救助，并按月核报。

救助对象：五保户，低保户，未纳入“五保”供养和“低保”范围的无生活来源、无法定赡养人或抚养人的老年人和未成年人，无劳动能力的残疾人，经城乡相关医疗制度报销后仍然难以维持基本生活的特困群众。

救助标准：经基本医疗保险、大病保险和其他补充医疗保险支付后，给予五保对象、低保对象个人承担部分全额救助，其他困难群众按个人承担部分的 70% 救助，年度最高救助限额为 10 万元。

资金来源：由区市县三级财政按比例承担，即自治区承担 60%，拉萨市承担 20%，县承担 20%。

（四）老年人（寿星老人）健康补贴。对 80 岁以上（含 80 岁）的老年人，由政府给予一次性健康补贴，一般在年底发放。符合条件的老年人可向当地民政部门提出申请，由拉萨市民政局老龄办审批。

保障标准：80岁以上（含80岁）年补助450元，90岁以上（含90岁）年补助750元，100岁以上（含100岁）年补助1200元。

资金来源：全部由拉萨市财政承担。

## 三、林业方面

### （一）生态补偿岗位政策

1. 对象

（1）具备劳动能力和意愿的建档立卡贫困户；

（2）具备劳动能力和意愿的边缘贫困户（人均可支配收入在当年贫困线至次年贫困线之间的低收入人口）。

上述对象不包括一、二级残疾人口、全日制教育在校生、村“两委”干部、与行政企事业单位有固定一年以上的实际劳动关系的人口、在外一年以上自由职业者。

2. 标准

生态补偿岗位工资为每人每年3000元；一人一岗。

### （二）定向补助资助政策

1. 对象

建档立卡贫困人口中无劳动能力的人员（16岁以下、65岁以上，16—65岁之间残疾人、长期卧床病等无劳动能力人员）。定向补助与各类生态保护补助奖励不重复安排。

2. 标准

2016年的补助标准为每年每人1550元；2017年的补助标准为每年每人789元。

## 四、教育方面

（一）三包政策及学前教育补助政策

1. 对象

县域内农业户在校生。

2. 标准

（1）小学、初中、高中：每人每年 3380 元

（2）幼儿园：每人每年 2880 元

（二）建档立卡贫困户资助政策

1. 对象

具有曲水县户籍的建档立卡贫困户在校生（高中生、中职生、大学生）

2. 标准

（1）生活费（每年按 10 个月计算）

①区、市资助：

区外学生每人每年 6000 元（仅统招大学生享受，高中生、中职生不享受）

区内学生每人每年 5000 元（仅统招大学生享受，高中生、中职生不享受）

②县级资助：每生 1000 元 / 年（大学生享受）

（2）交通费（县级资助）

区外每生 800 元 / 年；区内跨市每生 600 元 / 年；市内每生 300 元 / 年（大学生、中职生、高中生均享受）

（3）在校大学生学杂费、住宿费、书本费等凭票据报销。

五、卫生方面

（一）门诊报销

1. 对象

全县建档立卡贫困人口

2. 标准

（1）普通门诊就医所产生的医疗费用（乡镇卫生院核销票据以外）实行凭票兜底报销。

（2）20 种慢性疾病特殊门诊报销经大病统筹基金 70% 报销及民政医疗救助报销之后实行兜底报销。

（二）住院报销

1. 对象

全县建档立卡贫困人口

2. 标准

（1）市级及以上医院住院按 65% 报销、县级医院住院按 75% 报销、乡级医院住院按 80% 报销，报销金额未超 6 万元，通过民政医疗救助报销之后剩余费用实行兜底报销。

（2）市级及以上医院住院按 65% 报销、县级医院住院按 75% 报销、乡级医院住院按 80% 报销，报销金额超过 6 万元，通过农牧民大病补充医疗保险（年每人封顶线 7 万元）和民政医疗救助及曲水县农牧区重大疾病医疗救助基金报销之后剩余费用实行兜底报销。

（三）医疗费用垫支

全县建档立卡贫困人口前期医疗费用由县人民政府实行统一垫支，垫支疾病范围包括 22 种重大疾病（各类恶性肿瘤疾病、儿童白血病、尿毒症、耐多药肺结核、慢性粒细胞白血病、L 型糖尿病、急性心肌梗死、儿童苯丙酮尿症、儿童先天性心脏病、重性精神疾病、艾滋病机会性感染、血友病、唇腭裂、甲亢、脑梗死、儿童尿道下裂等）、20 种特殊门诊慢性疾病，如出现不包括在 22 种重大疾病和 20 种特殊门诊慢性疾病目录内的疾病，特殊情况酌情扩大范围。

# 曲水县合作社统一管理办法

为加强和创新曲水县农牧民专业合作社管理，县农牧局于 2012 年组织经营管理比较完善的 22 家合作社成立了“曲水县吉如农牧民专业合作联社”。目前，吉如合作联社的管理范围已经扩大至 84 家涉农合作社。充分发挥了联社与合作社带动群众增收致富、推动科学发展、维护社会稳定的重要作用。

## 一、曲水县农牧民专业合作社发展现状

自 2007 年《中华人民共和国农民专业合作社法》颁布实施以来，在国家和地方强农惠社政策的大力扶持下，曲水县加大国家强农惠社政策及相关法律法规的宣传力度，积极引导从事规模经营的业主、能人、致富带头人、种养能手先富带后富，带领广大农牧民群众走上合作社的发展道路。各类农牧民专业合作社的成立不仅提高了农牧业经营效益，也促进了农牧民群众增收致富，创社入社成为农牧民群众增收致富的重要途径，一时形成了“到处建社、遍地开花，星罗棋布，种类繁多”的独特景观。经过几年努力，曲水县农牧民专业合作社得到迅猛发展，实现了由小到大、由松散型向集聚型转变，经营范围从最初的种植、养殖业拓展到加工、旅游服务、手工艺制作、建筑采砂等多个领域，合作社服务的形式也由单纯提供技术信息服务逐步延伸到储运、加工、销售等各个环节，专业合作社发展的数量和质量都得到极大提升。

截至目前，我县在工商部门登记注册并在农牧部门备案的合作社有 163 家（其中涉农合作社 84 家、非农类合作社 79 家），注册资金总额 10980 万元，入社农牧民 9775 人，覆盖 17 个行政村，占全县行政村总数的 100%，涵

盖种植、养殖、旅游、加工、运输、建筑、采砂、制砖等农牧区多个产业领域。2017年合作社总产值5459万元，带动9196户农牧民群众增收致富，农牧民入社率达到35.6%。

由于农牧民专业合作社发展尚处于起步阶段，存在规模小、覆盖面窄、组织化程度低、产业层次低下等不足，在一定程度上造成了产品没有固定销售渠道及网络，农产品安全保障系数低，市场风险抵御能力弱，产业松散无力等问题。

## 二、曲水县吉如农民专业合作联社概况、功能定位及基本原则

农牧民专业合作社在参与市场竞争的过程中，由于受到自身生产规模、技术、资金等诸多困难制约，面对市场显得有些力不从心，出现“生产技术落后，规模跟不上，订单接不下来”的困难局面，而解决问题的唯一出路就是要走联合发展的道路，也就是合作社之间强强联手、抱团出击，建基地，创特色，树品牌，联产业，这样才能在市场上站稳脚跟，才能实现占领市场、稳定货源、分批出货的产销两旺的良好局面。

为切实改善合作社“小产业、小规模”经营现状，提高合作社标准化生产、组织化经营程度，提高合作社规模经济效益，在县委、县政府的关心支持下，曲水县农牧局以曲水县农村改革实验区为契机，组织曲水县22家经营发展良好、有合作意愿的合作社于2012年7月26日注册成立了曲水县吉如农牧民专业合作联社，注册资金1949.6万元，22家成员合作社入社农牧民群众904人。目前，吉如农牧民专业合作联社管理范围已经扩大至84家涉农合作社。

### （一）联社的功能定位

联社是合作社之间再合作的一种新型联盟组织，是产业之间的强强联手，是合作社之间的抱团取暖，对合作社产品进入市场发挥着牵线搭桥的重要作用。主要任务是对成员合作社产前、产中、产后提供全方位的综合服务，并对合作社进行规范、提升、整合，重点提高合作社生产经营规模，培育农特产品的研发能力、策划能力、营销能力，进一步提高品牌影响力和市场竞争

力，通过联社的辐射带动作用，实现广大农牧民群众创业致富。

（二）基本原则

1. 成员以农民专业合作社为主；

2. 成员地位平等，实行民主管理；

3. 入社自由、退社自由；

4. 以服务成员合作社、促进成员合作社发展为宗旨，谋求全体成员的共同增收；

5. 可分配盈余主要按照联社与成员合作社的交易量（额）进行返还。

## 三、指导思想

以党的十九大精神为指导，深入贯彻落实中央第六次西藏工作座谈会精神及中央和地方关于促进农牧民专业合作社健康发展的意见，按照乡村振兴战略要求，将“联户平安、联户增收”与合作社联合发展相结合，以规模经营思想为指导，推动农村劳动力、知识、技术、管理、资本等生产要素优化配置，提高农牧业标准化生产、组织化经营程度，提高合作社规模经营效益，促进农牧民增收致富，推进曲水县全面小康社会建设。

## 四、工作目标

1. 联社是合作社发展到一定阶段后诞生的，目前，全县的农牧民专业合作社发展态势迅猛，但管理模式一直处于探索阶段，没有现成经验可借鉴，曲水县农村改革试验区为我们搭建了探索创新的平台，要乘势而上，把组建联社作为推进合作社管理改革的抓手，通过项目、资金、技术优势把联社建设成为具备一定品牌影响力的农产品供给基地。

2. 紧紧围绕“一区两园三基地”的农业发展规划布局，积极发展本地特色产业。结合本县实际，按照“一乡一业一特、一村一社一品”战略，大力发展土豆、西瓜、草莓、蔬菜、雪桃、生猪、奶牛养殖等县域主导产业，努力推动产业大合作、大整合、大提升，大力促进各类生产要素纵向一体化经营，走“种、养、加、储、服”相结合的路子，全面形成以联社为平台、产供销为一体的发展格局。

3. 以联社为平台，以项目带动作为抓手，以利益最大化为目的，把实现“二盈分配，利益联结”为核心，坚持“民办、民管、民受益”的原则，切实抓好新经济组织网络体系建设，做到“县有联社、乡有分会、村有农民专业合作社或社员示范户”，努力建设新经济组织利益共同体。与此同时，积极推行“社企联姻”，引导联社联合区市涉农龙头企业、大型营销企业，实现企业和联社优势互补、互惠共赢；引导有条件分社积极开展“以社招商”，努力在招商引资、项目合作方面谋求突破，不断增强联社的发展活力。

4. 通过开展农民专业合作社信用评级，建立信贷联保联担机制，支持农村经济合作组织发展模式创新，不断拓宽农民专业合作社信贷渠道；积极促成县内外大型超市和联社实现“农超对接”，积极引导联社开设网店开展网购、团购，不断拓宽联社销售渠道；整合国土、税务、扶贫、农发、群团、金融等部门的涉农优惠扶持政策，对产业发展好、带动能力强的合作社加大资金、土地等方面的扶持力度，不断壮大联社经济实力。

5. 积极发展乡村旅游、观光农业。将农民专业合作联社农产品销售融入旅游产业发展规划，引导农民专业合作社在主要旅游景点设立名、优、特农产品销售网点；依托农民专业合作社产品丰富的优势，大力发展观光农业。

6. 编制产业发展规划、实施统一管理。以现有的13家合作社为基础，把传统的土豆、糌粑、蔬菜、西瓜、草莓、奶制品等产业进一步组织起来，由联社统一管理和协调，编制好产业发展规划包括产品包装设计、商标注册、知识维权、发布信息、统一技术规程等基础工作，全力发展名、特、优农产品，提高农产品附加值。

## 五、联社组织架构

### （一）联社机构设置

1. 联社内部机构设置

联社根据工作需要，设立管理部和经营部，其中：

（1）管理部下设办公室、政策法规科、产业项目科、商标维权科、生产技术科、财税管理科等；

（2）经营部下设市场调查科、产品采购科、包装加工科、冷冻仓储科、市场营销科、运输配送科、客户投诉科等。

2. 乡（镇）分联设置

为有效管理合作社，联社根据属地管理原则，在各乡（镇）设立6个联社分联，分别为：联社聂当乡分联、联社南木乡分联、联社才纳乡分联、联社曲水镇分联、联社达嘎乡分联、联社茶巴拉乡联。每个乡（镇）分联根据工作需要，设立办公室、政策法规科、产业项目科、生产技术科等。

（二）联社机构职能

1. 内部机构职能

（1）管理部职能

管理部负责联社日常办公、合作社规范管理工作，其中：

①办公室负责联社日常办公、文字材料编写和合作社资料统计备案、规范管理等工作；

②政策法规科负责整理汇编、宣传讲解、协调落实合作社法律法规及国家和地方强农惠社（优惠）政策；

③产业项目科负责根据国家和地方合作社扶持政策，指导编写申报合作社财政资金扶持发展项目，争取、落实合作社财政扶持发展资金和项目，引导合作社改进产业结构，优化产业布局，推动同业合作社良性竞争，协作联合；

④商标维权科负责申报产品“三品一标”（无公害农产品、绿色食品、有机农产品和农产品地理标志）认证、产品包装方案设计、商标注册、合作社各类商标使用管理、商标维权等工作，加大合作社产品品牌经营保护力度，推进合作社产品品牌化经营；

⑤生产技术科负责对各合作社进行生产统一指导、使用统一的技术操作规程，定期进行抽样检测，对残留超标合作社实行督导整改处罚措施、规范行业安全健康生产行为；

⑥财税管理科负责联社财务收支、账目记录和票据整理保存，定期制作财务报表，按时向税务机关申报纳税，解缴税款。

（2）经营部职能

经营部负责联社日常经营工作，其中：

①市场调查科负责走访调查、了解掌握合作社产品生产情况和市场需求状况，及时汇总发布相关生产、需求、价格等信息；

②产品采购科负责根据市场信息，与产业分社、合作社等签订生产采购合同，产业分社、合作社按照规定要求生产符合质量标准产品后，联社集中统一采购；

③包装加工科负责根据联社经营统一要求，包装加工相关产品尤其是蔬菜水果等产品，提升产品形象和档次，提高产品附加值；

④冷冻仓储科负责相关产品的冷冻仓储工作，确保产品新鲜不变质，定期不定期检查产品状况、核对产品数量，确保产品完整无损；

⑤市场营销科负责设计产品营销方案、促销策略，维系与客户良好关系，与大客户签订产品销售合同，通过联社服务中心营销销售联社各类产品；

⑥运输配送科负责运输配送客户需要运输配送的各类产品；

⑦客户投诉科负责受理客户投诉，及时协调各方，解决客户投诉问题，消除客户不满情绪，维护联社在客户中的良好形象。

2. 乡（镇）分联职能

乡（镇）分联主要根据属地管理原则，协助联社对乡（镇）合作社产业进行布局规划，根据联社要求和自身工作需要，规范日常管理、监督乡（镇）范围内合作社搞好生产经营，为乡（镇）范围内合作社提供生产技术指导、政策讲解、项目支持等服务，促进合作社规范建设、健康发展，促进农牧民增收致富。

（三）联社机构人员

1. 内部机构人员

管理部、经营部负责人由联社理事长担任，工作人员为联社内部工作人员。

2. 乡（镇）分联人员

乡（镇）分联社长由乡（镇）长担任，乡（镇）分联副社长一般由科技副乡（镇）长担任，乡（镇）分联工作人员由乡（镇）农牧办工作人员兼任。

## 六、联社管理模式

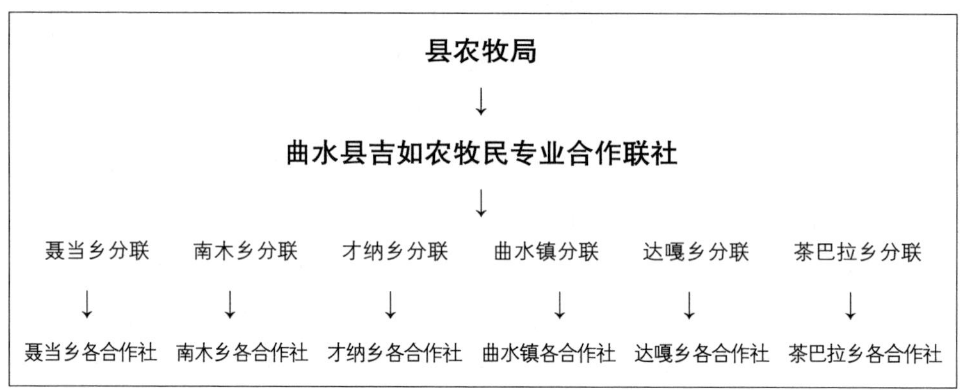


注：此图为联社简化管理模式示意图，联社管理模式为金字塔式管理模式。

（一）县农牧局根据县委、县政府及上级农牧部门要求和全县农牧业发展总体规划，对联社工作提出要求、明确任务。

（二）联社根据县委、县政府和县农牧局有关要求及全县合作社发展总体规划，制定具体措施，加强服务管理，指导监督合作社规范化建设、标准化生产、组织化经营，提高规模经营效益，提高经济实力。

（三）各乡（镇）分联根据联社有关要求，结合本乡（镇）合作社实际，协助联社帮助做好合作社规范化建设、标准化生产、组织化经营。

（四）合作社通过成员大会、理事会、监事会、经理层等执行联社服务管理、指导监督合作社的具体要求，规范三会（成员大会、理事会、监事会）、财务管理等制度的建设和落实，严格社务公开、财务公开，推进民主管理、民主监督，组织入社群众开展标准化生产、组织化经营，提高经营效益，带动入社群众增收致富。

## 七、具体措施

（一）提高思想认识

曲水县为半农半牧县，经济发展起步晚、底子薄、实力弱，占全县大多数的农牧民群众人均收入低，只相当于全国平均水平的71.3%，到2020年与全国一道实现全面小康，任务艰巨、任重道远。做好“联户平安、联户增收”与联社工作，就是要把农牧民群众创社办社、推动发展、增收致富的积极性、主动性、创造性充分调动起来，引导他们思发展、想发展、谋发展、促发展；合作社入社农户之间开展优势互补、互帮互助、先富带后富，以每家每户的小康确保全县全面小康目标的实现。

（二）加强组织领导

成立以分管副县长为组长、县农牧局局长为副组长，联社、乡（镇）分联社长为成员的曲水县“双联户”吉如农牧民专业合作联社工作领导小组，加强组织领导。

（三）建立指导员制度

由分管副县长担任联社指导员，县农牧局局长、副局长、联社工作人员担任乡（镇）分联指导员，乡（镇）分联社长、副社长、工作人员担任本乡（镇）合作社指导员，建立联社、合作社指导员制度，明确指导员职责，加强联社、乡（镇）分联和合作社“联户平安、联户增收”服务指导、管理监督工作。

（四）建立信贷联保联担机制

与信贷部门沟通协调，探索建立联社与合作社、合作社与合作社、合作社与入社农户、农户与农户之间的信贷联保联担机制，以农户信用担保联保和合作社订单、仓单等权利及土地、设备资产抵押与政府风险金担保等结合的方式，对有门路、想致富但缺乏资金的合作社、农户提供信贷资金支持，以便合作社、农户及时把握市场机遇，尽快启动新项目开发，培育特色产业，带动一方农牧民群众增收致富。

（五）制定合作社“联户平安、联户增收”考评体系

从民主管理、经营规模、服务能力、产品质量和社会反响五个方面设定

标准，制定曲水县农牧民专业合作社“联户平安、联户增收”考评体系，县委、县政府成立曲水县合作社“联户平安、联户增收”考评领导小组，组织县农牧局、联社、乡（镇）政府及部分合作社有关人员成立全县合作社“联户平安、联户增收”考评工作小组，根据合作社“联户平安、联户增收”考评体系标准，每年 10 月份，对全县合作社各项指标进行考评打分，对得分高者颁发“联户平安、联户增收”示范合作社荣誉证书及铜牌，予以适当物质奖励，在申报财政资金扶持发展项目、落实政府涉农项目等时优先考虑。

（六）完善服务体系，促进农牧民增收

1. 联社建立完善三会（成员大会、理事会、监事会）、议事决策、财务管理等内部规章制度，成员大会选举和表决实行一人一票加附加表决权的办法；单独设立财务会计账簿，强化财务管理，对社务、财务进行公开；健全监督机构，由监事会和成员合作社共同行使监督权，提高联社民主管理、民主监督水平。同时，联社具体指导成员合作社完善落实内部规章制度，实现民主管理，吸引更多农牧户入社经营，提高规模经营效益。

2. 联社充分利用各类教育资源，定期不定期组织成员合作社及时学习、熟练掌握党在农牧区的方针政策、合作社法律法规政策、强农惠社政策、生产经营管理的新知识、新技术，联社内部管理规章制度等内容，使相关内容入脑入心，丰富成员合作社经营管理人员知识，为成员合作社健康发展提供智力支撑。

3. 联社为成员合作社提供生产技术、商标注册、“三品一标”（无公害农产品、绿色食品、有机农产品和农产品地理标志）认证、包装加工、承接订单、对接市场等合作社产前、产中、产后全方位服务和指导；联社协调有关单位，及时落实国家和地方强农惠社优惠政策，帮助解决建筑采砂类非涉农经营合作社办社创业、申报纳税、用水用电用地、办理相关资质证书等事宜。

4. 在产品质量相同的情况下，联社首先与成员合作社签订产品订单，且成员合作社订单价格较非成员合作社订单价格高 10%；成员合作社产品进入联社营销网点销售时，进场费或摊位费较非成员合作社低 70%；在建筑工程质量、报价相同的前提下，联社协调有关部门，优先安排成员农户多、带动能力强的建筑采砂类非涉农经营合作社抱团承接农田、水利、交通等政策性基础设施建设工程；联社盈余弥补亏损、提取公积金后，按照与成员合作社交易量（额）比例返还，返还总额不低于可分配盈余的60%，剩余部分按成员合作社账户份额予以比例分配，使成员合作社分享联社经营、产品包装加工增值收益。

联社通过完善服务体系及与成员合作社紧密联结机制，以利益激励约束支持成员合作社搞好规范化建设、标准化生产和品牌化经营，努力创建“联户平安、联户增收”示范合作社，提高经营效益，提升经济实力，带动群众增收致富，推进科学发展、维护社会稳定，推进实现全面建成小康社会的目标。

# 下 篇

## 曲水经验专家说

——2018年11月17日“中国新时代脱贫攻坚的曲水实践”案例研讨会发言

# 加强与内地交流互动　促进曲水从脱贫走向致富

中央政策研究室原副主任　郑新立

参加曲水县脱贫攻坚实践讨论会，非常高兴。曲水县能够摘掉贫困帽子我觉得具有重大的示范意义。曲水县条件比较恶劣，生态脆弱，通过坚持不懈的努力，找到了一条正确的脱贫路子，这就是搬迁扶贫、产业扶贫、扶贫先扶志、完善医疗体系、重视教育等，这些做法都非常好，很有针对性。经过坚持不懈的努力，现在曲水县已经实现了脱贫的目标，我觉得这不仅对西藏地区脱贫致富具有重要意义，而且对全国全面建成小康社会具有示范意义和激励作用。

中央政策研究室原副主任郑新立同志在2018年11月17日“中国新时代脱贫攻坚的曲水实践”案例研讨会上发言

借这个机会我建议国家有关部门要进一步帮助西藏改善大的经济发展环境，加大对他们的扶持力度。一些大的项目比如说川藏铁路，现在基本上已经定下来了，应当抓紧开工建设。川藏铁路和青藏铁路如果将来能够形成环线，对于改变西藏发展条件将会起到重要的作用。下一步还要考虑建设滇藏铁路，跟云南连起来。还要考虑雅鲁藏布江水电资源的开发，通过交通、水电这些基础产业的建设为西藏发展旅游业、发展特色农产品提供一个大的环境和有利的条件。另外，还要注重引导内地的社会资金到西藏来投资，发展特色的农产品，进行矿产品的开发和深加工。发展旅游业潜力巨大，西藏发展旅游有比较好的条件，要在旅游发展比较好的地方建成一批农户家庭特色民宿宾馆，让农民在家里接待游客，通过旅游来致富。

通过发展西藏的第一产业、第三产业，为西藏的商品能够进入内地市场提供好的货源。西藏铁路通车以后，去的火车一般都是满载的，回来的火车空载率比较高，没有东西可运。要提高西藏农畜产品的商品率，包括奶制品、肉制品、特色农副产品，争取能够使返程的火车也能够装满货物，通过给内地的商品供货促进西藏的发展。前几年我还没退休的时候，曾经和西藏自治区区委研究室的同志联合做了一个课题，就是研究怎么能够把青藏铁路回程的这些火车车皮装满，那样一年出藏的商品可以达到上百万吨，如果把这个问题解决了，就可为西藏的物资流通和经济发展做很大的贡献。

曲水县实现了脱贫，这是一个初步的目标，下一步还要朝着致富这个方向来努力，要巩固脱贫的成果。根据全国各地和世界各地的经验，关键就在于教育，要把下一代培养成有知识、有技能、有较高素质的劳动者，提高他们的科技素质、文化素质，他们长大后会从本地的情况出发，自己能够找到发展的门路，找到发展的动力，所以脱贫仅仅是实现了第一步，下一步还要致富，往这个方向来发展，把教育抓好是关键，要把青少年、下一代培养好。过去我们在内地办了一些西藏班，选拔一些西藏的孩子到内地来上学，这个规模应当扩大。但是更多的还是要在西藏把当地的教育办好，特别是要把双语教育、英语教育开展起来，使他们能够开阔眼界，能够具有竞争力，将来的西藏发展取决于下一代人的素质。

# 中国式扶贫的曲水典型

中央党史研究室原副主任　李忠杰

很高兴参加今天的会议，首先我觉得在北京召开专门的会议，来研究探讨西藏地区的脱贫问题，很有特殊性，也很有价值，因为西藏的同志们，在党中央的领导下，在自治区党委的直接领导下，也包括国务院扶贫办的支持指导下，做了大量的工作，做出了很大的贡献，他们的努力、成绩和经验，应该让更多的人知晓，非常值得我们学习，所以召开这样一个会议很有价值。

中央党史研究室原副主任李忠杰同志在2018年11月17日“中国新时代脱贫攻坚的曲水实践”案例研讨会上发言

国务院扶贫办宣传教育中心、中央党校党建部、民生智库组织专家深入西藏曲水县进行专题的调查研究，提出了好的调研报告，系统地总结了他们的经验，这种深入实际调查研究的做法也是值得肯定的。

贫困问题不是中国一个国家的问题，是世界性的问题，全世界不同的国家都在思考或者着力解决这个问题。甚至我到美国去的时候，也了解过美国在这方面也有一些做法，但是比较起来，中国扶贫的成就是世界最大的，因为中国的贫困人口比较多，而成功脱贫的人口也非常多，在世界上是罕见的。为什么能取得这样的成绩，这和中国式脱贫道路、模式、方式是密切相关的。大环境是改革开放，整体上提高了全国人民的富裕程度，但是还有部分地区难以靠自身努力解决贫困问题，这些地方的人们怎么办呢？所以改革开放以来，党和国家都非常重视扶贫问题，经过了几十年的努力、奋斗和探索，逐步形成了一整套行之有效的脱贫方式，包括加强党的领导、政府全面组织、注重实行开发式扶贫、实行对口支援等。特别是现在习近平总书记号召开展脱贫攻坚，实践精准扶贫、精准脱贫战略，包括教育扶贫，产业扶贫、搬迁扶贫、社会保障兜底等一整套的办法。我觉得这都是中国的宝贵经验，对世界确实也是一个贡献。所以世界上对中国的脱贫经验是高度肯定的，对中国的脱贫成就是非常羡慕的。

当然，中国的扶贫任务非常繁重，遍及全国很多的地区，而西藏因为它自身的特点，曲水应该说就是藏区或者西藏脱贫进而致富的一个典型。因为曲水在整个西藏有一定代表性，首先它是民族地区，又是高山地区，比较贫瘠，条件不能算很好，教育水平也不能算很高，这些特点，在藏区有一定的典型性。当然，西藏不少地区可能困难比曲水更大。但是不管如何，在这样一个地区能够通过加强党的建设，组织脱贫攻坚战，特别是发展产业，通过发展产业园，实现一些产业项目落地，奠定了脱贫主干的工程。同时在易地搬迁、医疗保障、教育扶贫等方面，取得了明显的成功，在西藏做出了榜样。当然，西藏不止一个曲水，刚才有同志介绍了，已经有 30 个县脱贫摘帽了，西藏能够有 30 个县，在短短几年之内脱贫摘帽，这是相当不错了，所以中央政治局集体学习时对曲水的经验给予肯定。今天我们一起探讨、学习、研究，并且宣传曲水的典型案例，十分必要，也很有价值。

中国式脱贫发挥了我们制度的巨大优势，彻底改变了贫困群众的生产生活面貌。我觉得在取得现有成绩的基础上，还需要进一步努力，巩固脱贫的成果，特别是持续不断地把产业脱贫做好，这是根本。产业脱贫有些传统的办法，把工艺，把项目，包括把国家实施的大项目结合起来，从根本上改善西藏发展的环境和条件。同时，我觉得对于贫困落后的地区来说，可能还特别需要发展“互联网 +”。建互联网比建设高规格的交通网络要更方便，互联网可以把广大的农民、牧民跟整个世界更直接联系起来，把贫穷地区与富裕地区更紧密联系起来，使当地的资源、产品或者其他的一些项目，能够更好地找到市场，诸如此类办法肯定还是很多的，也需要我们继续探索实践。我个人衷心祝愿曲水以及整个西藏的脱贫事业能够更上一层楼，持续不断地把脱贫攻坚战打好，在保证脱贫的基础上，进一步实行乡村振兴战略，把曲水建设得更加富裕。

# 优化发展环境　提升发展质量

国务院参事、住建部原副部长　仇保兴

我认为，曲水最鲜明的优势其实有三个。第一，区位优势。曲水离拉萨60公里，离贡嘎机场15公里，区位优势非常好。第二，资源优势。干净的水、土壤、空气，海拔又是拉萨地区最低的，还有湿度也是最好的，含氧量是最高的，这些资源都是非常宝贵的。第三，阳光资源非常好。金太阳工程是我和财政部一起在2008年提出来，光伏产业从此兴起。我们的太阳能比德国强度还要高一倍，也就是同样装一个太阳能，发出来的电比德国还要多一倍。三个方面的资源优势十分明显。

国务院参事、住建部原副部长仇保兴同志在2018年11月17日“中国新时代脱贫攻坚的曲水实践”案例研讨会上发言

短板是什么呢？我们观察全国的贫困地方都有同样的短板。一是缺人才，缺劳动力。二是缺制度。还没有很合理的制度，就是还缺乏一种人才激励、企业家培育、外资引进的相应制度。三是缺资金。一个地方的发展靠的是招商引资，资金都是外来投入，但我们这些年投入资金效益不大好，资金发挥作用有限。四是缺优质的公共服务。比如医院、教育等。

我有一些建议，供你们思考。

第一，建设拉萨贡嘎机场航空港加工区。拉萨交通将来主要还是靠航空，所以建设航空港加工区很有必要，因为要求鲜活，所以航空港的药材加工区、食品加工区还有其他的加工区，都是在航空港附近建立的，应该尽快谋划建设。

第二，要有发展光伏产业更大布局。我觉得这很重要，因为西藏的光伏产业资源非常好。现在我国光伏产业已发展到什么程度呢？我国的光伏产业组件价格最低、产能最大，而且效率相当高。2008 年的转换效率只有 10%，现在已经提高到了 20% 以上，也就是同样一个光伏板在同样的地方能发出多一倍的光，然而价格只有过去的十分之一，现在这个光伏组件的价格已经低到和品质比较优的建筑部件的价格一样了。现在在一般地区，光伏发电的成本已经低于煤发电的成本。地处高原的西藏本身就没有煤，煤价格非常贵，发出来的电比平原地区要高 7%，所以光伏产能潜力是最大的，而且光伏和扶贫是最好结合的。老百姓周边的空地，一装上太阳能光板就能发出电，每一度电多少钱直接就给农户，农户只要管理好就行了。问题是什么呢？问题就是你必须用能，把光伏发出的电在周边的加工区用掉，由于与拉萨距离近，所以弃光的可能性小。也可以建大的光伏工程。现在到西藏的输电工程应该变成双向的，将来双向的输电工程，就是西藏的可再生能源会输回来，输到大城市。欧盟有一个大的投资 200 多亿美元的大项目，从撒哈拉建立光伏发电站输到欧盟，解决欧盟 25% 的能源需求。中国应该把拉萨、青海高地看成是未来的能源高地，这要比撒哈拉工程便宜五倍以上，而且更有利于建设，因为撒哈拉工程涉及耶稣和天主教之间的信仰问题，不容易调和。总之，光伏产业是非常重要的产业。

第三，大棚蔬菜。大棚蔬菜有什么好处呢？一是大棚建好以后可以集约化生产。二是大棚蔬菜节水 70% 以上，因为大棚里面的水汽多。三是大棚蔬菜非常适用于高原。因为高原温差太大，大棚能够把温差解决掉，能够起到一定的恒温。加上光伏，就是晚上在大棚里面用 LED 灯来照明，使大棚的蔬菜光照时间延长一倍，延长一倍产量就会提高一倍。把大棚蔬菜、大棚花卉通过航空港转移出去，效益会很好的。所以，我觉得在高原地区建大棚蔬菜是一个非常好的产业。我看了不少易地扶贫搬迁，最成功的就是宁夏，他们就是把所有贫困人口脱贫和大棚蔬菜培育基地、生产基地结合起来，每一户人家一个大棚，收入有保障了。

第四，要开放引进。开放引进这条路子对曲水等地区下一步发展非常重要。因为一个地方只有开放引进，才能解决劳动力短缺、制度短缺、资金短缺、公共服务短缺这些问题。开放引进最根本的问题是，一定要尊重产权、尊重人才、尊重劳动、尊重市场机制。没有这四个尊重，经济是发展不起来的。

# 产业扶贫　品牌致富
## ——学习曲水脱贫经验有感

中纪委驻国家工商总局纪检组原组长　石见元

中纪委驻国家工商总局纪检组原组长石见元同志在2018年11月17日“中国新时代脱贫攻坚的曲水实践”案例研讨会上发言

很高兴有机会参加今天的曲水脱贫攻坚实践的案例研讨会。这个案例研讨会非常有意义。我体会，其意义就在于通过总结曲水脱贫攻坚的实践经验，为当前按照中央的要求正在打脱贫攻坚战的扶贫行动，提供可以借鉴可以推广的经验。

应当说曲水的经验非常丰富，会前主办方发过一本厚厚的资料，我也认真拜读了，用了两天的时间，从头到尾认真拜读，深感曲水在西藏自治区党委政府，在拉萨市委政府和县委县政府的领导下，依靠基层干部群众的艰苦奋斗精神，在曲水那样一个原来相对贫困的地区成功脱贫，实在是一个奇迹。西藏我去过两次，很遗憾的是当时由于种种原因没去曲水，但西藏的贫困地区我是亲自看到过的，所以曲水的经验确实是个奇迹。

我主要想重点谈谈曲水的产业扶贫。习近平总书记有一段非常精彩的指示，总书记指出：产业扶贫是解决生存和发展的根本手段，是脱贫的必由之路。我体会，精髓在于“根本手段”“必由之路”八个字，这是一切贫困地区脱贫离不开的，都要走这条路。曲水经验可贵在哪？我觉得曲水是在资金、技术、人才相当缺乏，交通等公共设施薄弱，市场发育水平很低，生态环境脆弱，甚至生存条件都很差的情况下成功脱贫的，这样一个地区发展起脱贫产业是很了不起的。资料显示，曲水现在已有了一区四园六基地，都是很好并且成规模的产业，这在几年前可能是不可想象的。资料也显示，曲水现在至少已经拥有十多个在当地或者在一定的区域内有一定名气的产品，比如玛咖酒、雪山玫瑰、藏鸡等，应当说这些产品进入市场，所取得的销售收入，对于提高曲水人均收入的贡献率是相当大的。曲水的农牧民人均年可支配收入已由原来的两千多块钱增加到现在的万元以上了。钱从哪来？当然有多种渠道，外出打工是一条，但是产业所生产的产品转化为商品以后的销售收入，我想是很大的一部分。因此在总结曲水实践经验的时候，我们再一次学习习近平总书记的这段重要指示，深刻领会“根本手段”“必由之路”的含义，可以更自觉地把曲水的经验总结推广到其他贫困地区。在曲水这样艰苦的条件下，产业能发展到现在程度，别的贫困地区更可以做到。

我要提的建议就是大力发展扶贫产业。曲水是脱贫了，但这只是我们的近期目标，不是最终目的。最终的目的是按照中央的要求，带领曲水人民致富奔小康。按现在的人均收入还不够，因此要巩固发展脱贫成果，其中最重要的一条就是巩固发展现有的产业，并在此基础上打造更多的拥有自主知识产权的品牌产品。我要强调的就是要产业扶贫、品牌致富。品牌是一种经济学的概念，在市场经济条件下，从某种意义上来说，品牌引领经济的发展。什么叫品牌？品牌就是优良的品质加牌子。通俗讲，就是有很高的市场信誉度和很高的市场竞争力。曲水有了这样一些产品，还不够，需要大幅提高这些产品的附加值，大幅增加这些产品的销售量，这就必须进一步提高现在这些产品的知名度和市场竞争力，使这些产品销售得更好，价格卖得更好，收入才会更高。

如何打造品牌产品呢？

一是企业打造。生产产品的任何一个企业，包括农民专业合作社，必须进一步提高产品的生产技术，运用现代高科技的成果来组织生产，使产品拥有更高的科技含量，从而拥有更高的品质，这是品牌产品的根本，离开了产业自身的品质，这个品牌是虚的。

二是政府保护支持。政府包括各级政府和政府的有关部门，都要为曲水所生产的产品提供更多的展示平台，提高曲水产品在社会在市场的知名度。这个知名度不仅在曲水，也不仅在拉萨、在西藏，还要在全国。扶贫办也有责任和义务，在全国范围内组织展示贫困地区，包括曲水的产品，可以组织全国有影响的知名电商，比如阿里巴巴、腾讯、京东等，优先展示来自扶贫地区的产品。实际上，我也注意到有些电商很愿意这样做，电商把扶贫作为自己的荣誉，实际上也从一个角度提高电商行业的知名度。政府有关部门特别是市场监管部门，比如我原来工作的工商总局现在的市场监管总局，要打假，给予法律保护。为了更有利于法律保护，我建议曲水的同志以更多的注意力，将曲水所生产的产品和未来新研发的产品及时注册，注册商标，注册地理标志商标，注册农产品商标，这些都是能够有利于得到法律保护的措施，同时也有利于提高产品的知名度。我们现在所熟知的全国许多有名的品牌产品，开始并不有名，而是注册了以后受到法律的保护，在打假中进一步提高了知名度。

三是社会广泛参与。就是组织动员社会，包括刚才说的电商，还有一些知名的企业，比如说曲水与茅台酒厂联合生产了茅台玛咖酒。茅台的知名度大家都知道，但是曲水的玛咖酒不一定知道，茅台玛咖酒一下子提高了知名度。还可以组织城市的大型批发市场，大型超市设置贫困地区名牌产品的绿色通道、绿色柜台。我上次在河南郑州的一家民营公司调研，该企业的一个超市就有一个专售贫困户产品的柜台，动员消费者，首先动员本店的职工优先购买贫困户生产的产品，群众也是广泛参与。在中央的号召下，脱贫攻坚已经成为全社会的共识，全社会的共同行动，大家对来自贫困地区的产品是有特殊感情的。

最后，我衷心地祝愿曲水在西藏自治区、拉萨市和县委县政府领导下，干部群众进一步学习习近平总书记的重要论述，进一步认识和摸清曲水发展产业、发展品牌产品的优势和短板，发扬优势，补足短板。发展壮大更多产业，打造更多的品牌产品，在脱贫后尽快实现致富。

# 扶贫重在扶根

国务院发展研究中心原副主任　侯云春

国务院发展研究中心原副主任侯云春同志在 2018 年 11 月 17 日“中国新时代脱贫攻坚的曲水实践”案例研讨会上发言

很高兴参加今天的座谈会。会前发的曲水扶贫攻坚经验材料，我认真看了，看后很受感动，很受启发。曲水县扶贫攻坚的这些措施做法很有典型意义，工作很深入、很细致，帮扶也是全方位的，效果非常明显。

首先，扶贫重在扶根。扶贫关键是要解决一个变输血为造血，提高贫困地区贫困人口的造血功能的问题。曲水的经验要扶志、扶智、扶制“三扶”，很好体现了扶根，根本就是要有造血功能，授人以鱼不如授人以渔，给他技术。而且扶智不仅仅是要提高贫困人口的技能，还要提供贫困人口的体能。同时，产业扶贫对贫困地区非常重要，一定要找一个出路，产业扶贫一定要结合本地区的资源、区位各方面的优势和特点，形成自己的特色产业。像西藏这个地方，根本不适合发展大工业，只有发展有特色、无污染、没有农药的特色农产品，才可能受内地各个方面的欢迎。

其次，要充分发挥有利条件。我刚才看了介绍易地搬迁的建筑、民居，可以很好地利用太阳能。西藏是离太阳最近的地方，太阳能的利用现在有很多的新技术，有些地方的薄膜太阳能发电，号称是挂在墙上的能源。特别适合分布式能源的问题，这个不多说了。关键是在于扶根，提高扶贫对象的技能，提高他们的生存发展本领。同时要建立一些产业的支持，要有一个好的机制。

再次，致富贵在立新。致富立新是群众自身的要求，立新是在于我要富我能富。一方面确实要让这些贫困人口树立一个脱贫致富奔小康的坚强的意志；另一方面要全面提高贫困人口的综合素质，使他们成为有理想、有道德、有纪律的新农民、新市民。一些贫困地区不适合居住的，需要生态移民的地区，下一代的教育是最重要的，一个大学生培养出来之后他到城市工作，把家里的老人接到城市去，就可以实现脱贫和生态移民的目的，既阻断贫困代继传递，也是实现脱贫致富和生态移民的途径。

最后，要寻找到一个效率与公平、先富与共富的平衡点。大的范围是全球性的问题，小的范围就是我们一个县，一个镇，一个村的问题。怎么样解决好这个问题？要通过税收再分配调节，要通过三次分配，要发展慈善事业，提高社会爱心解决这些问题。在初次分配中，在提高效率的同时适当增加劳动这一方面的分配很重要。曲水等贫困地区也是这样，既要提高效率，使经济发展更快、更高效，同时也要注意公平问题，使大家走共同致富的道路。在经济发展道路上要在资本和劳动之间找到一个好的平衡点。这是贫困地区脱贫面临的问题，也是整个社会经济发展，社会分配、社会公平、社会稳定当中需要解决的问题。其实不仅是贫困山区、贫困地区，农村有贫困问题，城市的扶贫也要防止一些新的贫困产生，也需要解决好这个问题。

# 以“三个没想到”谈三个感受

国家发改委产业经济与技术经济研究所所长　黄汉权

非常高兴，有机会参加这个研讨会。

首先，我想以“三个没想到”谈三个感受：

国家发改委产业经济与技术经济研究所所长黄汉权同志在2018年11月17日“中国新时代脱贫攻坚的曲水实践”案例研讨会上发言

一是没想到曲水的脱贫攻坚成效非常显著。在目前全国经济增长下行压力加大、外部环境充满变数的情况下，我觉得曲水取得这样的成绩可以说是一枝独秀。因为地区生产总值2017年增长了10%，固定资产增长了22%，财政收入增长了109%，以及农民收入等也都是两位数的增长速度。这在全国的其他地方，也是不多见的。特别是在扶贫的成效方面，2015年贫困户的平均收入才2000多元，现在提高到了1万多元，人口的贫困发生率从13%下降到0.33%。

二是没想到曲水的脱贫攻坚的思路和措施亮点纷呈，有很多好的思路好的做法。比如说提出的“四服务”。我们一般只讲扶贫扶志扶智，曲水还加了制度。又如“五个能走”。即资金跟着项目走，项目跟着规划走，贫困户跟着企业和致富能人走，企业和致富能人跟着产业项目走，产业项目跟着市场走。

三是没想到曲水的国有企业和集体经济的活力十足。县域经济，特别是西藏这种小县，国有企业的力量一般很薄弱，有的几乎都没有，你们还有三个国有企业，而且每个村都有集体经济，并且集体经济发展得很快。你们现在的几个基地，包括种植基地、养殖基地和一些园区，都是集体经济性质的。所以我是说和其他一些地方的做法相比，这是你们的亮点、特色。

其次，对曲水县根本经验的看法。曲水为什么能做到这些，我觉得，除了有好的政策支持、有好的发展速度、五大路径、好的干部作风、好的群众基础等之外，就是发展产业。曲水提出“要出路找产业，要思路讲效益”，这个抓得非常准。你们提出扶贫搬迁，这是迁业并重，产业先行，这是突出产业在扶贫攻坚当中的地位和作用。我也觉得发展产业对我们国家来说既是扶贫攻坚的重点，也是难点。要培育发展形成一个产业，需要3—5年，长的可能10年，甚至更长时间才能够培育形成一个有竞争力、影响力，能够吸收千千万万贫困农户参与的主导产业。

最后，对曲水下一步发展提点建议。虽然我们的成绩已经显著了，但是我觉得这只是阶段性的成果，下一步实现脱贫只是一个目标，脱贫跟小康还是两个概念，小康比脱贫水平要求更高，在实现脱贫的基础上怎么往小康这个路上迈进，还有些工作要做。我提三个方面的建议。

一是要在怎么做大做强做优产业上下功夫。二是要拓展产业的空间，或者是深度挖掘产业的功能和价值；要提供生态、精神产品，要和旅游、创意农业结合等；要拓展农业的功能，推动一、二、三产业的融合发展，统筹整合农村的物流、电商、休闲、旅游农业等类似产业。三是要充分探索形成基于市场推动的产业发展的机制。

# 从曲水实践看打赢脱贫攻坚战的政治意义

中央社会主义学院原副院长　张　峰

各位领导、同志们，我发言的题目是：从曲水实践看打赢脱贫攻坚战的政治意义。

中央社会主义学院原副院长张峰同志在2018年11月17日“中国新时代脱贫攻坚的曲水实践”案例研讨会上发言

第一，对巩固党的执政基础的意义。打赢脱贫攻坚战，是我们反贫困工作之一。反贫困工作是我们党的重要使命。习近平总书记指出，回顾我们党的历史，我们过去是带领广大农民打土豪、分田地、闹翻身，现在是带领农民致富奔小康，过上幸福生活。为什么把我们今天的脱贫、奔小康跟当年的打土豪分田地联系在一起，因为这涉及我们党的政治基础，我们今天只有带领农民致富奔小康，才能巩固执政地位。大家知道广大的西藏藏族同胞，对毛泽东同志有深厚的感情，为什么有感情呢？是因为毛泽东同志使当时藏族同胞摆脱了农奴的身份。我们今天靠什么来重新赢得广大藏族同胞的爱戴和支撑，就要在脱贫致富上做文章，这个意义重大。加快少数民族地区的发展，是中央做出的一个很重要的决策，因为少数民族地区是资源富集区、水系源头区，还是贫困区。资源有没有？有！但是并没有转化为经济发展上的优势，所以中央要加快他们的发展，并且给了更多的政策支持。所以我建议我们的研究报告要着重阐述的就是对巩固党的执政基础的意义。

第二，对转变干部作风的意义。这次脱贫攻坚战跟以往的不同，就在于习近平总书记提出了精准扶贫、精准脱贫。“精准”两个字体现了我们党的实事求是的思想路线，体现了我们党密切联系人民的群众路线，这是两个最重要的，体现了咱们新时代所需要的干部的作风。对这个精准，总书记的要求很高，从一开始驻村入户、建卡、调研，一直到最后的真脱贫，都对我们的基层干部提出了极高的要求。这个要求跟过去的不一样，所以我们要理解“精准”这两个字，这在西藏会更有特点，因为西藏其他方面的条件没有优势，如果在这方面能再总结出经验，意义就更大了。

第三，对促进民族团结的意义。因为曲水县脱贫，是少数民族地区的脱贫，而且是边疆地区的脱贫，所以这里脱贫对于巩固民族团结是具有重大意义的。但是在这方面，我们现在总结的还少，几乎是没有。比如说，这里面涉及汉族和藏族同胞的关系密切的问题，因为很多干部是来自汉族，怎么样通过脱贫工作，通过我们的干部来密切汉族和少数民族的关系。另外，还增进了少数民族对伟大祖国、伟大民族的热爱，这个很重要。如果说我们整个国家大多数地方发展起来了，只有少数民族地区贫困，少数民族地区就会有怨言。如果能够跟着全国一道发展起来，民族工作就好做了，这是基础。所以，要通过我们的总结，把这个方面的做法经验发掘出来。比如说关于双语教学，咱们“五个一批”当中就有发展教育，这个发展教育不但是发展职业教育，实际上更是培养爱国人才，培养下一代人才的问题，这也很重要。习近平总书记指出，双语教学不仅仅是技能的问题。学习国家的通用语言，这是具有政治意义的，都是涉及我们的下一代人才培养的问题，也涉及民族团结的问题。希望能在这方面再总结些经验、建议，比如，如何通过脱贫工作促进民族团结，我相信可能会产生更好的影响。事情我们已经做了，为什么不把它讲好呢？做得很精彩，也要讲得很精彩。谢谢大家。

# 脱贫攻坚中的创新思维

全国工商联研究室主任　林泽炎

我认为拉萨曲水县脱贫攻坚的实践，在某种意义上就是习近平新时代中国特色社会主义思想的探索实践，我们应该上升到这个高度来看，或许更有创意一些。我为什么要这么说呢？实际上做扶贫工作，在某种意义上是一个系统工程，没有创新的思维是不可能做好。2018 年 3 月份我在中央党校学习，西藏有一位干部是我的党小组的成员，同一个班的。他跟我说，其实在西藏最大的资源是什么？是不够吸的氧气。换一个角度看，让我们这些不是在高原生活的人去尝试一下缺氧是什么滋味的时候，就会珍惜。这说明只有创新才可能真正有助于当地的发展。我想用八句话谈些想法。

全国工商联研究室主任林泽炎同志在 2018 年 11 月 17 日“中国新时代脱贫攻坚的曲水实践”案例研讨会上发言

第一句话，脱贫攻坚的目标指向要充分体现社会主义制度的优越性、科学性。第二句话，曲水的实践充分体现了党的领导。第三句话，扶贫重要的是要坚持问题导向，这是做扶贫工作的根本出发点。所有的扶贫工作实际上都是在一种约束条件下所开展的经济工作，是调动人的主观能动性的一种工作，只有坚持问题导向，才能真正找到脱贫的出发点。解决了问题，也就脱贫了。改革开放 40 年来，中国最大的脱贫成功经验何在？就是四个字：改革开放。第四句话，要激发内生动力。只有将那些贫困主体的内生动力、主观能动性真正地调动起来，才可能把扶贫的问题解决好。说实在话，仅仅靠捐献，仅仅靠公益慈善，在某种意义上，那是一种社会兜底，不是扶贫。真正的扶贫，一定是要促使扶贫主体发挥主观能动性的发挥和凭借自己的劳动脱贫。实际上，真正因病致贫，或者残疾致贫，或者完全懒惰，有劳动能力不参加劳动的，需要社会兜底的，也就是占少数。第五句话，要引导多元主体参与扶贫工作。习近平总书记指出，要做到扶贫扶志结合，政府市场社会互动，行业扶贫、专项扶贫和社会扶贫联动，没有多主体的积极参与，就没有真正形成扶贫的合力，更不可能实现共同富裕。扶贫一定要引导多元主体的参与。第六句话，要不断探索创新脱贫扶贫的方式方法。创新必须基于现有的条件，基于拉萨的地理环境，也可从全国乃至全球的大背景下思考拉萨的经济发展，在一个有约束的条件下，怎么样去真正发展经济，发展社会，真正带动脱贫。第七句话，强化有效制度的供给，要有制度的创新。第八句话，处理好短期脱贫与长期稳定致富的关系。真正实现“两不愁、三保障”的目标标准，关键还是要有创新制度，引进资本、人才，因地制宜，实施产业扶贫。在其中，民间资本、民营企业的作用是不可替代的。在社会主义初级阶段，必须允许多种所有制经济的存在、多种市场主体的存在，否则社会的力量就很有限。

# 充分发挥基层党组织领导作用

中组部全国组织干部学院副院长　张新刚

我三年前到过曲水，深入过贫困村座谈，看过产业园区，和曲水县主要领导同志做了深入的讨论。对曲水取得的脱贫成绩表示祝贺，对曲水的同志们表示敬意。

中组部全国组织干部学院副院长张新刚同志在2018年11月17日“中国新时代脱贫攻坚的曲水实践”案例研讨会上发言

我发言的题目是：充分发挥基层党组织领导作用。为什么讲这个题目呢？我感觉人类历史脱贫最大的经验，是坚持走社会主义道路；最大的特色就是抓党建促脱贫。在这个过程中我感到县委是一县的指挥部，做了很多的工作。在全国接近三千个县，县委书记和县长的水平差不了太多，领导班子的水平差不了太多，西藏和浙江有多大差别呢？可能将来差别大的就是村这一级，所以我说，着眼于下一步的扶贫工作和下一步的发展，还是要进一步加强我们基层的党组织建设。

第一，要有好班长，还要有个好班子。只有一个班长没有一个好的班子，那班长很难使上劲。有一句话，一个村仅有一个好书记，我感觉是不够的。要正确理解村民委员会选举法，村里面的干部也是干部，这是毫无疑问的，干部就应该按照干部的要求，咱们党对干部的要求是有规定的。

第二，班子要承担更大的责任。这方面，我们文件中有三个词，提供保障、党建引领、领导。引领就是示范、指引、指导，而领导本身就包含了引领，基层领导要领导村级干部。

第三，曲水实现了有史以来的脱贫，要在更高的水平上有更高的要求。小平同志讲，发展起来的问题很多，要求更高，情况会更复杂。比如，过去在村里不出事就可以了，现在农村社区化了，人们思想更复杂了，这对我们管理水平提出了更高要求。什么是高标准的水平，一个很重要的标志就是领导改革开放的水平。习近平总书记强调了四个方面：一是进一步推动改革开放，二是高质量，三是联系发展，四是党的建设。加强党的领导，要提高领导改革开放的水平。要有好的营商环境，这是对基层更高的要求。西部和东部发展的最大区别就是领导改革开放水平。课题组的报告中，从 37 页到 41 页，讲了共产主义原理，我深受教育，是不是做到这个样子就可以了？还要再讨论，但是集体经济一定要有。过去的宗教势力能够长期管理一个地方，就是因为有一定的经济能力，我们在农村重组过程中，要搞一些集体经济。最后祝曲水越来越好。

# 政府主导与市场取向结合下的曲水扶贫开发模式

北京大学贫困地区发展研究院副院长　傅帅雄

我主要谈谈我对曲水扶贫开发模式，特别是政府主导和市场导向相结合的扶贫开发模式的一些理解。

北京大学贫困地区发展研究院副院长傅帅雄同志在2018年11月17日“中国新时代脱贫攻坚的曲水实践”案例研讨会上发言

我们国家的政治优势、体制优势，赋予了政府强大的动员能力和调配能力，能够在短时间内最大限度地调动社会资源，集中力量办大事，这也是我们在政府主导模式下，扶贫攻坚工作能够有效推进的重要保证。但是需要注意的是：政府主导，绝对不是政府包办，或者是政府代办。因为在扶贫开发的过程中，特别是在产业扶贫过程中，产业扶贫作为精准扶贫的一个重要抓手，是一项系统性的、长期性的、根本性的工作，只有实现了产业发展和精准扶贫的深度融合，才能够真正解决贫困所带来的生存和发展问题。所以说，产业扶贫作为一项面向市场的活动，必须要坚持以市场为导向，必须要尊重市场，要充分考虑到产品市场竞争力，或者需要规避的一些市场风险。因此，在扶贫开发过程中，一方面要发挥政府的主导和引领作用，另一方面要让市场机制起到资源调配的绝对性作用。这样既可以提高政府扶贫资源的优化配置，也能够激发贫困地区的内生动力。

我们学院在贫困地区调研过程中，发现扶贫开发过程出现很多问题，有很多困难。很多地方扶贫过程中是政府热、市场冷，一些政府在没有充分进行市场调研、没有进行充分的前期评估的基础上，就简单地去瞄准一些短平快项目，号召一些贫困户大上快上，结果最后产品出来了，卖不出去造成劳民伤财。不但浪费政府的扶贫资源，还严重地挫伤了贫困户脱贫致富的决心。在这方面，曲水的扶贫开发模式做得很好，一方面高效的、服务性的政府作为引导，另一方面创新走出一条管委会加龙头企业，加合作社，再加农户的政府主导和市场导向相结合的开发模式。在这种模式下，管委会作为政府的一个配属管理机构，主要负责引导和培育市场主体参与到产业扶贫过程中，同时帮扶那些带动性强、社会效益好的社会主体参与到这个过程中来。龙头企业之所以重要，是因为在农业产业发展过程中，需要实现农业生产要素的聚集、组织，需要开拓市场和承受市场的风险能力，只有龙头企业才具备这种能力。合作社的成立进一步降低了风险，或者是增强了分散性农户的实力。在这样的模式下，曲水实现了政府的有为和市场的有效结合，进一步激发了市场主体参与产业扶贫的积极性，也激活了贫困农户内生的发展动力，充分利用了当地的资源优势和成本优势，探索出了一条贫困户、贫困地区脱贫致富的新路子，也为我国其他贫困地区的脱贫攻坚，提供了很好的经验借鉴和实践参考。

# 以机制创新引领曲水脱贫致富

国务院研究室综合司司长　刘应杰

我两次到西藏调研，时间还都比较长。也到过曲水参观扶贫点，看了田里的青稞，还有在河岸的植树造林项目，留下了深刻的印象。今天听了曲水县的介绍，听了各位领导嘉宾的发言，进一步加深了我对曲水县脱贫攻坚的认识。我感觉曲水在西藏还是个好的地方，离拉萨很近，交通便利，有贡嘎机场、曲水大桥和铁路经停。总体上曲水县在西藏有区位优势，各方面的条件不错，这几年得到了很大的发展。我觉得曲水县整体的发展水平比印度、尼泊尔都要高。和国内其他地方相比较，曲水县的发展比内地一些地方都发展好得多。藏饰民居建得非常漂亮，甚至比内地一些农村的民房都建得漂亮。还有学校、医院都是新建的，一流的。高中免费教育，内地还没有实行。免费医疗也都做到了。

国务院研究室综合司司长刘应杰同志在2018年11月17日“中国新时代脱贫攻坚的曲水实践”案例研讨会上发言

曲水县能够率先脱贫非常不容易，国家给了大力的支持，当地的干部群众艰苦奋斗，是干出来的。从数据看，曲水去年的经济总量是12.7亿元，是内地很多县没法比的，因为曲水县人口不到4万人，相当于内地一个乡镇人口的规模，但是投资达到46亿元，相当于GDP的多少倍了。因此，国家大力支持，当地艰苦奋斗，创造出了不平凡的业绩。另一个不能忽视的是改变了藏区农牧民的思想观念、生产方式、生活方式、行为习惯。这是一个革命性的变化，非常不容易。当然，曲水的情况也不完全像西藏其他地方，主要以牧业为主，现代工业发展还是有一定基础的。整个民族地区，特别是藏族地区，整体观念和内地差别很大。老一代藏族同胞普通话都不会说，甚至不识字。现在年轻人好了，变化很大，在这种情况下，要改变他们的思想观念、行为方式、生产方式和生活方式，效果会更好。正像曲水提出的“三扶”扶贫机制，这就是非常大的变化。所以，我相信有了很好的基础，下一步，曲水县在脱贫之后，向着全面小康社会的目标，应该会取得更大的成就。

# 多元主体参与曲水经验总结
# 齐心协力打赢脱贫攻坚战

国务院扶贫办全国扶贫宣传教育中心主任　黄承伟

国务院扶贫办全国扶贫宣传教育中心主任黄承伟同志在2018年11月17日“中国新时代脱贫攻坚的曲水实践”案例研讨会上发言

今天的会议，全国政协副主席李金华同志出席，并发表了重要讲话。会前，他不准备讲话。在看了宣传片，休息期间简要听取了我们关于脱贫攻坚情况的汇报后，决定讲一讲，讲得非常好。不仅对于我们进一步完善曲水经验总结有指导作用，而且对于整个脱贫攻坚工作都有指导意义。各位老部长、领导、专家都发表了很好的意见。下面，我从三个方面进行一下简要的总结。

## 一、会议充分体现了改革创新的精神

这是一个普通的交流会、研讨会，但它又体现出了不同的特色，其中一个很重要的特点就是始终体现改革创新。参加今天会议的老部长们，离开领导岗位时间都不是很长，都有着深厚的家国情怀，关注着国家民族发展，特别是脱贫攻坚的进程。他们的观点集中体现着改革创新，具体体现在以下方面：

一是以案例总结、研讨的方式推动脱贫攻坚，这是一种创新。

二是请高层次的领导、高水平的专家对脱贫攻坚经验进行凝练和对下一步工作进行会诊，对于脱贫攻坚工作就是一种创新。

三是多元主体的参与总结和宣传典型经验，这也是一种创新。今天的会实际上是长期准备的结果。我们成立了专家团队，宣教中心、中央党校与民生智库共同合作，代表着政府、教育机构和智库的合作，曲水县委县政府积极主动参与总结全过程，体现了多主体的参与。

四是与会的领导专家提出了许多建设性意见，这些意见不仅仅是对于打赢脱贫攻坚战有意义，而且对于巩固脱贫成果、加快决胜全面小康也具有重要的指导意义。

## 二、会议的成果对于打赢脱贫攻坚战具有重要的指导意义

主要体现在以下四个方面：

一是可以指导脱贫攻坚战不仅仅要打赢，更要打好。党的十八大、十九大已经对脱贫攻坚战做出了准确判断：脱贫攻坚取得了决定性的进展。既然是决定性的进展，打赢是毫无疑问的。2018 年的 2 月 12 日，习近平总书记在成都召开了关于打好精准脱贫攻坚战的工作座谈会，中心思想就是不仅要打赢还要打好。今天与会领导、专家们所提的很多建议都不仅仅说我们要打赢攻坚战，更主要是要打好。打好有丰富的含义，专家们提出了很多很好的建议。

二是可以指导脱贫攻坚全面系统地总结。刚才大家一致认为，脱贫攻坚实际上不仅仅是解决贫困人口脱贫的问题，更重要的是在政治、经济、社会、文化、生态建设等方面都具有重大的意义。总结好脱贫攻坚同样是打赢脱贫攻坚战的内容，特别是这样一场由习近平总书记亲自领导，全党全国全社会参与的攻坚战，所呈现出来的脱贫攻坚的精神是中华民族发展进程中伟大精神的重要组成部分，如何从理论、实践、历史、国际意义上进行总结和凝练，具有重要意义。

三是可以指导巩固脱贫成果。领导专家们所提出来的建议，包括坚持党的领导，坚持改革创新，坚持改善大的发展环境，坚持发挥区域优势，坚持发展特色产业，坚持激发内生动力等，这些是曲水县总结、凝练、积累的经验，同时也是其他地区，包括曲水在内打好打赢脱贫攻坚战重要的经验。曲

水尽管已脱贫摘帽，但不等于脱贫攻坚战已经完成。习近平总书记的要求是一个不落，脱贫攻坚战还要继续打，不能因为说现在脱贫摘帽了，攻坚战就结束了。有的领导提出，脱贫攻坚既是攻坚战也是持久战，这是正确的。

四是可以指导脱贫攻坚和乡村振兴有机衔接。脱贫攻坚是我们党确定的三大攻坚战之一，乡村振兴是党的十九大所确定的七大发展战略之一。总书记指出，在贫困地区脱贫攻坚，是贫困地区乡村振兴的优先战略任务，必须先完成。但是，这并不妨碍在这两者叠加时期做好衔接，今天专家们对此也提出了不少很好的建议。

## 三、会议指出了进一步总结宣传曲水经验的方向和重点

领导专家们的建议集中体现在以下四个方面：

一是总结宣传曲水县经验一定要提高政治站位。虽然课题组的总结报告中已经尽可能地呈现了脱贫攻坚政治意义，但是，按照专家们的意见，还有提升空间。一定要从政治的高度来看这场脱贫攻坚，来看曲水的经验。

二是要凝练特色的经验。总体上脱贫攻坚战各个地方都进行了许多有益的探索，也产生了多种多样的经验。在曲水怎么体现出经验特色，怎么更进一步呈现曲水能做到其他地方更应该能的这样一个鲜明特征，这是课题组下一步要努力的。在曲水县经验总结、宣传上还需要进一步加大力度。

三是要在发展中总结宣传好曲水经验。曲水经验不是静止的，是在动态发展中。现在从文字呈现出来的仅是某个历史阶段的经验，这个经验要在实践中不断地丰富，不断地深化，不断地解决群众的困难，不断地满足群众向往美好生活的期待，这样的经验才具有时代性，具有实事求是的精神。

四是要在国际国内的视野中完善曲水的经验。曲水经验产生于边疆地区、民族地区、贫困地区这样特定的地域环境，看出了曲水经验的不容易。在和国内其他地区的交流对比中，我们可以找到进一步努力的方向。从国际视野看，怎么对全球贫困地区的减贫贡献中国方案、中国智慧，还需要进一步的凝练、修改。

最后，感谢有关方面为研讨会所做出的努力。首先，感谢西藏方面，是

在自治区、拉萨市党委政府的坚强领导下，曲水县委县政府带领全县的干部群众经过艰苦的努力，实现脱贫摘帽，才提供了这样一个典型的经验，没有他们艰苦的付出，就没有今天的会议。其次，感谢金华副主席莅临会议，并发表重要讲话。提了两个很重要的指导意见，就是脱贫攻坚既体现了以人民为中心和我们必须始终坚持以人民为中心的发展理念。曲水经验体现了党的实事求是的路线，也要求脱贫攻坚必须始终坚持实事求是的路线。非常精辟，也非常有指导意义。再次，感谢与会的各位领导和专家发表了很多很好的意见，这不仅仅是对于曲水经验总结、巩固脱贫攻坚成果，而且对于下一步全国如何打好脱贫攻坚战都有指导意义。复次，感谢课题组在前期准备的基础上，深入曲水进行了认真调研，听取干部群众的意见，形成了研究报告，为今天会议奠定了很好的基础。最后，感谢媒体的朋友在为曲水县经验的总结宣传上发挥积极的作用。还要感谢会议的主办方中央党校党建部和民生智库，他们为准备会议付出了艰苦的努力。谢谢！

# 附　录

## 媒体报道选登

### 人民日报

人民日报　有品质的新闻　立即打开

**“中国新时代脱贫攻坚的曲水实践”案例研讨会在京举行**

2018-11-17 16:07
人民日报客户端-李林宝

11月17日，由国务院扶贫办全国扶贫宣传教育中心指导，中央党校党章党规研究中心、民生智库联合主办的“中国新时代脱贫攻坚的曲水实践”案例研讨会在京举行。第十五届、十六届中央委员，第十一届全国政协副主席、党组成员李金华，中央政策研究室原副主任郑新立，原中央党史研究室副主任李忠杰，国务院参事、住建部原副部长仇保兴，中纪委驻原国家工商总局纪检组组长石见元，国务院发展研究中心原副主任侯云春等领导出席会议并讲话。

“中国新时代脱贫攻坚的曲水实践”案例研讨会在京举行

2018-11-17　16：07 人民日报客户端　李林宝

11 月 17 日，由国务院扶贫办全国扶贫宣传教育中心指导，中央党校党章党规研究中心、民生智库联合主办的“中国新时代脱贫攻坚的曲水实践”案例研讨会在京举行。第十五届、十六届中央委员，第十一届全国政协副主席、党组成员李金华，中央政策研究室原副主任郑新立，原中央党史研究室副主任李忠杰，国务院参事、住建部原副部长仇保兴，中纪委驻原国家工商总局纪检组组长石见元，国务院发展研究中心原副主任侯云春等领导出席会议并讲话。

会上，曲水县委副书记、县长格桑邓珠汇报了脱贫攻坚有关情况。中央党校（国家行政学院）党建教研部主任、中央党校党章党规研究中心主任张志明，西藏自治区扶贫办副主任、党组成员樊继红等做主题发言。曲水县是全国 832 个脱贫摘帽的贫困县之一。在西藏自治区、拉萨市党委政府的坚强领导下，曲水县委县政府带领全县干部群众深入学习贯彻习近平新时代中国特色社会主义思想和党的十九大精神，全面实施精准扶贫方略，奋力脱贫攻坚、扶贫工作取得显著成效。经国务院扶贫开发领导小组组织第三方评估机构专项评估检查，并报请国务院扶贫开发领导小组同意，西藏自治区人民政府 2018 年 10 月正式批准曲水县退出贫困县。

曲水县作为拉萨市的一个郊区县，农牧民人口占 90% 以上，是典型的地广人稀的高原农业县。2015 年以来，曲水县认真落实中央精准扶贫方略，在脱贫攻坚实践中认真做到了“三个坚持”：坚持学习先行，学习好政策，教育好村企百姓；坚持党建引领，遴选好、使用好各级干部；坚持集体支撑，组织好、动员好各方力量。该地区通过持续有效的教育引导，实现扶贫产业利益有效联结，集中各种力量脱贫攻坚。通过不断创新现代职业农民培养机制，积极发挥国有企业和集体经济的优势，有力推进产学研一体化；实现产业发展与搬迁安置的有机结合，开展科学有效的结对帮扶；建立起各负其责、各司其职的责任体系，落实严格的考核监督等有力举措，真抓实干，埋头苦干，开展脱贫攻坚，取得了脱贫攻坚工作的阶段性成效，如期完成脱贫任务，赢得了老百姓和各方的认可。

与会领导和专家对曲水县脱贫攻坚的做法给予充分肯定。会议指出，曲水县脱贫攻坚的显著成就，是习近平总书记关于扶贫工作重要论述的具体实践，是中国共产党政治优势、制度优势和“四个自信”的全面体现，是曲水县广大干部群众自强不息、同心协力、艰苦奋斗的结果。大家表示，全面总结曲水县脱贫攻坚的成功实践，既是打赢脱贫攻坚战的重要内容，也是为丰富发展中国特色扶贫开发道路内涵提供案例支撑的需要。

会议认为，曲水县实施精准扶贫精准脱贫方略的许多做法，特别是在抓党建促脱贫、产业扶贫、教育扶贫、易地搬迁扶贫、社会保障扶贫等方面的成功经验，对于解决西藏其他贫困地区，乃至全国其他少数民族地区、贫困地区的贫困问题具有重要借鉴意义。同时，曲水县作为中国脱贫攻坚的缩影，其积累的经验对于为其他发展中国家摆脱贫困提供参考，推进国际减贫合作、共建人类命运共同体同样具有重大意义。

会议由国务院扶贫办全国扶贫宣传教育中心主任黄承伟、民生智库理事长郭克莎主持。来自中央组织部、中央政策研究室、中央党校（国家行政学院）、中央社会主义学院、国家发改委、国务院发展研究中心、中国社会科学院、全国工商联、北京大学、北京师范大学、武汉大学、首都师范大学等单位领导、专家共 100 余人出席了会议。

## 经济日报

**“中国新时代脱贫攻坚的曲水实践”案例研讨会举行**

经济日报新闻客户端 栾笑语 2018-11-17 16:53:00

11月17日，由国务院扶贫办全国扶贫宣传教育中心指导，中央党校党章党规研究中心、民生智库联合主办的“中国新时代脱贫攻坚的曲水实践”案例研讨会在京举行。第十五届、十六届中央委员，第十一届全国政协副主席、党组成员李金华，中央政策研究室原副主任郑新立，原中央党史研究室副主任李忠杰，国务院参事、住建部原副部长仇保兴，中纪委驻原国家工商总局纪检组组长石见元，国务院发展研究中心原副主任侯云春等出席会议并讲话。来自相关部委和研究机构的百余位领导和专家参加了会议，展开深入研讨，旨在更好剖析曲水县的成功实践，总结脱贫攻坚的宝贵经验，为其他贫困地区提供借鉴。

“中国新时代脱贫攻坚的曲水实践”案例研讨会举行

经济日报新闻客户端 栾笑语 2018-11-17 16：53：00

11 月 17 日，由国务院扶贫办全国扶贫宣传教育中心指导，中央党校党章党规研究中心、民生智库联合主办的“中国新时代脱贫攻坚的曲水实践”案例研讨会在京举行。第十五届、十六届中央委员，第十一届全国政协副主席、党组成员李金华，中央政策研究室原副主任郑新立，原中央党史研究室副主任李忠杰，国务院参事、住建部原副部长仇保兴，中纪委驻原国家工商总局纪检组组长石见元，国务院发展研究中心原副主任侯云春等出席会议并讲话。

来自相关部委和研究机构的百余位相关人员或专家参加了会议，展开深入研讨，旨在更好剖析曲水县的成功实践，总结脱贫攻坚的宝贵经验，为其他贫困地区提供借鉴。

研讨会上，曲水县委副书记、县长格桑邓珠介绍了曲水县脱贫攻坚工作的有关情况；中央党校（国家行政学院）党建教研部主任、中央党校党章党规研究中心主任张志明，西藏自治区扶贫办副主任、党组成员樊继红等做主题发言。

据介绍，曲水县是全国832个脱贫摘帽的贫困县之一。全县农牧民人口占90%以上，是典型的地广人稀的高原农业县。2015年以来，曲水县认真落实中央精准扶贫方略，在脱贫攻坚实践中做到了“三个坚持”：坚持学习先行，学好政策、教育好村企百姓；坚持党建引领，遴选好、使用好各级干部；坚持集体支撑，组织好、动员好各方力量。一系列工作取得显著成效。该地区通过持续有效的教育引导，实施扶贫产业利益有效联结，集中各种力量脱贫攻坚，不断创新新型职业农民培养机制；有力推进产学研一体化，实现产业发展与搬迁安置的有机结合；开展科学有效的结对帮扶，建立起各负其责、各司其职的责任体系，落实严格的考核监督等有力举措；取得了脱贫攻坚工作的阶段性成效，如期完成脱贫任务，赢得了广大群众的认可。经国务院扶贫开发领导小组组织第三方评估机构专项评估检查，并报请国务院扶贫开发领导小组同意，西藏自治区人民政府2018年10月正式批准曲水县退出贫困县。

经过深入研讨，与会专家对曲水县脱贫攻坚的成功实践给予充分肯定。专家认为：曲水县实施精准扶贫精准脱贫方略的许多做法，特别是在抓党建促脱贫、产业扶贫、教育扶贫、易地搬迁扶贫、社会保障扶贫等方面的成功经验，对于解决西藏其他贫困地区，乃至全国其他少数民族地区、贫困地区的贫困问题具有重要借鉴意义，为丰富我国特色扶贫开发道路内涵提供了案例支撑。

会议由国务院扶贫办全国扶贫宣传教育中心主任黄承伟、民生智库理事长郭克莎主持。

# 媒体报道总汇

1. 人民网

http：//dangjian.people.com.cn/n1/2018/1118/c117092-30406818.html

2. 央视网

http：//news.cctv.com/2018/11/17/ARTIdMffqW3yteYsFNJ0DoQR181117.shtml

3. 经济日报

http：//www.jingjiribao.cn/detail.jsp?id=153268

4. 中国青年报

http：//news.cyol.com/yuanchuang/2018-11/17/content_17792583.htm

5. 中国经济网

http：//cen.ce.cn/more/201811/19/t20181119_30810617.shtml

6. 北京青年报

http：//news.ynet.com/2018/11/17/1531062t70.html

7. 新京报

http：//news.sina.com.cn/c/2018-11-18/doc-ihnyuqhh9041781.shtml

http：//www.bjnews.com.cn/house/2018/11/18/522617.html

8. 北京时间

http：//m.btime.com/item/router?gid=4583lfckikj928povsohsa89sj4

9. 中新社

http：//www.cnsphoto.com/newDetail/single/10725056?pictureId=22284430

10. 中国扶贫杂志

https：//mp.weixin.qq.com/s/-ZILr9Hr7_T7DCqN5rrYMg

11. 中央党校理论网

http：//www.cntheory.com/zydx/2018-11/ccps1811171J7C.html?from=singlemessage&isappinstalled=0

12. 人民日报

https：//app.peopleapp.com/Api/600/DetailApi/shareArticle?type=0&article_id=2954396&from=singlemessage&isappinstalled=0

13. 求是网

http：//www.qstheory.cn/qsgdzx/2018-11/17/c_1123728752.htm

14. 农民日报

http：//www.farmer.com.cn/xwpd/jsbd/201811/t20181117_1417248.htm

15. 党建网

http：//www.dangjian.cn/djw2016sy/djw2016syyw/201811/t20181119_4901092.shtml

16. 中国日报网

http：//china.chinadaily.com.cn/2018-11/19/content_37279861.htm

17. 光明网

http：//news.gmw.cn.gnyw.eu/2018-11/18/content_14155121603.htm

18. 人民政协报（报纸）

19. 新华社半月谈

http：//www.banyuetan.org/dfgc/detail/20181119/1000200033136151542608070432078289_1.html

20. 新华网

http：//tibet.news.cn/ywjj/2018-11/19/c_137617056.htm

21. 中青网

http：//news.youth.cn/gn/201811/t20181119_11789979.htm

22. 中国网

http：//t.m.china.com.cn/convert/c_mrLtGtN2.html?from=singlemessage&isappinstalled=0

23. 中国组织人事报

http：//www.zuzhirenshi.com/dianzibao/2018-11-26/5/c2edcf6a-ec09-413a-8186-2f100504bee0.htm?from=singlemessage&isappinstalled=0

24. 中国经济时报

http：//m.sohu.com/a/278671219_115495?scm=0.0.0.0&spm=smwp.media.fd-s.13.1543531585478ypfnCfD&from=singlemessage&isappinstalled=0

# 后 记

忠实记录新时代脱贫攻坚伟大历史实践，宣传脱贫攻坚伟大成就，研究2020年后减贫发展战略，丰富中国特色社会主义扶贫开发理论，具有重大的理论和实践意义。县域是脱贫攻坚战的主战场，是脱贫攻坚总结的主要单元。总结提炼全面实施精准扶贫精准脱贫、巩固脱贫成果的做法经验，丰富新时代脱贫攻坚县级案例库，是总结全国脱贫攻坚成就的重要任务。国务院扶贫办全国扶贫宣传教育中心、中央党校党章党规研究中心和民生智库决定组成联合课题组，选择脱贫攻坚效果显著、已实现脱贫摘帽、做法经验具有典型意义的部分贫困县开展深入调研。

经过前期调研认为，曲水县脱贫攻坚的许多做法经验具有一定的典型示范作用。为进一步总结提炼曲水县脱贫攻坚的成效及其成功经验，课题组于2018年8月31日至9月6日前往曲水县开展了实地调研，全面总结了曲水县脱贫攻坚的成效、经验、案例，为巩固脱贫攻坚成果、促进乡村振兴、实现可持续发展提出了参考建议。课题组先后到了三有村、四季吉祥村、拉萨净土健康动物保护园、才纳净土健康产业示范区、万亩林业良种繁育基地、曲水镇茶巴朗村玉珠奶牛合作社、白堆村亚农农机机械合作社、南木乡鑫赛蔬菜瓜果合作社、金哈达药业有限公司、白玛甘泉公司、拉萨市第一职业学校等26个调研点，进行学习考察，与主要负责人及各层次人员代表进行了座谈交流。课题组与曲水县主要部门就脱贫攻坚的具体工作内容和经验等事项进行了座谈，到了几个代表性乡镇、村进行考察了解，并与部分村民进行了充分交流。

参加本次调研的人员主要由科研机构和高校的中青年学者组成，学科领域有涉及村经济、产业经济、教育管理、党建研究、医疗卫生和基层社会治理等多个方面，他们努力克服各种困难，认真完成调研工作。国务院扶贫办全国宣传教育中心主任黄承伟亲自设计了课题研究总体方案和调研方案，协调调研活动，抽出时间赴曲水召开座谈会，和课题组调研人员一起进村入户调研，审定研究报告大纲，指导研究报告修改。为了使本次调研能够顺利完成，拉萨市政府和曲水县政府的有关负责同志付出了巨大的劳动，每天要完成多个调研点的沟通协调工作，尽力提供各种所需材料和帮助。在此次调研中，拉萨副市长扎西白珍多次亲自部署安排大型调研座谈会，曲水县县长格桑邓珠和副县长候静华经常不辞辛劳提供调研支持，曲水县政府办的曹森皓等同志每天都超负荷地工作。

本研究报告由参加曲水县调研的主要人员完成。总报告由中国社科院博士、河南农业大学文法学院副教授赵意焕撰写，党建扶贫报告由首都师范大学马克思主义学院副教授沈永福撰写，产业扶贫报告由中国社科院经济研究所副研究员于文浩撰写，教育扶贫报告由首都师范大学教育学院副教授荣利颖撰写，健康扶贫报告由中国医院协会主治医师任曲撰写，县域治理扶贫报告由武汉大学社会学系博士华汛子撰写。民生智库执行理事长兼秘书长李小宁负责此项研究全部环节的统筹协调工作。在此，课题组对完成曲水经验总结研究提供支持帮助的有关方面和人员一并表示感谢。希望研究成果能为其他贫困县脱贫摘帽、巩固脱贫成果、促进脱贫攻坚与乡村振兴衔接提供有益参考和借鉴。

**课题组**

2018 年 12 月